上海社联年鉴

上海社联年鉴

2011

上海市社会科学界联合会　编

上海人民出版社

1. 换届盛会

3月30日，上海市社会科学界联合会第六次代表大会在上海展览中心召开。中共中央政治局委员、市委书记俞正声，市委副书记、市长韩正，市领导刘云耕、冯国勤、殷一璀、沈红光、屠光绍、杨振武、丁薛祥等以及本市社科界代表800多人出席大会。会议以无记名投票方式选举产生了新一届社联委员会

中共中央政治局委员、市委书记俞正声在大会上作题为《高举中国特色社会主义伟大旗帜，在新的历史起点上推动上海哲学社会科学的繁荣和发展》的重要讲话

市委副书记、市长韩正出席大会

市人大常委会主任刘云耕出席大会

市政协主席冯国勤出席大会

市委副书记殷一璀出席大会

市委常委、宣传部部长杨振武在市社联第六次代表大会上讲话

市社联第五届委员会主席李储文在上海市社联第六次代表大会上致开幕词

市社联第六届委员会主席秦绍德在市社联第六届委员会第一次全体会议上作题为《繁荣　服务　团结》的讲话

市委宣传部副部长、市社联副主席潘世伟主持大会

市社联党组书记沈国明代表市社联第五届委员会作题为《深入贯彻落实科学发展观　繁荣发展上海哲学社会科学》的工作报告

市社联党组副书记桑玉成作关于修订《上海市社会科学界联合会章程》的说明

市妇联主席张丽丽代表本市各人民团体致贺词

图为与会代表举手表决通过市社联第六届委员会委员选举办法和总监票人、监票人名单

图为与会代表投票选举市社联第六届委员会委员

图为与会代表分成22组讨论俞正声同志重要讲话、审议会议文件

3月30日，上海市社联第六届委员会举行第一次全体会议，市委常委、宣传部部长杨振武出席会议并讲话，市社联党组书记沈国明主持会议。会议经过无记名投票表决，选举产生了新一届社联委员会领导班子

图为与会社联委员投票选举市社联第六届委员会主席、副主席、秘书长、常委

2. 要闻集萃

7月9日，市社联、上海发展研究基金会举办"上海发展沙龙"合作协议签约仪式，市社联主席秦绍德，上海发展研究基金会理事长沙麟，市委宣传部副部长潘世伟，市社联党组书记、专职副主席沈国明等领导出席活动。根据协议，市社联、上海发展研究基金会将共同举办全新的"上海发展沙龙"高端系列讲座，努力实现资源共享，优势互补，成果交流

9月3日，由市委宣传部、市社联主办，市历史学会、市中共党史学会承办的"纪念抗日战争胜利65周年"理论座谈会召开。会议由市社联党组书记、专职副主席沈国明主持，市委宣传部副部长潘世伟出席并讲话。6位专家在会上作了专题发言

10月18日，2010年京津沪渝社科联协作会议在上海召开，中共上海市委宣传部副部长潘世伟出席会议并讲话，上海市社联党组书记、专职副主席沈国明，北京市社科联党组书记史秋秋，天津市社科联党组书记李家祥，重庆市社科联党组书记颜克亮分别作了主题发言。会议围绕"在社会主义现代化建设的关键时期、十二五战略布局的关键时刻，社科联如何迎接机遇和挑战，更好地繁荣和发展哲学社会科学"的主题，展开了深入讨论

3月25日，市社联举办"感谢对社联工作做出重要贡献的资深社科工作者"活动。活动由市社联党组副书记桑玉成主持，市委宣传部副部长潘世伟、市社联党组书记沈国明出席并致辞。社联向上届社联主席、副主席、社联离退休专职老领导和部分社联委员、学会老会长赠送"铭谢盘"

12 月 12—14 日，市社联举行所属社团建党工作十周年研讨会。市社联党组书记、专职副主席沈国明，市社联党组成员、秘书长生键红出席。20 多个学会的党工组成员参加了会议，交流社团党建工作的经验，探讨社团党工组的工作机制以及如何发挥党工组的作用等问题，并对社联如何做好党建工作提出了一系列建议

7 月 2 日，市社联举行学术社团青年人才工作研讨会。市社联党组书记、专职副主席沈国明出席会议并作工作报告，党组副书记桑玉成主持会议。会议围绕以学术社团为载体培育青年人才的主题，进行了深入探讨。各学术社团代表 100 多人出席

10 月 20 日，市社联举行第四届学会学术活动月开幕式。市社联主席秦绍德出席会议并致开幕词，市社联党组书记、专职副主席沈国明主持开幕式和学术报告会。社联所属 150 多家社会科学学术团体负责人和专家学者参加会议

11 月 21 日下午，上海市经济学会举行成立 60 周年纪念大会暨 2010 年学术年会，本市近 400 位经济学人出席会议。中共中央政治局委员、市委书记俞正声，全国政协副主席厉无畏，市委副书记、市长韩正为会议发来贺信和题词。本次活动获上海市社联第四届学会学术活动月优秀组织奖。图为市委宣传部副部长潘世伟在会上作主题发言

4 月上旬，《探索与争鸣》编辑部与社联科研处联合邀请北京、长春、深圳、上海等高校知名的政治学专家，赴浙江丽水召开“政治体制改革：改革向前推进的一个标志”研讨会

3. 学术年会

12 月 19 日，上海市社会科学界第八届学术年会大会在上海展览中心隆重举行。本届年会由大会、学科专场、主题专场、学会学术活动组成，主题是“上海 · 中国 · 世界：新挑战与新发展”。年会共收到应征论文近 1 440 篇，评出优秀论文 137 篇，出版优秀论文集 6 辑，百余位专家作了主题发言，3 000 余位专家和青年学生参与。

12 月 4 日，上海市社会科学界第八届学术年会哲学 · 历史 · 文学学科专场在上海大学宝山校区举行。市社联党组书记、专职副主席沈国明致开幕词，上海大学党委副书记、常务副校长周哲玮致欢迎词。会议围绕“城市发展：科学精神与人文精神”的主题，共设“主题讲演”、“哲学单元”、“历史单元”、“文学、艺术、传媒单元”和“文化、教育单元”五个环节进行研讨

12 月 10 日，上海市社会科学界第八届学术年会经济・管理学科专场在上海师范大学会议中心召开。市社联党组副书记桑玉成和上海师范大学校长李进致辞。本次会议由市社联、上海师范大学联合主办，特邀北京大学光华管理学院院长张维迎作题为“市场的逻辑与中国的变革”的主题演讲，北京师范大学经济与工商管理学院教授李实作题为“中国收入分配不公问题探讨”的主题报告。本专场召开以“转型・公平・发展”为主题的大会和四场专题研讨会，近 250 人与会

11 月 27 日，上海市社会科学界第八届学术年会 10 个主题专场在复旦大学同时举行。主题专场是学术年会的试点和创新，由学者自主申办，共收到 56 个专场申请，最终评选确定 10 个主题作为 2010 年学术年会重点资助举办。图为中国社会科学院马克思主义研究院院长、学部委员程恩富教授在“马克思主义经济学与中国的市场经济建设”专场作主题演讲

4. 社科评奖

10 月 22 日，上海市第十届哲学社会科学优秀成果评奖终审工作会议召开，讨论并审定了本届社科成果评奖获奖项目和等级。市委常委、市委宣传部部长、市哲学社会科学优秀成果评奖委员会主任杨振武主持会议，市委宣传部副部长、市社科评奖委员会副主任潘世伟汇报了本届社科成果评奖申报和评审工作情况

12 月 9 日，上海市第八届邓小平理论研究和宣传优秀成果、第十届哲学社会科学优秀成果颁奖典礼在上海影城举行。市委常委、宣传部部长杨振武，市社联主席秦绍德，市委宣传部副部长潘世伟，市社联党组书记、专职副主席沈国明等领导出席会议，并为获奖代表颁奖。本次颁奖典礼分为把握时代主题、推进理论创新、服务科学发展、注重学术积累、传承学术精神 5 个篇章，19 位获奖代表上台领奖并发表获奖感言。本届社科评奖委员会、获奖作者、相关高校分管领导等近 400 人出席颁奖典礼

市社联党组书记、专职副主席沈国明等与获奖作者合影

11 月 10 日，市社联召开“马克思主义中国化时代化大众化与中国发展道路”理论研讨会。会议由市社联党组副书记桑玉成主持，市社联党组书记、专职副主席沈国明出席会议并讲话。会上对社联主题征文活动中组织工作突出的 19 家学会以及 90 篇优秀论文的作者进行了表彰，本市应征论文作者和有关学会负责人 130 余人与会

5. 科普活动周

11 月 10 日，第九届上海市社会科学普及活动周在东方艺术中心正式拉开帷幕。市委常委、宣传部部长杨振武出席开幕式，宣布活动周开幕并启动按钮。市社联党组书记、专职副主席沈国明致开幕词。市人大教科文卫委员会主任委员孙运时、浦东新区区委副书记吴信宝、市社联党组副书记桑玉成、市社联副主席吕贵、胡伟等领导以及各区县、高校宣传部和各学会的代表近千人出席了开幕式。本届科普周主题为“共享世博成果，提升城市文化软实力”

本届社科普及活动周包括开幕式、网上主题论坛、学会特色科普活动、区域特色科普活动、“社会科学与艺术互动”、“走进上海科普博物馆”、东方讲坛特别版、科普周电视版广播版网络版等 8 大板块共 190 项科普活动。图为市人民政协理论研究会、市政协于 11 月 12 日举行的“政协委员与大学生面对面”座谈会

本届科普活动周期间，47 家学会举办了 50 场特色科普活动，其数量和质量均超过往届。各学会围绕科普活动周主题，创新形式和内容，吸引市民积极参与，有效传播社会科学知识。图为 11 月 11 日，上海市中共党史学会、共青团市委青少年活动中心、上海十三冶建设有限公司举办“中国共产党党史党建”知识竞赛

11 月 14 日，市老年学会组织百名专家在静安公园举行“维权：让老龄社会更和谐”为老服务咨询活动

上海市房产经济学会、上海市房地产科研院举办“低碳住宅”社区宣传展览

上海市渔业经济研究会、上海海洋大学联合举办“安全·营养·健康”专题咨询活动

上海市统一战线理论研究会、上海市社会主义学院、徐汇区社会主义学院、徐汇区凌云街道党工委举办“统战理论与政策”专题展览与咨询活动

科普活动周期间，市哲学学会等举办了“后世博效应：提升城市文化软实力在于创新”专题论坛、市物流学会举办了“后世博·物流业的机遇和挑战”专题论坛、市金融学会举办了“世博金融与上海国际金融中心建设”专题论坛、市领导科学学会等举办了“世博后上海社区建设”专题论坛，这些论坛分析了世博会对上海的深远影响，研究和探讨了“后世博”上海经济社会文化的发展路径，发挥了社会科学推进经济社会文化协调、可持续发展的“思想库”作用

6. 东方讲坛

7月28日，首届“东方讲坛 · 中总香港高峰论坛”在香港会议展览中心举行，论坛以“环球经济新格局　世界华商新机遇”为主题，全面分析国际经济局势，重点探讨把握当前机遇，推进香港与祖国内地尤其是上海的经济文化交流，拓展环球商机。全国政协副主席董建华、钱运录，中央政府驻港联络办公室主任彭清华，中共上海市委常委、统战部长、上海海外联谊会会长杨晓渡及各界600多人出席论坛。图为国民经济研究所所长樊纲作主题演讲

12月15日，由市委宣传部主办，市社联东方讲坛办公室、东方社区信息苑、东方宣传教育服务中心承办的“学习贯彻党的十七届五中全会、市委九届十三次全会精神主题宣传教育活动”在虹口区曲阳社区文化中心举行启动仪式暨首场辅导讲座。市委宣传部副部长马春雷，市社联党组书记沈国明，虹口区委书记孙卫国，虹口区委常委、宣传部长宋岩等领导，向特聘宣讲员代表颁发特聘证书。市领导科学学会会长、浦东干部学院原常务副院长奚洁人作首场辅导讲座

7. 学会活动

1月21日，市统战理论研究会举行2009年年会暨五届三次理事(扩大)会议，并就"加强和改进党的建设与统一战线"主题展开研讨。市委常委、市委统战部部长、会长杨晓渡，市社联党组副书记桑玉成出席会议并讲话

6月23日，市集体经济研究会召开第五届会员大会暨2009年度年会，审议通过了《第四届理事会工作报告》和修改后的《上海市集体经济研究会章程》，选举产生了第五届理事会成员。在随后举行的五届一次理事会会议上，选举产生了第五届理事会领导班子，严镇博任会长。市社联党组书记、专职副主席沈国明到会并讲话

7 月 30 日，华夏院院长鲍宗豪教授应新加坡国立大学东亚研究所邀请，参加由“新加坡国立大学与国务院发展研究中心社会发展研究部举办的‘中国社会发展与挑战国际研讨会’”，并作“当今中国社区建设若干重要问题的思考”的发言

11 月 14 日，市农村经济学会举行上海“十二五”农业农村发展学术研讨会暨上海市农村经济学会成立 30 周年纪念会。学会理事长王东荣回顾总结了学会 30 年来的工作成绩和经验，会上对 30 名学会优秀工作者予以表彰并颁发荣誉证书，市社联党组书记、专职副主席沈国明出席会议并讲话

4 月 14 日，市人民政协理论研究会召开会员大会暨理论研讨会。市政协主席冯国勤出席并讲话。市政协副主席朱晓明、周太彤出席会议。会议由市政协秘书长、研究会会长陈海刚主持

11 月 28 日，市社会学学会举行第八届会员代表大会暨 2010 年学术年会。与会代表选举产生了由 95 名理事组成的第八届理事会。在随后召开的新一届理事会第一次全体会议上，选举产生了由 33 名常务理事组成的第八届常务理事会及学会领导班子。市社联副主席、上海大学副校长李友梅任会长，上海社科院社会学所研究员卢汉龙任常务副会长，张钟汝任秘书长。市社联党组书记、专职副主席沈国明出席会议并讲话

12 月 8 日，市法治研究会与复旦大学国际关系与公共事务学院主办的"首届城市治理论坛"暨"上海依法治理优秀案例"颁奖大会在复旦大学光华楼举行。活动由市社联、市依法治市办、市法宣办指导，市法学会、市社会学会、市政治学会、市社区发展研究会、市社会心理学会、东方法治文化研究中心协办

9 月 11 日，市法学会承办第七届"长三角法学论坛"。本届论坛主题为"推进区域经济社会发展的若干法律问题与协调"。中国法学会会长韩杼滨，中共上海市委常委、市委政法委书记吴志明出席论坛开幕式并致辞。来自苏浙沪三地的代表 200 余人与会

目 录

社联要闻

社联第六次代表大会

优秀成果评奖

第八届学术年会

东方讲坛

"十二五"规划大讨论

"后世博"研究

学术研讨

哲学、史学

马克思主义时代化

公平正义

理论经济、综合经济、产业经济

金融、财税、会计审计、其他经济

青年学者论坛

附录

社 联 要 闻

SHE LIAN YAO WEN

上海市社联2010年工作总结

2010年，上海社联在中共上海市委、市委宣传部的领导下，深入学习贯彻中共十七大和十七届三中、四中、五中全会精神，紧密围绕中共上海市委九届十三次和十四次全会提出的工作目标和工作任务，深入落实科学发展观，着力建设学术研究和学术交流、学术社团建设和管理、决策咨询服务、社科知识普及和社会化宣传教育、学术成果发布和评价等五大公共平台，繁荣和发展社会科学，积极开展创先争优活动，构建学习型机关，取得了一定的成绩。

1. 组织社会科学工作者参与“十二五”规划大讨论，积极建言献策

社联动员和团结上海社科界积极参与“十二五”规划大讨论。年初，在社联工作会议上对各学会作了布置和动员，得到各学会的积极响应。经济学会、社会学学会等学会与社联合作，举办了多次研讨会。社联作为主体，承接了市发改委定向委托的《关于“十二五”上海加强社会管理研究》的课题，组织了多场研讨会，编发多份专报，提交了10余万字的《社会建设与社会管理专题研讨资料》。同时，创办了《上海思想界》，推出上海学术界的最新研究成果，至今已编发40余期。社联提交的关于社会建设和社会管理，以及关于诚信建设的内容已经写入“十二五”规划。

2. 组织各类学术活动，推动社会科学的发展与繁荣

社联组织了多种形式的学术活动，以凝聚学者、活跃学术。

积极支持学会开展学术活动。马克思主义研究论坛已经机制化，一年中，推出了多场学术活动，其中，与上海大学共同举办的“全国社会主义核心价值体系高层学术研讨会”、与市委党校联合举办的“马克思主义视野下的公平与正义”年度论坛、“马克思主义中国化、时代化、大众化与中国发展道路”主题研讨和征文在社科界都产生广泛影响。

在第四届学会学术活动月期间，组织各学会积极参与，共举办了130场学术活动，众多学者参与并提交了论文，活动月取得了预期效果。对承办社科热点“一月一会”的学会，社联给予一定的支持，学会举办学术活动的积极性进一步提高。社联还举办青年论坛，旨在培养和推出更多的学术新人。

社联重视社科界大型学术活动。第八届上海市社会科学界学术年会以“上海·中国·世界：新挑战与新发展”为主题，共组织全体大会、学科专场、学会专场近150场，100多个高校、研究院所、学会等机构，数千专家学者、学生参与年会的各项活动。共有240余

位专家作报告,90 余位专家作点评。本届年会共收到征文 1 410 篇,论文数创历年之最。其中,137 篇被评为优秀论文。出版了论文集(共 6 卷)。

本届年会在形式上也有创新。在学科专场之外,特设了主题专场。10 个主题专场是在 56 份申请中,经专家遴选后确定的。这种形式较好的调动了学者特别是青年学者的积极性,受到学界广泛好评。

社联注重重大事件或节庆的纪念活动,以推进学术研究的深入。在建党纪念日、抗战胜利 65 周年纪念日、中共十七届五中全会召开等重大时间节点,社联都举行了学术研讨会或理论座谈会,专家学者对传承优良传统、弘扬时代精神,以及促进经济社会发展等,发表了不少真知灼见。

3. 积极筹划庆祝中共建党 90 周年、纪念辛亥革命 100 周年的各项活动

为了能够在中共建党 90 周年和辛亥革命 100 周年期间,形成一批与上海地位相称的学术成果,社联尽早筹划,在《解放日报》、《文汇报》、《社会科学报》等媒体上分别刊登公告,向全国征集相关学术活动项目和成果项目。党庆征集活动共收到 294 项申报材料,经专家评审,共有 10 项研讨活动选题、26 项著作选题、99 项论文选题入围。社联组织的《中国共产党与现代化使命》系列学术专著先后被列为中国出版集团“纪念建党 90 周年”重点图书,中宣部、国家出版总署“纪念建党 90 周年”重点图书。与相关学术社团联手,积极筹划纪念辛亥革命 100 周年的相关活动和学术成果。

4. 加强学术社团管理,发挥学会作用,活跃学术活动

社联重视学术社团管理工作,全年都将此作为重要工作内容。年初召开 2010 年学术社团负责人会议暨党建工作会议,对学会年度工作作了全面布置。为了加强学会培养青年社科工作者的作用,社联举行了学术社团青年人才工作研讨会,由一些注重青年学者培养的学会介绍经验,以推动落实中央的人才工作纲要。为总结社联在学会设立党工组 10 周年来的工作,社联举行了学会负责人党建研讨会和社联所属社团党建 10 周年研讨会,交流学会党建工作经验,对一些问题进行探讨,以进一步加强学会党建工作。为加强学会日常管理,社联还举办学会秘书长研讨班。

社联在提高对学会服务水平的同时,也重视对学会的管理。社联根据国家查处“小金库”的要求,对所属学术社团“小金库”的查处工作抓得很紧,按时高标准地完成了所有所属社团的“小金库”清理工作,得到了市委宣传部的肯定。对违反社团管理要求的事项,社联约谈相关负责人,要求及时整改。

5. 参与组织并承担了第十届哲学社会科学优秀成果、第八届邓小平理论研究和宣传优秀成果评奖工作,以及国家社科基金项目等社联系统的申报工作

在市委宣传部的领导下,社联参与组织和承担了相关的评奖具体事务。社联对这项

工作高度重视，参与这项工作的同志从接受申报到颁奖后的善后工作，历时半年，全身心投入，承担了繁重的工作，圆满地完成了任务。这次评奖工作申报量达历史最高水平、初审和复审的异地组织者都发生了变化、申报者维权意识强、颁奖大会采用新形式，等等，都增加了评奖组织工作的难度，但是，社联较好地完成了任务。评奖前后的宣传工作也做得有声有色，受到普遍好评。

在市社科规划办的组织下，社联完成了国家社科基金项目课题社联系统的组织发动和申报工作，上海市哲学社会科学规划课题、上海市决策咨询课题申报工作都已经启动。

6. 服务大局，东方讲坛重点组织世博系列讲座

东方讲坛全年共举办讲座2 000多场，直接听众30余万人次，播出讲座电视版、广播版100多场。东方讲坛的社会功能和品牌效应进一步发挥，社会影响力进一步扩大。

东方讲坛举办了一系列有特色的“宣传世博、服务世博、奉献世博”讲座。在中共十七届五中全会、市委九届十三次全会召开后，东方讲坛举办了贯彻中央和市委全会精神的主题宣传教育活动，收到了较好的社会效益。

东方讲坛推出了高校社科普及学术讲座特别版，举办高端学术讲座30余场，一些国内外知名学者在讲座上介绍了重大学术成果、学术思潮、学术热点，以及学术前沿分析等。相关信息还上了各学校的门户网站，讲座平台得到了进一步拓展。

为了提升社联讲座平台的品位，社联与上海发展基金合作，联合主办上海发展沙龙高端讲座平台。

7. 重视科普，创新科普活动周活动和科普读本的征集工作

社联以“共享世博成果，提升城市文化软实力”为主题，成功举办了第九届上海市社会科学普及活动周。科普周通过网上主题论坛、学会特色科普活动、区域特色科普活动、东方讲坛特别版、科普周电视版、广播版、网络版等版块，共举办190项活动。活动数量之多、形式之新均超过往届。

为了促进科普事业的发展，社联制定了《上海市社会科学普及系列读本资助实施办法(试行)》，并向社会发布征集社会科学普及读本的公告，以公开征集和给予资助的方式动员社会力量参与社科普及读物的创作。自公告发布以来，共收到来自各地的申请70多项。目前，正与上海人民出版社合作，对选题进行筛选，力争在“十二五”期间推出一批精品力作。

8. 再接再厉，继续保持和打造社联期刊品牌

社联保持并加强了对《学术月刊》、《探索与争鸣》的支持力度，以期进一步发挥两个刊物的品牌效应。在中断几年后，《学术月刊》与《光明日报》三度联手，评选“2010年度中国十大学术热点”，评出的结果社会认同度较高。在此之前，《学术月刊》转载率已经连续4年在全国同类刊物中排名第一，2010年仍保持了较高的转载率，被转载和摘要的文章达201篇。《探索与争鸣》坚持追踪前沿问题、热点问题的特色，关于“三农问题”、房地产业

发展、社会阶层分析、劳资关系透视、社会保障、生态文明等专题的系列文章和圆桌会议，都引起较多关注，文章的转载率也保持高位，在 2009 年排名第 9 的基础上，有望进一步提升。

9. 齐心合力，开好换届大会等大型会议

社联高度重视换届工作，在市委宣传部领导下，顺利举行了社联第六次代表大会。本市社科界共 800 多名代表与会。中共中央政治局委员、市委书记俞正声出席大会并作重要讲话，市长韩正，以及市人大、政协的主要领导，市委宣传部领导也都出席会议。会后，编辑出版了《在新的历史起点上——上海市社会科学界联合会第六次代表大会专辑》。社联的精神面貌在换届大会、学术年会、哲学社会科学颁奖大会等大型活动中得到一定体现，各处室都能够做到全力以赴、协调动作，各项活动总体较为圆满成功。

10. 建章立制，加强规范化管理

社联重视以制度规范管理，加强日常工作制度化、规范化建设。经多次讨论和听取各部门的意见，同时，借鉴其他单位的经验，制定和修改了《"三重一大"决策制度》、《内部审计工作制度》、《财务管理制度》、《固定资产管理办法》等规章制度，形成了《上海市社联规章制度汇编》，并下发至各处室。下半年，还加强了审计整改工作，逐项落实了整改措施。

现在，会议制度执行得较正常。党组会、务虚会、社联常委会、主席会以及每周办公例会都如期举行。这些会议，使中央和市委的有关精神能及时得到贯彻执行，也加强了机关内部的相互通气，使大家更知晓手头工作的意义，提高了工作的自觉性和主动性。

一年来，社联规范财务制度，严格财务管理，全机关执行预算的观念有所增强。办公例会每月一次审议预算执行情况报告。截至年底，全年预算执行率达到 100%。

社联重视社会治安综合治理工作。落实了防火、防盗措施，增添了消防器材，完善了楼内监控摄像头布局和火警报警装置。还结合《保密法》的宣传贯彻，举行专题讲座，对全机关进行保密教育，以增强机关干部的保密意识。

社联对办公大楼进行局部改造，扩大了公共活动空间，为学术社团开展活动提供了更多场所，以争取把社联进一步打造成"学者之家"。

11. 开展创先争优活动，推进学习型机关建设

社联按照中央和市委的要求，积极开展创先争优活动。在全机关进行动员，要求广大党员积极投身创先争优活动。还多次组织由党组成员、支部书记和支委、工会委员参加的机关党务工作培训班，不断推进创先争优活动的开展。各支部在这项活动中，也发挥作用，每个支部、每个党员都签了创先争优承诺书，各支部的组织生活开展得都较正常。

针对机关工作人员的特点和思想状况，社联举办了青年党员马克思主义理论读书班，组织引导青年党员系统学习马克思主义经典作家的原著和文献。还先后组织全机关人员参加的讲座 20 余次，由知名专家学者、领导干部介绍国情、市情和经济社会发展的热点问题，以及党建、廉政等方面的内容。为增强机关内部的凝聚力，创办了机关内部刊物《逸思

苑》，至今已出刊7期，对交流思想和情感，活跃机关文化，以形成积极向上的工作氛围，起到了一定作用。

为了让机关工作人员接触社会实际，社联多次组织机关干部到结对帮困的奉贤区青村镇南星村走访慰问困难群众，对村党员活动室建设提供资金支持。还组织机关干部到厦门、黑龙江实地考察经济社会发展状况，开拓了视野，促进党员干部思想境界的提升。

社联还落实了党风廉政建设责任制，制定和下发了《上海市社联干部提醒教育暂行规定》，组织全体党员学习了《中国共产党党员领导干部廉洁从政若干准则》、观看警示教育系列片。

根据工作需要，按照干部选拔工作的规定，落实了3个处级领导岗位的竞争性选拔，完成了刊业中心岗位聘任，以及部分公务员的职务晋升。

一年来，社联的工作取得了一定成绩，这是市委宣传部的领导与支持的结果，也是社联党组带领全机关干部职工共同努力的结果。这一年的工作，使我们深切体会到：

第一，必须服务党和政府的中心工作。一年来，凡是产生较大社会影响的学术活动，都是直面当前社会矛盾，应对社会需求的。社联作为学术性的群众团体，应当是党和政府的智库，也应当凝聚一批智库，服务社会，服务大局，服务经济社会发展。

第二，必须与时俱进，更新观念，注重创新。及时更新观念，及时根据新情况调整与社科界、与社会的关系，社联就能与时俱进，适应经济和社会快速发展。增强对学术活动资助的力度，改进和创新管理方法，对于让学术社团更加充分地发挥作用，以及进一步发挥既有学术平台的作用、创立品牌都有重要意义。如果没有创新，无论是承办者还是参与者，都会陷入“审美疲劳”。

第三，必须将创先争优活动作为全年工作的重要抓手，真抓实干，形成“视野开阔、境界高尚、谦和大气、行胜于言”的良好工作氛围和机关文化。社联作为党联系社会科学界知识分子的桥梁与纽带，有很多工作需要去做，如果没有较强的政治意识、执政意识、大局意识、服务意识，不可能承担起社联的职责。因此，开展创先争优是社联工作的需要，不是外加的一项额外工作。社联要借此契机，在全机关形成创先争优的良好风气，树立“琢磨事，不琢磨人”的正气，以是否“想干事、肯干事、能干事”作为评价标准，发扬齐心协力、团结合作的精神，靠群体的力量，把社联的工作做得更好。

交流经验　提升水平　促进发展

——市社联组织部分学会负责人赴江苏社联考察学习

为进一步提升社联的学术社团党建和学术社团功能培育水平，进一步促进学会工作发展，学习兄弟省市社联和学会的先进做法与经验，充分发挥社会科学学术社团在构建社会主义和谐社会中的应尽职责，1 月 17 日—19 日上海市社联组织了赴江苏省社科联交流学习考察活动。市社联党组副书记桑玉成、20 多个学会的负责人参加了本次活动。

江苏省社科联对于本次两地交流活动非常重视。交流会上，江苏省社科联党组副书记、副主席廖进做《对新的生态环境下学会建设与发展的若干思考》报告。

廖进的报告分为四个部分。第一部分是对学会生存、发展的生态环境的研究和认知。他提出，自 20 世纪 90 年代至今的 20 多年来，学会工作的难度越来越大，不少学会的生存与发展陷入困境，一个重要的甚至是决定性的原因，就在于学会的生态环境发生了根本性实质性的变化。这种变化最突出地体现在经济生态日益市场化、政治生态日益民主化、社会生态日益多元化等 3 个方面；第二部分是厘清并深入剖析学会建设面临的突出问题。他指出，就社科联工作本身，对学会本质属性的认识不明确、对学会功能的定位不清晰、对学会的分类指导不到位是目前存在的不容忽视的问题。而就学会、研究会自身而言，目前存在的突出问题是学会水准有待提高、专业权威性不够强、凝聚力吸引力不足、独立性自主性不够、办公条件尤其是经费困难等。报告的第三部分探索适应新生态环境的学会建设与发展思路，他介绍了江苏省社科联的工作模式，即“一、二、三”模式：“一”——学会年检坚持“一站式”服务；“二”——学会活动制订“双报告”、“双台账”规程；“三”——学会管理实施三项基本制度，即秘书长培训制度、学会协作制度、达标创优制度。廖进还介绍了江苏省社科联推动学会建设指导方针的“三个转变”：一是从着眼于“管理”转变为着眼于“建设”，二是从“单向要求”转变为“双向互动”，三是从立足于“建章立制”转变为立足于“功能培育”。报告的第四部分是致力于学会功能的定位、培育与提升，他指出学会建设要坚持立会之本，彰显学术功能；要善谋促会之策，提升服务功能；要开拓兴会之源，强化整合功能；要构筑强会之基，发挥自主功能。

桑玉成对江苏省社科联的热情接待表示感谢，并对廖进的交流报告进行了呼应，对新形势下如何培育拓展学会工作，如何进一步发挥群众性学术团体的功能，如何进一步提高学会的自主性和自治能力阐述了观点。

参加交流的本市学会负责人畅谈了学习江苏经验的体会。许多同志还就学会党工组的作用和工作形式、学会如何促进相关学科发展、学会如何加强青年学术骨干队伍的培育和建设等问题，以及对社联学会管理和服务工作的意见和建议等提交书面交流材料。

现将主要内容整理如下。

一、 学会党工组的重要作用

在社科类学术团体中建立党工组，是上海市社联结合所属学术团体的实际，落实中央有关社团党建战略部署的一项重要举措。自 2000 年以来，党工组在学术团体建设中发挥了越来越重要的作用。(1)导向作用。上海市社联副主席，上海市领导科学学会会长、党工组组长奚洁人结合本学会工作实际指出，党工组必须坚持正确的学术方向，必须以马克思主义、毛泽东思想和中国特色社会主义理论为指导，加强马克思主义领导思想的基础理论研究；以关注党和国家领导工作与实践中的重大问题为重点，加强党的理论创新与实践创新的领导学研究；重视不同领域中干部个体领导力提升研究。上海市哲学学会会长、党工组组长陈章亮指出，学会党工组的首要任务是保证中央和市委的相关政策畅通无阻，保证社联的重大决策和重要部署得到完全贯彻，保证学会工作正确和健康发展。上海市宋庆龄研究会副会长、秘书长，党工组组长秦量介绍了该会党工组坚持党的领导、坚持正确的政治方向、坚持辩证唯物史观，切实加强对学术研究和学术建设的领导。上海市商业会计学会秘书长、党工组组长何礼兴从实际工作出发，阐述了党工组的导向作用。学会的重大事件必须向党工组请示汇报，例如换届选举领导成员等。上海市俄罗斯东欧中亚学会副会长、秘书长，党工组成员杨烨认为党工组成员与学会主要领导成员重合，可以为学会在发展中坚持社会主义基础理论研究给予有力的支持。(2)协调作用。奚洁人介绍了领导科学学会六个专业委员会如何在党工组领导下，协调开展学术活动，加强各专业委员会间及与兄弟学会、单位之间的合作，提高资源整合力度。上海市形势与政策教育研究会副会长、秘书长，党工组成员金西智提出要通过党工组促进跨学科、跨领域的交叉协作，合力攻关，取得成果。(3)凝聚作用。上海市集体经济研究会副秘书长、党工组成员骆德芸介绍了近年来该会党工组注意在改革实践中坚持学术研究，利用社会力量拓展学会工作，依靠本会的专家学者和实际工作者深入企业进行探索，提出新型集体经济理论，扩大了影响力和凝聚力。陈章亮指出，党工组并不能直接管理党员的组织生活，但加强思想工作，调动学会和会员的积极性，使其成员正确开展活动，这种凝聚作用，是充分调动各方面积极性的组织保证。

二、 学会党工组的工作形式

党工组的工作，主要是围绕学会的中心工作展开。上海市毛泽东思想研究会秘书长、党工组成员单冠初指出，党工组正常开展活动是保证学会政治方向和活动质量的重要前提，介绍了该会党工组会议一般每两月召开一次；个别商议随时进行；涉及专项工作时，常以扩大会议形式，邀请相关骨干一起研究。上海市总会计师工作研究会常务副秘书长、党工组组长任光辉介绍了该学会党工组活动的两种形式：一是党工组单独进行，主要是学习中央和市委重要会议文件，领会精神，武装思想，提高指导工作的水平；二是党工组成员参加会长会议、秘书长会议，围绕市社联和上级布置的工作，研究确定本会贯彻执行的意见等。上海市法治研究会秘书长、党工组成员包志勤介绍了该会党工组坚持两个“会”制度，即重要决策事先开会，遇上问题及时开会。上海市台湾研究会副秘书长、党工组代表孙英华介绍了该会党工组开展工作的三种形式：一是坚持党工组与学会领导成员的联席会议制度，商量确定年度工作计划，重大事项联席会议讨论决定；二是经常组织学会领导中的党员，传达中央、国台办、市台办领导对台工作重要讲话精神，领会、把握、贯彻党的对台方针政策，以确保对台研究工作的主基调始终与中央对台工作保持高度一致；三是以党工组与行政工作二位一体的形式，开展各类对台研究、交流等活动。

三、 学会如何促进相关学科发展

学会存在的重要目的之一就是在于促进本学科及相关学科的建设与发展。上海市政治学会秘书长、党工组副组长周敏凯详细介绍了该会以团体会员单位为依托，促进学科发展的做法。建立上海主要高校和科研院所政治学科的团体会员机制，由副会长、副秘书长为联系人，提供学会活动的基本组织平台；学会与团体会员单位合作每年举办数量不等的专题学术讨论，及时研讨政治发展的热点问题；每年一次的年会的分会场轮流放在团体会员单位，有力提升了政治学科在高校文科发展中的地位与影响。上海市青年运动史研究会副会长、党工组副组长田保传认为提高科研实效是在学会工作中落实科学发展观的重点整改措施。上海市粮食经济研究会秘书长、党工组成员姚明燕介绍了该会促进学科发展的两大任务：围绕中心，深入开展粮食工作调研；突出重点，认真搞好粮食经济理论和政策研究。上海市城市经济学会副会长兼秘书长、党工组成员袁钢介绍了通过合作举办“上海城市发展与管理创新论坛”，有效集聚相关学会的研究力量，激发各学会内在活力，扩大各学会的学术影响和社会影响，认为这是学会间加强联系，提高学术研究水平的好办法。

四、 学会如何加强青年学术骨干队伍的培育和建设

青年学者体现了学科发展的未来，是上海社科事业的希望，青年人才的健康成长直接关系到未来社科人才队伍的整体素质。近年来各学术团体在青年学者培育方面，不断健全工作机制，搭建形式多样的平台，为青年学者成长营造良好氛围，推动青年学者的进步和成长。

上海市古典文学学会秘书长、党工组成员高克勤介绍，该会活动的参加者主要是青年学术骨干。学会提供了学术交流的平台，使青年学者有机会接触到资深专家学者，学术研究成果有机会为学术同仁所了解，并在学会主办的学术论坛上发布，收入论文集，有利于脱颖而出。上海市统计学会秘书长、党工组成员吴文杰认为在青年统计业务骨干培训和建设方面，该会首先从形式上把青年学者吸纳到学会组织中来；其次要搭建平台，让青年统计业务骨干展现才华。市统计学会每年组织面向基层的统计论文评比，并积极组织青年统计人员参加中国统计学会的统计科学讨论会和统计学术论文评比活动。上海市物流学会会长李厚圭介绍了学会在青年学术骨干队伍建设上的经验：在建立学术委员会和开展学术活动中注意发挥青年学者的作用；注重发展青年学者入会。周敏凯强调了学会在

编辑论文集中注重了青年学术骨干的文章比重，一般都在三分之二左右，通过学会的悉心培育，学会的青年学术骨干，不少已经在上海市政治学研究领域崭露头角，有了一定的学术地位和影响。上海市教师学研究会副会长、党工组组长王厥轩介绍了该会紧紧抓住队伍建设和促进青年教师成长与发展这两个主旋律，组织成立青语会，为上海优秀中青年教师成长搭建平台，通过开展各种学术活动壮大队伍，通过大批青年教师的迅速成长凝聚人心。上海市生产力学会副会长、秘书长，党工组副组长真虹介绍了该会设立“青年研究基金”，对青年学者起到了很大的帮助作用，设立两年来，得到积极响应，申报踊跃。

五、 对社联的学会管理和服务工作的意见和建议

与会者对于社联的工作给予了高度肯定，并从实际出发，提出了意见和建议。上海市终身教育研究会副会长、秘书长，党工组组长王震国建议，社联可以根据国家、上海的实际需要和学术发展的长远需要，组织有创意、策划能力强的专家学者开展专项论坛的策划，组织多个学会联办学术论坛，形成集聚效应。任光辉建议社联党组进一步加强对学会党工组的指导，学会间可经常交流经验，提高学会工作水平。

（学会处）

杨振武同志在市社联干部大会上作重要讲话

2月2日，市社联召开干部大会，市委组织部副部长陆凤妹在会上宣读了市委关于沈国明同志任市社联党组书记职务的决定。中共上海市委常委、宣传部长杨振武在会上作重要讲话。

杨振武部长在讲话中对调整后的社联党组领导班子提出希望和要求：一是要进一步发挥桥梁纽带作用，加强党和政府同广大社科工作者之间的联系。一方面，认真听取、及时反映广大哲学社会科学工作者的愿望和呼声，积极引领他们融入中国特色社会主义现代化建设；另一方面，要紧紧围绕国家的战略，主动服务上海实现"四个率先"、建设"四个中心"和"五个确保"的工作大局，加强智囊团建设，提升决策参谋的水平。二是要坚持高举旗帜，积极研究和宣传马克思主义中国化的最新成果。社联要更加自觉地高举中国特色社会主义伟大旗帜，不断丰富和发展马克思主义中国化的理论成果；要加强社会主义核心价值体系的研究，为增强民族的凝聚力和国家的软实力作出贡献；要继续抓好马克思主义理论研究和建设工程，完成研究任务，推出更多高质量的研究成果，努力体现上海的特色和水平。三是要增强社联工作的科学化水平，不断加强队伍建设。社联党组班子要加强自身建设，增强政治鉴别力和政治敏锐性，做到大局清、方向明，增强执行民主集中制的自觉性；要加强中层干部队伍建设，全面带动和提高整个机关干部队伍的思想素质、业务水平；要加大人才培养力度，努力造就一支宏大的哲学社会科学工作者队伍。四是要精心组织，统筹安排，圆满完成新一届社联换届工作。

市委宣传部副部长潘世伟在讲话中希望市社联工作在市委、市委宣传部的领导下，在新任党组书记的主持下，通过机关干部职工的共同努力，不断开创新的局面。

新任社联党组书记沈国明表示，决不辜负组织和学术界同仁的信任，团结好上海社科界的广大知识分子，继承前辈的好传统、好作风，按照党中央和市委的要求，努力把社联各项工作做好。

会议由市委宣传部副部长宗明主持。社联党组副书记桑玉成及社联机关干部参加了会议。

（办公室）

关注经济社会大局 共谋繁荣社科大计

——市社联举办上海市社会科学界2010年迎春团拜会

2月9日，市社联召开2010年度上海市社会科学界迎春团拜会，社联党组书记沈国明出席会议并讲话，社联副主席王邦佐、姜义华、彭希哲及社联所属学会代表100余人参加会议，团拜会由社联党组副书记桑玉成主持。

沈国明同志首先向全市广大社科工作者致以新春的良好祝愿。他说，过去的一年，市社联围绕庆祝新中国成立60周年这一主题，打造学术年会、东方讲坛等工作品牌，开展学术研究、社团管理、社科普及、决策咨询等工作，涌现出一批学术成果和学界新人。2010年，上海社科界要继续发扬关注现实、奋发有为的传统作风，根据党和政府的中心工作，着重结合实现“五个确保”，特别是为举办好世博会，要更加积极地为党和政府科学决策提供咨询服务。

与会的社科界专家学者欢聚一堂，喜迎新年，同时还就国家和上海经济社会发展的大局以及如何繁荣上海的哲学社会科学事业等畅所欲言，建言献策。

上海市台湾研究会会长俞新天对新一年社联工作提出希望：一是希望社联领导经常与专家学者以及各个学会沟通信息；二是社联要大力培育和扶持上海的国际问题、台湾问题研究，形成“上海学派”的亮点和特色；三是社联可以集全市专家学者的智慧，搭建一个共享成果的平台，促进研究项目和成果的深化、拓展；四是希望社联为社科界鼓与呼，争取各有关方面对社科工作进一步重视和支持。

上海市社会学学会会长邓伟志认为，创新是理论研究和学术繁荣的生命。要实现学术创新就要提倡学术宽容，既要拥抱别人对自己的肯定，也要拥抱别人对自己的否定；创新要以学习为基础，不学习的创新是“王婆卖瓜、自卖自夸”；学习首先是学马列，要按照马克思所说的“凡人类创造的一切我们都要批判”，不人云亦云、官云亦云、洋云亦云。

上海师范大学哲学系陈卫平希望，社联在换届以后更有作为，推动上海社科事业新发展。各项工作要更加注重实质性，不追求形式，进一步完善学术年会等工作平台。

上海社科院副院长黄仁伟认为，随着中国国家实力不断增长，“中国模式”开始遇到前所未有的巨大考验，迫切要求我们转换一些目前认为理所当然、不可改变的思路。例如我们坚持的韬光养晦、不当头、不打旗的理念，认为只要在中国土地上站得住脚的发展模式就可以为世界接受的观点，以及中国发展模式中最重要的经验是什么，尤其面对国际上出现的“中国自私论”、“中国傲慢论”等等，这些都亟待理论界深入研究，积极回应。

复旦大学社会科学高等研究院院长邓正来认为，上海社科界具有自身的一些特点，比如研究领域的“退出权”受到尊重、有较强的现实感和地方性等。希望广大社科工作者在保持自身特点的同时，进一步增强对时代性话题、对涉及未来的学术研究课题，对世界性、全球化问题的深入研究和实质性交流，以更为宽广的视野、更为宏大的气象，开拓上海人文社科研究的新局面。

复旦大学社会学系主任刘欣认为，中国学者要与西方学术界开展理论对话，要求我们使用规范方法和科学程序，将观察、经验产生的想法理论化并生成主流概念，在研究团队中注重发挥多学科交叉互补的优势。在为上海服务过程中，我们要更加注重研究成果的普遍性，要更加强调比较视野、全球视野。

复旦大学企业研究所所长张晖明认为，30 多年改革开放对中国的基层、企业的触动非常大，而对国家的上层、经济社会发展的主导思想、政府管理经济的方式、官员的思维方式等带来的影响还不大，这在应对国际金融危机的过程中表现尤为突出。当前，我们面临调结构、促转型的挑战，要掀起新一轮的思想解放，在实践中努力创造中国自己的东西已经迫在眉睫。

青年学者、上海大学社会学系黄晓春认为，国际金融危机带给社会学研究新的启示，中国的经济发展面临结构性问题，与社会政策、社会结构密切相关；这次危机对中国的影响更多在规则、秩序层面上，中国必须通过社会机制的创新，应对这场危机带来的挑战。

（办公室）

着力推进学术社团党建　全力做好年度重点工作

——市社联举行2010年度学术团体负责人会议暨党建工作会议

3月2日，上海市社联举行2010年度学术团体负责人会议暨党建工作会议。来自社联所属学会及民办社科研究机构200多位负责人参加了会议。市社联党组书记沈国明出席会议并讲话。

市社联秘书长生键红主持会议并宣读了获得上海市社联2009年度第三届“学会活动月”优秀组织奖的学会名单及获得2009年度《社联通讯》十佳报道学会名单。市社联学会处处长郝德良布置了本年度学术团体的几项具体工作。

沈国明书记向与会者通报了今年市社联的主要工作安排，并就今年本市哲学社会科学学术团体的工作进行了部署。他指出，2010年是世博年，各单位都要为世博会的顺利举行贡献力量，同时也要完成好各单位的本职工作。为了推进社联各项工作，繁荣社会科学事业，市社联要在市委、市委宣传部的领导下，学习贯彻中共十七大和十七届三中、四中全会以及市委第九届党代会精神，高举中国特色社会主义伟大旗帜，以邓小平理论和“三个代表”重要思想为指导，深入贯彻落实科学发展观，按照高举旗帜、围绕大局、服务人民、改革创新的总要求，把握社会科学研究的正确导向，以社联换届工作为契机，创新活动载体，建设公共平台，打造工作品牌，实现上海哲学社会科学的新繁荣、新发展。

关于今年市社联的主要工作，沈国明书记指出要做好以下几个方面工作：

一、全力以赴开好第六届社联代表大会。社联要把换届作为推动事业新一轮发展的重要契机。要在中共上海市委、市委宣传部的领导下，全员动员，细化工作目标，分解落实责任，全力以赴做好社联第六次代表大会各项筹备工作，确保大会取得圆满成功。

二、繁荣学术研究和学术交流，办好下列几项主题活动：

(1)举办“中国特色社会主义理论体系”专题学术征文和研讨活动。(2)聚焦2010年上海世博会等重大主题，举办第八届上海市社会科学界学术年会。(3)打造“上海思想界”社科项目，努力打造互动性、动态性、交流性的“上海思想界”公共平台。(4)办好马克思主义研究论坛，为加强马克思主义研究和建设工程作贡献。(5)为庆祝建党90周年，组织编撰迎接建党90周年丛书。(6)组织专家、相关学会开展国际国内形势和理论热点问题研讨，推动本市社科界学术前沿的理论创新。

三、发挥智囊作用，提供决策咨询服务。围绕市委、市政府重点工作和领导关心的重大问题，开展“社联策论”研讨，形成决策咨询成果供领导参考；办好《理论内稿》，为领导提供高质量理论信息服务。

四、办好东方讲坛，推动社科知识普及。进一步加强讲坛内部建设，举办公益性文化讲座，开展“迎世博”系列活动，举办第九届社科普及活动周，推动社科知识走进千家万户，服务社会大众。

五、开展社科评奖活动，组织开展上海市第八届邓小平理论和宣传优秀成果、第十届哲学社会科学优秀成果评奖工作，增强社会科学研究的导向意识。推进《学术月刊》、《探索与争鸣》精品工程建设、品牌栏目建设、编辑队伍建设，开展高端学术活动，增强在重大学术话题讨论中的话语权，打造推介社科人才、发布优秀成果的一流品牌学术期刊。

六、继续开展“讲政治、重品行、作表率”活动，加强社联机关队伍建设。加强内部管理，转变工作作风，推进自身建设，为社联事业新发展提供有力的保障。

沈国明在讲话中重点部署了 2010 年度学术团体工作。他强调指出，要“寓管理于服务，以服务促管理”，继续培育学术团体各项功能，促进学术社团全面发展。具体要做好以下几个方面的工作：

一、通过举办社科热点“一月一会”、“学会青年学者论坛”、第四届学会学术活动月等活动，引领学术团体功能的培育，为学术的发展营造良好的氛围，发挥学会在理论创新中的作用。继续办好《社联通讯》，进一步加强对于各学术团体学术动态和学会建设动态的报道，加强通讯员队伍建设，加强重要社科学术活动信息的传播，继续评选“十佳”学术报道，让学术团体的风采在这个平台上得到充分展示。

二、对基础学科学会建设开展专题调研，掌握基础学科学会的发展现状，举办基础学科学会建设交流活动，以多种方式对基础学科学会进行重点帮扶，培育其各项功能，特别是在相关学科建设和发展方面的重要功能，促使其发展壮大。

三、推动和鼓励学术团体特别是应用学科学会和民办社科机构，发挥学术团体人才荟萃、联系面广的优势，紧密联系上海改革开放和现代化建设的实际，积极开展各种应用研究、决策咨询研究，主动加强为相关实际工作部门服务。社联将探索在这方面组织交流、促进合作，推动学术团体的应用研究成果社会化，实现社会效益和经济效益的有机结合。

四、通过召开相关会议，开展社团工作调研、学会干部专题培训、“社科工作者看社会”活动，学习兄弟省市社联学会建设与管理工作经验等活动，进一步提高学会负责人及专职干部对社团工作的责任感、事业心及工作水平。通过“达标创优”活动、完善对所属学会与民办社科机构的审计监督等工作，进一步提升学术团体建设与管理水平。

五、召开民办社科机构工作例会，开展民办社科研究机构专项调查研究，举办民办社科机构建设交流活动，及时了解其发展中的新需求和新问题，学习兄弟省市社联民办社科机构管理工作经验，促进本市民办社科机构规范健康有序地发展。

六、鼓励和支持各学术团体开展以青年学者为主体的学术活动，希望更多的学术社团把青年学者工作制度化、机制化，构建更多的有利于青年人才脱颖而出、发挥作用、增长才干的载体和平台，提升青年学者的影响力，为学术社团、社科事业的未来发展提供坚实的人才保证。

七、继续策划、搭建资深学者活动和交流的平台，举办资深学者专题研讨活动。各学术团体要鼓励和支持相关资深学者运用学术积累、工作阅历、人生感悟，在学术团体的学术功能培育和自身建设中发挥不可替代的作用。

八、举办学术团体党建工作研讨会，总结、交流社科类学术团体党工组的工作经验，开展学术团体党工组如何贯彻、落实科学发展观、如何培育学术团体功能等进行研讨。要探索学术团体党工组的工作机制，充分发挥党工组在学术团体领导班子中的政治核心作用和在学术活动中的政治导向作用，保证社科类学术团体始终坚持正确的政治方向。

（学会处）

交流学会工作经验　提升学术活动水平

——市社联举办学会秘书长研讨班

为了进一步提升学会秘书长组织策划学术活动的水平和能力，更好地发挥社联所属学会的学术功能，创新学会开展学术活动的方式，在社联领导的关心支持下，学会处举办了学会秘书长研讨班活动，组织部分学会秘书长赴河南省社科联交流学习考察，研讨班于 5 月 27 日、6 月 5 日分两批实施。每批考察交流时间为 3 天，有 44 个学会的秘书长参加本次活动。

河南省社科联对于本次两地交流活动非常重视。河南省社科联学会处处长何泽斌向与会者介绍以学会工作为基础，以学术活动和评审活动为两翼的学会管理工作思路，来自河南省经济学会、省法律咨询协会、省钱币学会、省民营经济学会、省博物馆学会、省检察学会、省保险学会等学术团体的负责人介绍了各学会的发展现状、特色活动及办会经验，河南省社科联副主席唐玉宏也和与会者亲切交流。

在听取河南省社科联介绍的经验后，参加交流的上海市各学会负责人围绕组织策划学术活动的经验和体会、培养青年学者的做法和体会以及学会协作开展学术活动的设想等议题展开了研讨。

一、 围绕学科特点，充分发挥学会各项功能

学会在日常组织策划学术活动中，有意识地根据学科特点，结合社会热点问题，开展具有学科特色的活动。针对超女现象引发的社会争论和三鹿事件引发的企业社会责任讨论，上海市伦理学会举办了主题研讨会，从伦理学专业角度出发，探讨转型社会中个人和企业发展所面临的伦理问题。上海市美国学会每年举办“鲍大可—奥克森伯格中美关系讲座”，直面中美关系的新走向，探讨处理中美关系的新思维。上海交通会计学会、上海市商业经济学会、上海市美学学会等也结合实际工作中的热点、难点、重点问题等开展了形式多样的学术活动。学会开展的学术活动，通过瞄准当前社会的热点问题，吸引了广大公众和新闻媒体的强烈关注，增强了学会工作的针对性。

社会科学研究不仅需要理论思辨，更需要社会科学工作者深入了解实际情况，解决在现实生活中发现的问题。上海市工商行政管理学会提出要选准理论调研切入点，增强理论调研的推动力。上海市农村金融学会先后开展了农业银行与新郊区新农村建设、世博经济等专题调研；上海市金融学会、上海市城市金融学会和上海市投资学会也围绕中国、特别是上海金融发展的特点，积极参与上海“两个中心”建设的调研活动，提出了一些可操

作性强的调研报告。上海市民防协会开展民防工程体系调研，提出了《关于民防建设工程的调查报告》。上海市青年运动史研究会开展了青年民生问题、农民工问题、城市志愿者动员机制问题的调研，关于上海市青年自组织的调研报告获得了团中央一等奖。上海市地名学学会、上海市粮食经济研究会、上海市社会心理学会也围绕理论和实践热点，开展了一系列的课题研究。学会开展的调研活动，不仅给社会科学研究提供了第一手资料，而且为政府决策提供了切实的信息，增强了学会工作的深入性。

现代社会科学知识需要社科工作者做深入浅出的普及工作，才能为一般公众所了解。上海市保险学会积极组织业内有关专家举办各类保险知识讲座，通过实际案例讲解投保和理赔的有关知识，将实用知识带到广大市民身边。上海市演讲学研究会把演讲学理论化为实践，与华东师大团委联合举办“迎世博志愿者语言艺术”研讨会，提高志愿者的口头交际能力，提升志愿者为世博会服务的水平。上海炎黄文化研究会举办“炎黄书画展”、上海市语言文字工作者协会举办“世博会语言环境建设国际论坛”、上海市人类学学会常年开展“人类进化”和“人类学研究”的科普讲座、上海市医学伦理学会组织开展医学伦理培训，学会开展的这些科普活动密切贴合广大公众的实际需求，增强了学会工作的服务性。

各学会在组织学术研究活动时，特别注重研究成果的转化运用工作，使学术研究成果具有解决热点、难点问题的现实意义。如上海邮电经济研究会在电信资费研讨会上，针对手机资费问题提出对策建议，受到市通信管理局和电信运营企业的重视和采纳，促进了电信资费较大幅度的下降；关于“积极推进电信资费改革”和“移动通信建设与管理”问题的研究成果作为政策研究参考资料报送国务院。上海市审计学会开展了《推进审计整改创新的若干问题研究》，其研究成果得到市政府的肯定，为全市进一步加强审计整改工作提供了制度保障。上海市卫生经济学会关于上海市政府卫生投入的绩效、问题和对策的研究为市政府的公共卫生决策工作提供了可靠的参考。上海市房产经济学会围绕新农村建设、外来从业人员住房以及旧城区改造等问题开展学术研究，为政府部门决策提供理论和现实依据。上海市统一战线理论研究会每年组织会员围绕统战部门的年度工作展开专题调研，为党和政府制定统战政策服务。学会开展的决策咨询活动为政府公共管理工作提供了具有可操作性的对策，增强了学会工作的应用性。

各学会通过学术出版、征文评奖等措施，积极推出社会科学研究成果，使广大社科工作者的成果为公众熟知。上海市法学会推出《上海法学文库》丛书系列，重点出版青年学者的优秀学术成果，帮助青年学者解决出版学术专著难的问题，并启动“上海市法学优秀成果奖”评选活动，在《解放日报》等多家媒体和网站上介绍评奖情况。上海市欧洲学会定期出版《欧洲观察》、上海市统计学会也有《上海统计》这个平台，这些措施扩大了社会科学工作者的社会影响力，增强了学会工作的辐射性。

二、 加强横向合作，充分实现学术资源共享

社会科学研究的对象总是具体的，运用多学科方法进行交叉研究，需要学会在开展学术活动时加强合作，不仅要和其他学会合作，而且要和高校、研究机构等单位合作。例如，上海宋庆龄研究会和中山学社联合举办了“孙中山：历史·现实·未来”和“孙中山的《建

国方略》”国际学术研讨会；与同济大学亚太研究中心共同召开“中日学者孙中山宋庆龄研究学术交流会”。上海市世界史学会与华东师大历史系合作成立了上海市世界史学会苏联档案研究中心。上海生产力学会与上海国际航运研究中心联合举办了“金融危机下的企业战略及运营机制”学术讨论会。上海市毛泽东思想研究会和华东政法大学联合开展了“反对本本主义和马克思主义中国化”学术活动，纪念毛泽东《发对本本主义》发表80周年。上海市城市经济学会牵头组织城市科学研究会、固定资产研究会、市政行业协会共同主办“城市发展论坛”。上海市台湾研究会联合民革上海市委、上海台湾研究所、上海市师范大学四家单位联合举办“两岸关系进展、挑战、前瞻”学术研讨会，纪念《告台湾同胞书》发表30周年。上海科学社会主义学会与浦东干部学院联合举办了“文化重构与道路选择——纪念五四运动90周年研讨会”。上海科技系统思研会积极和相关学会合作，抓住新世纪民主政治实践新发展出现的新问题开展了一系列学术活动。这些活动拓宽了学会工作所涉及的广度，打开了学会的社会活动空间，使学会在开展活动时能共享高校、研究机构等单位的学术资源，增强了学会工作的社会协同性。

三、 注重青年培养，促进学会可持续发展

青年学者是繁荣上海社会科学事业的生力军。加大培养青年学者的力度，才能使学术事业薪火相传持续发展。上海市历史学会从1997年开始设立面向青年的学会奖，每两年评选一次，以鼓励青年史学工作者。评选对象年龄限定在45周岁以下，职称在副高以下(含副高)。评选依据为两年来在海内外正式出版社或杂志公开发表的历史学研究的成果。由学会组织专家评审，评选出优秀成果，在年会大会上予以表彰和一定的经济奖励。上海市教师学学会，通过在全市开展公开课竞赛及青年教师论坛，扶助了一些刚迈入教师岗位却很有潜质的年轻教师，得到教师所在学校、区县教育部门的认可。上海市世界史学会举办青年论坛，为上海市从事世界史教学和研究的青年教师和博士、硕士研究生提供学术交流和学习的平台。上海市劳动和社会保障学会成立了“青年理论研究专业委员会”，加强青年理论骨干队伍建设。通过各学会开展的青年学者活动，一大批青年优秀人才脱颖而出，充分展示自身才能，获得了来自学会及社会的肯定，同时也为学会及时调整人员构成，为持续开展学会工作准备了后备力量。

参加交流的本市学会负责人还就如何加强和提高社联的学会管理和服务工作等问题提出了建议和意见。与会者纷纷希望社联更多帮助学会牵线搭桥，加深横向交流，加强学会间的协作互通，并尝试形成一种机制或运行模式；与会者还建议社联能够加强“桥梁纽带”功能，更加及时向各学会传达中央和市委、市府的重大方针、政策、精神，便于学会把握正确政治导向以及开展咨询决策活动；同时，部分与会者还希望社联能够借鉴政府购买的方式，组织学术团体进行课题研究，以发挥学会学术功能，提升学会学术研究能力。

学会秘书长研讨班活动增强了市社联对于所属学会的凝聚力和向心力，获得了参与者的一致好评，充分实现了活动的预期目的。学会处也将及时总结经验，力争更好开展此类工作。

（学会处）

总结研究建党 90 年历程与中国现代化使命

——市社联组织编撰《纪念建党 90 周年学术专著》丛书

为纪念中国共产党建党 90 周年，全面回顾与总结党在中国现代化进程中取得的历史经验与理论成果，以进一步推进党的事业和中国现代化进程，上海市社联组织策划上海社科界专家学者共同编撰《纪念建党 90 周年学术专著》丛书。丛书以 90 年历史发展与进步为主线，紧紧围绕“中国共产党与中国现代化使命”这一主题，从政治、经济、社会等多个学科视野对建党 90 年作全景综述和理论分析。丛书定位高端，力求反映上海学界的学术责任意识和对建党 90 年历史的深度学理性思考，并旨在达到与国际主流学术研究对话的水平，本市多家科研单位参与编撰工作，项目将于明年 5 月以丛书形式公开出版。

丛书主题“中国共产党与中国现代化使命”，主要考察的是中国共产党建党 90 年来自身的发展和转变，以及在此过程政党选择与行动对中国的政治、经济、社会现代化产生的影响与效果，由此梳理总结“中国模式”、“中国道路”蕴含的历史经验和学术理论。这不仅是对历史的简单回顾与总结，更是为了承载起认识历史、传承经验、咨政服务的崇高职能，为党和社会主义事业的建设提供理论支持和智慧后盾。

丛书分为社会、政治、经济三卷，借助不同学科的学术概念和专业工具，以专题的形式，对具有重大历史逻辑意义的事件作出历史解读和理论阐释。对党史党建的研究不再局限于“1949 年”等时间节点，而是更加关注党从“革命党”向“执政党”角色转变过程中的选择与成长，更加聚焦中国模式、中国经验背后党的成就与经验。社会卷由上海大学副校长李友梅教授担任主编；政治卷由复旦大学国际关系与公共事务学院刘建军教授担任主编；经济卷由上海社科院科研处处长、研究员权衡担任主编。

社联将继续与中国大百科全书出版社合作，完成《纪念建党 90 周年学术专著》的出版发行，并把丛书出版作为深化学术界党史党建研究的一项战略合作项目来推进，力求将上海学者的著作与思想推向全国、推向世界。

丛书已经申报并被确立为中国出版集团“纪念建党 90 周年重点图书”，同时已向中宣部申报国家新闻总署“纪念建党 90 周年重点图书项目”和“十二五”国家重点图书的出版规划项目。上海社联将积极认真做好编撰组织工作，努力为纪念中国共产党 90 周年诞辰提供学术理论的精品力作。

推进抗战理论研究　继承抗战精神财富

——市社联等举办“纪念抗日战争胜利65周年”理论座谈会

9月3日，由中共上海市委宣传部和上海市社联主办，上海市历史学会、上海市中共党史学会协办的“纪念抗日战争胜利65周年理论座谈会”，在上海社联举行。中共上海市委宣传部副部长潘世伟出席会议，上海市社联党组书记、专职副主席沈国明主持会议，50余位专家学者出席会议。

中共上海市委宣传部副部长潘世伟讲话指出，只有充分认识抗日战争胜利的伟大意义，才能褒扬我们中华民族团结奋进的爱国主义情怀，这也是纪念抗日战争胜利65周年的中心所在。中国抗日战争国际影响深远，是世界反法西斯同盟的重要组成部分。要反对历史研究中存在的不健康现象，如虚无主义，要用马克思主义的观点，坚持客观辩证的态度，坚持联系上海的实际来研究历史，以史为鉴，勿忘历史。为建设上海文化作出自己的贡献。

与会学者主要探讨了如下问题：

一、 中国共产党与抗日战争的关系

市中共党史学会会长张云认为，中国共产党是抗日民族统一战线的中流砥柱。中国共产党依据情势的发展，与时俱进，实行政治策略的转变，实现由“反蒋抗日”到“逼蒋抗日”再到“联蒋抗日”的重大转变，并且在此指导方针下和平解决西安事变，结束了十年国共内战。在抗日战争中，中国共产党对抗日统一战线的建立、维护付出了极大的努力。在国民党顽固派先后发动三次反共高潮的危险时刻，毅然忍辱负重，不遗余力地维护抗日统一战线，直到取得抗日战争的最后胜利。

市中共党史学会名誉会长唐培吉指出，抗日战争是在中国共产党倡导的抗日民族统一战线的旗帜下，在国共合作的基础上，全国人民浴血奋战的伟大的民族解放战争。中国共产党及其领导的人民军队是抗日战争的中流砥柱，是因为中国共产党首先指出了抗日战争正确的政治方向，提出了抗日战争正确的军事理论和战略战术，指导全国抗战。从某种角度来说，抗日战争是中国共产党领导的，这不是讲对政府和军队的领导权，而讲的是政治领导。应该正面客观的评价国民党的正面抗战，国共双方领导的正面战场和敌后战场是客观地存在于中国抗日战争的统一体中，双方互相依存、互相制约、互相配合、互相支持，虽然在战役和战斗上配合不多，但在战略上，不管意识到或没有意识到，却是相互配合

的。国共第二次合作，使抗日战争得以全面开展，使抗日战争能够长期坚持，使抗日战争取得最后胜利。国共合作抗日是主流，国共矛盾是次流，是逆流，应该充分评价国共合作抗日的重要地位和作用。

上海师范大学郭绪印着重分析抗战时期中国的两个战场和两条战线，认为在抗战初期，两个战场配合较好；抗战中期的相持阶段，敌后战场是主要战场，但是也不能忽视正面战场的作用；在抗战后期，则为战略大反攻。国共两条战线是统一的，缺一不可；更不能低估中国战场在世界反法西斯同盟中的作用。

复旦大学金邦秋以西安事变为切入口，分析了从1935年遵义会议到1938年间，时任中共中央负责人的张闻天为和平解决西安事变所做的努力。

中共上海市委党史研究室侯桂芳指出，在抗战期间，正是由于中国共产党及时发现错误，制定了正确的知识分子政策，采取各种措施吸引知识分子到抗日根据地，营造全党尊重知识分子的氛围，多方面保证充分发挥知识分子的特长，与工农群众相结合，使他们的先进作用得到了充分发挥，从而使延安大后方聚集了各类人才，而且充实了干部队伍，扩大了党的影响，进而为抗日救亡作出了重大贡献。

二、 抗日战争与上海的关系

市历史学会副会长熊月之指出，作为“八一三”抗战的主战场，这场战争激发了上海人民的爱国热情，提升了上海的正面形象，同时内迁了一大批民营工厂，为抗战作出了贡献。上海在战争中遭到了严重破坏，打断了上海城市现代化演变的原有轨道。抗战期间，上海租界成为畸形繁荣的孤岛，成了投机者的天堂；上海也成为极其恐怖的城市，各种暗杀行动此起彼伏，血雨腥风。同时，上海也是红色读物主要出版地。这场战争造成了数量空前的难民，一段时间内，上海存在特殊的难民区与集中营，同样也是此次战争，使得上海租界的历史以一种奇特的方式结束。

市历史学会副会长苏智良认为，上海是抗日救亡运动的中心，是世界反法西斯的战斗堡垒，在抗战中，各阶层都广泛参与。他还指出，现在研究抗战史，尤其要注重保护抗战史迹，以上海闸北的四行仓库为例，强调目前对史迹的保护不够重视。史学界要加大对“孤岛”时期的上海研究。

唐培吉指出，研究抗日战争与上海的关系问题，要搞清楚上海在抗日战争中的地位和作用，概括而论：政治上，上海是抗日救亡运动前期的中心；军事上，上海是抗战的重要战略阵地；经济上，上海是抗战中特殊的后勤基地；文化上，上海是抗战文化的发祥地；对外关系上，上海是联系世界各国及世界爱好和平人士的窗口和纽带。

三、 抗日战争胜利对中国的影响

中国人民在艰苦的条件下依靠抗日民族统一战线，依靠社会各界的共同努力，最终取得了战争的最后胜利，这是一次伟大的胜利，是中国人民自鸦片战争以来第一次在反对外来侵略中取得的彻底胜利，这对中国有着重要的意义。

唐培吉指出，纵观国内外各种动态，对中国抗日战争的伟大历史意义的评价是不够的,甚至是贬低和歪曲的,对中国抗日战争胜利的纪念活动亦是不重视和不隆重的,这是极大的不公正。我们不仅要批驳欧洲中心论,亦要反对历史虚无主义。抗日战争是中国近代史上一百年来第一次取得胜利的民族解放战争;抗日战争使中华民族彻底觉醒,大大发扬了爱国主义精神,成为中华民族由屈辱到崛起的历史转折点;中国共产党在抗战中成为全国性的成熟的大党,是抗日战争中的中流砥柱,是团结各族人民的核心力量。抗日战争的伟大意义还在于为新民主主义革命的胜利、中华人民共和国的诞生奠定了坚实的基础。同时,历史意义还表现在中国抗日战争在第二次世界大战中的地位和作用,中国抗日战争的爆发揭开了第二次世界大战的序幕,中国抗日战场是东方反法西斯战争的主战场,中国抗日战争打破了日本的"北进"计划,挫败了日、德夹击苏联的阴谋,中国抗日战争迟滞了日本的"南进"计划,粉碎了德日的全球战略,中国抗日战争是打败日本的最主要原因,而苏联出兵东北和美国使用原子弹是加速了日本的投降。中国在抗日战争中作出的极大的牺牲,对世界反法西斯战争作出了重大的贡献。

上海淞沪抗战纪念馆沈建中认为,抗战的胜利,孕育了伟大的抗战精神,成为了中华民族代代传承的不朽精神财富。抗战精神是忠贞报国、勇赴国难的爱国精神;是追求和平、不畏强暴的自强精神;是万众一心、共御外侮的团结精神;是互援互助、共御敌寇的国际主义精神。伟大的抗战精神在中国革命、建设和改革的道路上依然是中国人民攻坚克难、奋勇前进、实现民族复兴的强大精神力量。弘扬抗战精神有利于推动社会和谐发展,有利于完成祖国统一大业,有利于维护世界和平与发展。抗战胜利的来之不易告诫大家,只有铭记历史,吸取教训,把握好今天,才能防止历史的悲剧重演。

市中共党史学会副会长金光耀援引联合国的创建史分析了战后中国国际地位的变化。他说,国民政府在1942年拟定了一份《国际集团会公约草案》,这份草案主要从总结国联面对侵略和战争束手无策的经验教训出发,强调新的国际组织必须在组织和制度上确保能够对侵略行为实施有效的制裁,需加强理事会的职能,并且明确表示由中、美、英、苏四大国一起承担召集人的责任,而且随后的敦巴顿橡树园会议的中国代表团首席代表顾维钧提出了中国的补充意见七点,在中方代表的坚持下,其中三点被写进了《联合国宪章》,同样也在中方代表顾维钧等人的坚持下,在非常任理事国的选举原则以及托管制度中,中方都提出了合理的建议并最终被采纳,对联合国的创办作出了自己的一份贡献。从中国参与筹建联合国的整个过程看,中国在战后确认了大国地位,固然首先是中国军民艰苦抗战的结果,但是也与国民政府的外交努力分不开。

第二军医大学孙道同指出,对抗日战争胜利的意义研究不仅要从宏观去研究,更要从微观上来研究。要把它放到整个中国近代史的发展中来研究,要放在党史中去做研究,十四年的抗战史也是中国共产党的发展壮大史。他用"八大"(大决心、大团结、大增强、大熔炉、大考验、大进步、大国地位确立、大胜利)总结了抗战对中国产生的重要影响。上海建委党校刘惠恕则以中日邦交中出现的一些时事热点问题,强调在研究历史的同时,要时刻保持警惕,警惕日本右翼势力的抬头。

(刘长林　王飞原　杨　俊)

推动社会科学理论创新 构建学术交流公共平台

——市社联第四届学会学术活动月拉开帷幕

10月20日，市社联举行第四届学会学术活动月开幕式。市社联主席秦绍德致开幕词，市社联党组书记、专职副主席沈国明主持开幕式和随后举行的学术报告会。全市150多家社会科学学术团体负责人和专家学者参加会议。

秦绍德主席在致词中指出，第四届学会学术活动月的召开是对各学会成果的一次集中展示，有利于促进学术团体之间的交流，有利于加强学术梯队建设，有利于推动上海哲学社会科学的理论创新。

学会学术活动月系列活动是上海市社联主办的品牌学术交流活动，年轻而富有生命力，自2007年创办以来，已连续成功举办4届。本届学会学术活动月各项活动于10月下旬至11月下旬举办。期间，市社联所属的100多家学会、研究会将联合有关高校、科研机构及党政机关等单位共同举办学术研讨会、座谈会、报告会和论坛等各类学术交流活动130多项。

学术报告会上，市社会学学会会长、上海大学邓伟志教授，市哲学学会副会长、复旦大学哲学学院院长吴晓明教授，市经济学会副会长、复旦大学经济学院院长袁志刚教授，市美国学会会长、上海社会科学院副院长黄仁伟研究员分别以"社会学在中国社会建设的光辉实践中提升"、"哲学视野中的中国文化建设"、"后危机时代的中国经济结构转型"、"当前国际形势和我国的战略定位"为题作了学术报告。

邓伟志围绕社会建设与社会学学科建设之间的关系进行了论述。他认为当前社会学学科的茁壮发展，得益于"小政府、大社会"的政策得以逐步贯彻实施。社会学得益于社会建设，来源于社会建设，而推动社会建设是社会学研究的唯一目的，这两者的关系是密不可分的。社会建设对于社会学学科建设的推动，首先体现在社会建设拓宽了社会学研究视野，丰富了社会学的分支学科。例如民生社会学、社会保障学、社会流动理论、社会适应理论、社会组织学、宗教社会学、城市社会学、社会应急理论、社区去行政化理论、社会心理学、社会工作学等分支学科的发展。其次，先行先试的社会建设实践，推动了社会学学界冲破禁区，把"敏感点"变为学科发展的"生长点"。例如提出"小政府、大社会"的理论；把社会分层理论同阶级斗争区分，形成包容多样、尊重差异、包容各阶层的理念；承认中产阶层存在，正视中产阶层作为"橄榄型的轴心"的作用；对于社会结构的理论研究；对于弱势群体的认识以及由此而生的"贫困社会学"研究；对于社会组织的认识；对于"社区"范畴及是否去行政化的理论研究。再次，社会建设的实践培养出一大批社会学人才，尤其是青年的社会学学者涌现出来。

吴晓明从哲学的角度对中国文化建设的重要性、立足点、实体内容以及基本前景做了分析。他认为中国文化建设的重要性可以通过梳理得到体现。如 1922 年罗素《中国的问题》一书中，就提出中国的三大问题是经济、政治、文化，而以"文化"问题为归结点。亨廷顿《文明的冲突》一书，也将焦点集中于文化。中共十七届五中全会提出文化的战略地位，"要推动文化大发展大繁荣，提升国家文化软实力，坚持社会主义先进文化前进方向"，"充分发挥文化引导社会、教育人民、推动发展的功能，建设中华民族共有精神家园，增强民族凝聚力和创造力"。基于此，中国文化建设的基本格局，一是现代化任务，二是现代化任务是在与其他西方国家不同的传统和国情下被提出和要求完成的。通过分析哲学范畴里的"普遍"和"差别"，吴晓明认为，中国文化建设要立足于中国发展的独特道路，这种独特的发展道路的可能性来自于重复西方道路的不可能性。中国文化建设的实体性内容必出自"中国问题"和"中国经验"，"外部反思"中根本没有"中国问题"和"中国经验"，有的只是外部经验的抽象形式，是一种变相、歪曲、有缺陷的形式。因此要从主观思想和外部反思当中脱离，深入并切中当代中国的现实。当代中国文化建设基本前景包含这四个方面：(1)三重思想资源，即马克思主义、西方现代思想和优秀传统文化；(2)实现真正的创造和创新；(3)具有超越现代性的意义和世界历史意义；(4)保持自身活力，学习优秀文化，包容他者文化，和平发展，实现复兴。

袁志刚论述了经济危机产生的深刻原因、危机的治理成就以及后危机时代中国该如何应对。他认为，在危机前的全球收入分配格局中，美国利用美元本位的国际货币体系，获取收入转移利益；发达经济体通过自身的金融发展和金融垄断，获取特殊利益，而新兴经济体的金融落后导致了金融资产的转移和收入转移，在金融创新不足的情况下，甚至出现了金融泡沫化；同时，要素价格的扭曲，即垄断要素的高价和竞争要素的低价，导致收入从新兴经济体向发达经济体的转移。全球化发展过程中的收入分配格局，或者全球红利的分享机制特征导致了全球经济总供给与总需求的非均衡，就是本次金融危机的根本原因。袁志刚还提出了中国经济的非均衡表现：产业结构升级缓慢，第三产业增长乏力；内需结构与外需结构非均衡；国有企业的垄断力量和部分服务业严格的进入门槛导致了巨大的行业差距；城乡和区域之间发展不平衡；工资收入在整个国民收入的分配中所占比重过低等。中国经济未来的改革方向要通过推进要素市场的改革扭转城乡、区域和产业发展的不平衡，最终带来劳动收入和居民要素收入的提高，增加内需；通过推进金融体系改革，放松融资管制，提高金融资源配置效率，从而使国内储蓄能够通过金融部门的资源配置功能转化为高效的国内投资，同时使居民通过对金融产品的投资分享到实体经济发展的红利；通过社会保障制度和公共产品领域的改革，取消户籍制度，全面推进城市化的发展。

黄仁伟的报告围绕今后 10 年中国的战略机遇和风险作了解读。他认为，之所以说今后 10 年中国仍然处于战略机遇期，而且战略机遇大大超过 10 年前，原因有五个方面：(1) 2008 年经济危机之后，中国的国际地位得到提高，经济总量上升至世界第二，这是一个历史性的转变。今年,中国对于世界经济增量的贡献就占到50%;(2)在国际体系中,中国越来越成为不可替代的行为者。表现在G20等国际合作组织中的地位明显上升;(3)整体上看,亚洲地区的经济处于上升通道,而在其中,中国起决定作用,越来越多的国家以中国为第一市场;(4)两岸关系有了历史性突破。表现在从"三通"到ECFA的实现;(5)中国模式被世界越来越多人认可,证明中华文明也具有普适价值。关于今后10年可预测和难以预测的风险,黄仁伟认为有七个方面:(1)中国和周边的摩擦在增加,海上摩擦显性化,产生摩擦的国家也在增加;(2)以人民币作为主要攻击对象的世界汇率战和货币战在增加,是一场新型的国际较量;(3)气候问题和低碳问题。中国在能源种类上有先天不足,以煤为主要资源,其他资源普遍不够,极大依赖进口,加之能源利用效率不高,气候和低碳问题很严峻;(4)中国模式和意识形态问题。发达国家和发展中国家可能会联手反对;(5)国内矛盾的国际化。原因在于网络的日益发达和人口大规模的流动,而且目前应对此问题的能力不足;(6)自然灾害频发;(7)制度建设。针对以上分析,黄仁伟提出,对机遇如果没有足够估计,也会失去机遇;对风险如果没有足够估计,也会失去机遇。应该把潜在冲突化解,把潜在利益共同体转化为现实。

沈国明高度评价了四位学者的学术报告,认为报告信息量很大,对于思考当前面临的一些问题以及怎样做好与社科界相关的工作很有启发。他指出,在当前经济转型的情况下,社科界应该更加关注中国模式的研究,更加着力于中国社会可持续发展的研究。正值中共十七届五中全会召开和十二五规划即将开局之机,他希望社联所属各学会能够借学会学术活动月的平台,组织广大社科工作者为党和政府的决策积极出谋划策、贡献力量。他还指出,社联的主要工作是服务大局、服务社科界、服务学会,希望广大学会工作者多给社联提出宝贵建议,共促发展。

(徐婷婷)

2010 年京津沪渝社科联协作会议综述

2010 年京津沪渝社科联协作会议于 10 月 18 日在上海召开。中共上海市委宣传部副部长潘世伟出席会议并讲话。潘世伟同志指出，本次会议正值中共十七届五中全会即将胜利闭幕并审议通过《中共中央关于制定国民经济和社会发展第十二个五年规划的建议》的关键时刻，在世博会的举办地上海召开，这将有力地推动四地的哲学社会科学发展。中国特色社会主义道路是具有很强的原创性、探索性的现代化实践，非常需要理论的有力解释、论证和支持，这对哲学社会科学的发展内在地提出更为紧迫的要求，也为哲学社会科学提供新的生长空间。社科联作为一个群众性学术团体，承担着引领凝聚社科界广大专家学者的光荣使命。四地社科联要牢牢把握时代机遇，加强协作交流，取长补短，谋划未来，更加积极地履行职责，在建设中国特色社会主义伟大实践中充分体现自身价值。市社联主席秦绍德在会议期间看望了与会同志。

上海市社联党组书记、专职副主席沈国明，北京市社科联党组书记史秋秋、天津市社科联党组书记李家祥、重庆市社科联党组书记、副主席颜克亮分别作主题发言。来自京津沪渝社科联的 20 余位代表，围绕“在社会主义现代化建设的关键时期、‘十二五’战略布局的关键时刻，社科联如何迎接机遇和挑战，更好地繁荣发展哲学社会科学”等主题，分别从社科联事业与国家战略及城市发展、社科联的角色定位与工作创新、社科联发展瓶颈的突破与合作机制的深化等方面，展开了热烈而深入的讨论。

一、 社科联事业与国家战略及城市发展

会议认为，社科联是党和政府联系广大社会科学工作者的桥梁纽带，要积极回应城市社会经济的新发展、新变化，主动服务国家战略和城市发展的大局。

北京市社科联积极发挥社科联的学术性群众团体的作用，组织和整合社科界专家学者力量，围绕奥运会之后人文北京、科技北京、绿色北京、世界城市等一系列新理念、新要求，开展应用研究，提供决策咨询服务。

天津市社科联认真把握经济发展方式转变提供的历史机遇，抓住滨海新区建设的历史契机，推进实施重大科研项目，更好地服务天津经济社会发展的大局。

重庆市社科联主动围绕城乡统筹发展的直辖市、五大国家级中心城市的城市定位以及两江新区设立和发展的需求，在重庆如何发展、政策思路如何落实等问题方面开展追踪研究，进行系统分析。

上海市社联积极参与世博后这篇大文章的演绎，努力在上海“十二五”发展规划的制定、总结和完善城市管理长效机制、发挥社联枢纽型社会组织作用、加强城市社会建设等

重大课题研究方面取得新成果。

二、 社科联的角色定位与工作机制创新

会议指出，社科联要关注经济社会发展大势、关注民生问题，明确自身职能，突出工作重点，充分整合社科资源，实现各项工作的创新发展。

天津市社联关注“十二五”发展、低碳经济等经济社会发展的重大问题，举办学术年会、理论发展论坛、滨海新区合作论坛等学术研讨和交流活动，充分调动社科界的积极性、创造性，开展针对性地建言献策，服务领导决策。

重庆市社科联紧抓重大项目和重点项目规划，保障经费运作，确保学会活动的常态化；推动政府将社会科学普及纳入政府部门考核体系，进一步明确社科联社科普及的职能，与区县政府、基层社科联合作联动，形成工作合力。

上海市社联紧密联系社会科学研究五路大军，建设五大公共平台，加强“马克思主义中国化时代化大众化”论坛、《上海思想界》专报、《社联专报》、“社联策论”、学术杂志等具有社联特色的载体建设，及时汇聚、传递社科界的声音。

北京市社科联体现学术、学会、学者的主体地位，推进马克思主义理论研究和建设工程、党建理论创新和探索等重大理论的研究，举办中国世纪大讲坛、经常性系列讲坛、社科普及活动周、社科“进村镇、进工地、进学校、进社区”等富有成效的科普活动。

三、 社科联发展瓶颈的突破与合作机制的深化

会议指出，社科联要加强干部队伍思想建设，深化创先争优活动，为社科联事业持续发展提供队伍保障和人才支持。四地社科联要完善合作机制，实现联动发展。

重庆市社科联从可持续发展的角度，抓好编制、专项经费、预算执行等方面工作，提高服务水平和质量，实现让党和政府、广大社科工作者满意的目标。

上海市社联按照创先争优的要求加强团队建设，通过开办青年党员马克思主义理论读书班和机关文化建设专题讲座等举措，努力打造一支有凝聚力和战斗力的服务型、学习型团队。

北京市社科联通过内部竞聘、社会公招、全员双向选择重新定岗、选调等形式，优化社科联队伍的年龄层次、性别比例、文化程度，强化规范化管理，在传承、总结的基础上实现创新与发展。

天津市社联着力推进换届工作和党组织全覆盖，加大机关队伍建设特别是45岁以下青年的培养，通过社科联的每一分子不断学习进步，实现整个社科联事业的发展和进步。

会议认为，京津沪渝四地社科联应当率先联手做一些有助于繁荣发展哲学社会科学、有助于服务中国特色社会主义现代化建设、有助于对民生发展具有全国影响和示范引领作用的实事，要联合组织开展一次“公民人文社会科学素质”的调查。

会议充分肯定京津沪渝社科联协作会议相互交流、取长补短的形式和作用，希望各地社科联今后要放大会议的后续效应，进一步加强彼此联系，不断增进相互合作，健全联动、互动的会议机制。

（办公室）

优化学术环境 促进学术繁荣

——全国社科联工作会议暨华东地区社科联工作会议在济南召开

10月12至16日，由山东省社科联承办的、主题为“优化学术环境，促进学术繁荣”的全国社科联工作会议暨华东地区社科联工作会议在山东济南召开。与会学者围绕学术导向与理论创新、学术规划与学科建设、繁荣学术与强化管理、成果评奖与学术评价、学术研究与成果转化、学术环境与学风建设等六个议题，展开研讨并达成若干共识。

会议认为，在正确处理学术导向与理论创新之间的关系上，既要始终坚持正确的学术导向，又要坚持理论联系实际，做好“结合”文章，在实践中不断丰富和发展思想理论，特别要加强调查研究，注重实证研究，不断提高社会科学研究的整体水平；坚持将科研规划与推进学科建设、带动人才培养、促进学术繁荣紧密结合起来，不断增强科研规划工作的组织和引导功能；在把握和处理繁荣学术与强化管理的关系时，既要营造宽松环境，形成崇尚学术、尊重学者的文化氛围，又要加强管理，建立一套保障社会科学事业健康发展的管理制度；在成果评奖与学术评价方面，要切实改革完善成果评奖和学术评价机制，进一步提升科学化水平，构建全面、科学的学术成果评价体系。就如何处理学术研究与成果转化关系，与会学者表示，学术研究成果的目的在于应用，社科研究成果的应用转化工作是一项社会系统工程，需要党和政府以及社科界的相互配合，通力合作，以改革创新的精神和实事求是的态度，扎实工作，积极推进。

同时，针对当下的学术环境与学风建设问题，会议通过并发布了《加强学风建设倡议书》。

加强学风建设倡议书

全国广大人文社会科学工作者：

2010年10月中旬，由山东省社会科学界联合会承办的全国社科联工作会议在山东济南召开，30个省(区、市)社科联的负责同志、工作人员和专家学者等共170余人与会。会议围绕“优化学术环境、促进学术繁荣”这一主题，就繁荣发展我国人文社会科学事业的相关问题进行了广泛交流和深入研讨。

进入21世纪以来，党和政府高度重视社会科学工作，为人文社会科学事业的发展提供了越来越好的物质条件，营造了良好的社会氛围，广大人文社会科学工作者恪守学术道德，遵守学术规范，潜心科研，锐意创新，人文社会科学呈现繁荣发展的良好局面。但是也应该看到，相当一个时期以来，无论是自然科学界还是人文社会科学界，学术不端行为屡有发生，学风建设方面出现不少令人担忧的问题，在学术界和社会上造成了不良的影响，严重阻碍了自然科学与人文社会科学事业的健康发展。

优良的学风是一种刻苦严谨、奋发向上的人文氛围，是一种至善纯美、追求卓越的价值追求，更是一种崇尚真理、实事求是的精神状态。学风折射出的是读书之风、治学之风，更是做人之风。古今中外，正是那种夙兴夜寐、焚膏继晷的学习态度，成就了历史上一代代学识渊博、奉献社会、精忠报国的仁人志士；正是那些勤奋好学、刻苦钻研、持之以恒的践行者，成为推动社会发展和文明进步的精英人才。只有不断加强学习，恪守诚信，使优良的学风成为一种习惯、一种自觉，精深的学问才能胸有成竹，信手拈来，做出的成果才能真正有益人民，有益社会。广大人文社会科学工作者，理应树立加快国家和民族科学事业良性发展、不断进步的事业心、责任感，以实际行动大力弘扬优良学风，把做人做事和做学问有机结合起来，努力推进全社会形成求真务实、健康向上的学术氛围，从而更好地肩负起推进人文社会科学繁荣发展的历史使命。

各级社会科学界联合会是党和政府联系广大人文社会科学工作者的桥梁与纽带，对倡导和维护良好学风具有义不容辞的责任与义务。为此，在本次全国社科联工作会议上，全国30个省(区、市)社科联一致达成共识，郑重向全国广大人文社会科学工作者发出如下倡议：

一、以科学严肃的态度对待学术，刻苦努力，格物致知，诚意正心，严以律己，端正学风，严谨治学。

二、坚定信念和决心，树立"十年磨一剑"的科研精神，潜心研究，坚韧不拔，耐得住寂寞，经得起平淡，顶得住诱惑。

三、严守学术诚信，坚持原则，遵纪守法，求真务实，追求真理，坚决反对弄虚作假、欺诈剽窃等不端行为，维护知识产权，作学术道德的楷模、社会诚信的表率。

四、在学术探索中既坚守党和国家一贯强调的主流导向，又大胆解放思想，勇于创新，敢于突破，在探索中前进，在创新中发展，努力形成自己富有特色的原创性成果。

五、注重理论联系实际，努力学以致用，融会贯通，知行合一，深入实践，服务社会。

"铁肩担道义，妙手著文章。"每一位人文社会科学工作者都应成为知识的生产者，思想的传播者，教化的引领者，文明的推动者。让我们一起努力，从我做起，从现在做起，用实际行动为全社会的学风建设贡献自己的一分力量！

全国各省(区、市)社科联

2010年10月

(山东省社科联)

普及社会科学　彰显世博效应

——第九届上海市社会科学普及活动周

在庆祝举世瞩目的上海世博会胜利闭幕之际，市社联以“共享世博成果，提升城市文化软实力”为主题，举办了第九届上海市社会科学普及活动周。11 月 10 日，科普活动周的帷幕在东方艺术中心正式拉开，市委常委、宣传部部长杨振武出席开幕式，宣布活动周开幕并启动按钮。市社联党组书记、专职副主席沈国明致开幕词。市人大教科文卫委员会主任委员孙运时、浦东新区区委副书记吴信宝、市社联党组副书记桑玉成、市社联副主席吕贵、胡伟等领导以及各区县、高校宣传部和各学会的代表近千人出席了开幕式。上海戏剧学院应邀演出了大型原创芭蕾舞蹈诗《四季》。

本届社科普及活动周于 11 月 10 日至 17 日全面展开，包括开幕式、网上主题论坛、学会特色科普活动、区域特色科普活动、“社会科学与艺术互动”、“走进上海科普博物馆”、东方讲坛特别版、科普周电视版广播版网络版等 8 大版块共 190 项科普活动。

一、 聚焦“后世博”，助力经济社会文化发展

本届科普活动周旨在进一步形成社会化科普工作格局，服务“世博后”上海新一轮文化建设。市社联组织了多场论坛活动，集社科界专家学者的智慧，探讨上海经济社会文化创新发展的方法和路径。

11 月 12 日和 15 日，本届科普活动周两场主题论坛分别通过东方网进行全程现场直播。首场网上主题论坛以“繁荣社会科学与提升文化软实力”为题，邀请沈国明同志在东方网作直播访谈。在与网友的互动中，沈国明就提升文化软实力与提高全民科学素质的关系以及本届科普活动周的情况回答了网友的提问。这期访谈节目在网友中引起热烈的反响，东方网共收到了百余位网友的提问。第二场主题论坛“从土山湾到世博缘”在土山湾博物馆举行，邀请复旦大学李天纲教授、上海交通大学江晓原教授、徐汇区文化局副局长宋浩杰分别以“上海城市文化的未来”、“中西科学文化交流”、“区域文化遗产的保护与利用”为题作演讲，探讨近代以来上海在中西文化交流与融合进程中的地位和作用，为今后吸收借鉴世界各国文明，建设国际化大都市提供了有益启示。

科普活动周期间，市哲学学会等举办了“后世博效应：提升城市文化软实力在于创新”专题论坛，市哲学学会会长陈章亮教授、复旦大学余源培教授、华东师范大学赵修义教授分别作演讲。市物流学会举办了“后世博·物流业的机遇和挑战”专题论坛，邀请中科院

院士、国家物联网专家组组长何积丰作主题演讲。市金融学会举办了“世博金融与上海国际金融中心建设”专题论坛，邀请上海世博局资金财务部吴福生副部长、复旦大学干杏娣教授等专家学者作演讲。市领导科学学会等举办了“世博后上海社区建设”专题论坛，浦东新区申港街道党工委书记、街道办事处主任张校平、东华大学贺善侃教授等在论坛上发言。这些专题论坛分析了世博会对上海的深远影响，研究和探讨了“后世博”上海经济社会文化的发展路径，发挥了社会科学推进经济社会文化协调、可持续发展的“思想库”作用。

二、 关注民生热点，让社会科学贴近大众

本届科普活动周的组织工作，着力在社联的“联”字上下功夫，集成社科普及资源，发挥学会生力军作用，精心筹划各项活动，服务社会、服务民生，充分展示社会科学贴近大众、贴近基层的新面貌。

科普活动周期间，47 家学会举办了 50 项特色科普活动，其数量和质量均超过往届。各学会围绕科普活动周主题，创新形式和内容，吸引市民积极参与，有效传播社会科学知识。比如，市人民政协理论研究会等举办了“政协委员与大学生面对面”咨询活动，邀请市政协委员、相关专家学者向大学生介绍政协的性质、功能以及参政议政的情况。市老年学学会等举办了“维权：让老龄社会更和谐”为老服务咨询活动，就老年人法律咨询、养老常识、老年人心理健康、老年人理财以及老年人终生教育等问题为市民答疑解惑。市教育学会举办了“树立正确育儿观，促进婴儿健康成长”——零至六岁婴幼儿教育咨询活动，邀请相关专家学者回答家长们关心的热点问题。市工商行政管理学会举办了“消费与服务”咨询活动，面向市民开展消费者维权服务。市民防协会举办了“城市灾害防护知识咨询活动”，向广大市民普及常见灾害防护和突发事件中的急救知识，以及特救装备器材和小区民众应急防护设备的使用常识。“11.15”特大火灾后，市民防协会和上海人民广播电台特别制作了“民众防灾与应急处置”广播讲座，在双休日东方讲坛广播特别节目中播出。

本届科普活动周，市社联举办了东方讲坛特别版讲座共 121 场，包括“形势与热点”和“文化与人生”等广受欢迎的传统品牌讲座，以及全新推出的“健康社区行”系列讲座。市社联还与市科普联席会议办公室联合举办了“走进上海科普博物馆”活动，上海天文博物馆、上海邮政博物馆、上海民防科普教育馆和上海消防博物馆等 13 家市级科普教育场馆，在科普活动周期间全部免费向市民开放，受到了广大市民的欢迎和好评。

三、 创新科普手段，拓宽科普传播渠道

近年来，市社联在开展社会化教育宣传普及工作中，一直认真探索新形势下社科普及的新思路和新方法。本届科普活动周，市社联着力拓宽科普传播渠道，借助新媒体架设专家学者与百姓沟通交流的桥梁，成为活动周一大亮点。比如，市法治研究会、市法学会、市社区发展研究会、市社会学会、市政治学会、市经济学会、市社会心理学会等单位与新民网、东方法治网共同开展了“科普大互动、有奖来参与”系列活动，该活动由“考一考，社区法律知多少”、“学者讲故事，大众作批示”和“借助你的一双慧眼，为普法出个金点子”等内

容组成，邀请广大网友结合自身所学，为普及法律知识建言献策，并对优胜者进行奖励。这些新形式、新渠道提高了社科普及活动的市民参与度和满意度。

市社联继续注重与新闻媒体开展全面、深入的合作，及时报道活动有关情况。科普活动周开幕前，市社联在解放日报等媒体刊登大型公益广告，提升活动周的知晓度。科普活动周期间，解放日报、文汇报、新民晚报、青年报、上海人民广播电台、上海电视台、上海教育电视台以及中国新闻网、人民网、解放网、东方网、新民网等十多家新闻单位集中报道了科普活动周的情况，有的还制作了专题节目。新闻媒体的全方位介入，营造了良好的舆论氛围，增强了社科普及工作的传播力、吸引力和影响力。

《学术月刊》评选“2009年度中国十大学术热点”

社联主办的《学术月刊》组织开展了“2009年度中国十大学术热点”评选活动。评选结果揭晓后，《光明日报》等媒体对《学术月刊》的评选结果进行了及时报道，扩大了评选活动在学术界的影响。

2009年度中国十大学术热点是：

1. 经验与模式——新中国60年社会主义道路的探索

2009年是中华人民共和国成立60周年。一方面，学术界围绕新中国成立60年来的“中国道路”、“中国经验”、“中国模式”，特别是改革开放以来的实践，多角度多层面地回顾和总结新中国60年的发展经验。另一方面，学者们又从政治模式、经济模式、社会模式、对外关系模式四个方面对“中国模式”深入探讨，认为它的突出特点是实行社会主义市场经济、坚持渐进式改革、实行创新发展、谋求和平发展。

2. 网络舆情的民意表达与公民有序政治参与

学界的主要观点是：面对网络已经成为当下民意表达的重要载体的形势，政府要关注网络舆情，重视网络民意，着力建立网络舆情应急机制；网络监督必须和其他监督渠道一起，才能形成合力，发挥更大作用；法律是解决问题的主渠道，网络监督只能起到补充作用；对网络秩序要加强规范和引导，努力培育网络公民文化。

3. 国际金融危机与后危机时代的世界格局

2009年，面对由美国次贷危机引发的国际金融危机，学术界给予了深层次的关注：是深刻认识金融危机产生的根源，重新发现马克思主义政治经济学的现实意义；二是认为中国应着力进行新能源开发、技术革新、产业结构调整和经济增长方式的转变，实现真正的可持续增长；三是强调中国要积极参与国际金融和货币秩序重建，在完善全球金融治理机制的过程中争取更大的发言权；四是认为国际金融危机对大国关系和世界格局产生的重大影响，中国的对外关系面临更多的战略机遇和挑战。

4. 社会保障制度改革的理论回应

随着经济体制改革的逐渐深入和经济社会结构的不断调整，社会保障制度面临的困难和需要解决的问题日益凸显。关于社会救助的研究，学术界主要围绕着救助标准、对象和管理机制来展开；关于新型农村养老保险的研究，学术界主要侧重于筹资渠道、政府责任、转移接续等问题；关于新医疗卫生体制改革，争论的焦点集中在“是继续市场化，还是回归公益性”上。

5. 低碳经济与中国经济模式转换

2009年，全球金融危机严重打击了金融产业的过度膨胀，新能源产业与低碳经济的发展获得了全球的广泛关注和认同；碳排放配额或信用的交易是否应纳入世贸组织体制、配额分配是否涉及补贴措施尚待明确，这将成为今后国际社会有关经济社会发展最为重要的博弈主题；寻求低碳发展道路将全面推动中国经济发展模式的转型升级。

6. 非公有制经济研究的新突破

非公有制经济作为中国社会主义市场经济的一个重要组成部分，在国民经济发展中发挥着日益重要的作用。伴随着非公有制经济的快速发展，学术界对这一领域的研究也不断深入。2009 年，学术界对非公有制经济的研究主要集中在家族企业、公司治理结构、中小企业融资三个方面。

7. 历史唯物主义的新阐释

一是对历史唯物主义学科性质的新解释，有学者把历史唯物主义定义为一门可以运用纯粹经验的方法加以确定的实证科学，另有学者对此提出不同意见。二是对历史唯物主义概念谱系的新解释，将资本、生产、实践、异化、物、时间、自由、价值、存在、感性、历史和意识等概念纳入唯物史观的概念诠释谱系之中。三是对历史唯物主义本质内涵的新解释，包括对历史唯物主义的本体论、方法论、世界观、个人观、群众观、科学观和道德观的新解释，对历史唯物主义与现代性、后现代性之内在联系的新理解等。四是对历史唯物主义精神资源的新发掘，学界对维柯、布洛赫、哈贝马斯、奥康纳、汤普森、爱德华·索亚等人的相关学说进行深入研究。

8. 话语研究的多学科关注

2009 年，语言学领域的话语研究从单纯的书面话语转向多摹态的话语研究，强调其即时性的动态不定的一面。在中国文论、文学批评领域，很多学者试图从语言、话语出发揭示中国 20 世纪文学在现代汉语形成过程中的特色，探讨中国人现代经验的方式与生存方式。在中国当代的新闻与传播研究界，学者们采用批评话语分析的方法，分析新闻报道的特色以及背后的动机。还有在人类学领域采用话语分析的方法、在司法领域分析庭审的材料与对话、在教育领域分析师生对话的话语评价等等，有学者甚至提出“话语学”的概念。

9. 基础教育改革的理论重建

2009 年对于中国基础教育来说，是改革开放 30 年来变革与创新能量集中释放的一年。一是以学校变革为核心任务的基础教育改革推出集约式成果；二是以理论实践交互建构为基本特征的基础教育改革推进中国教育学理论发展与重建；三是以教育公平为核心理念的教育均衡发展实践推动教育政策研究深化。此外，回顾 30 年基础教育变革历程反思发展中的问题、在终身教育的视域下重新解读中国基础教育等主题受到较普遍的关注。

10. 传统法律文化中的现代价值

2009 年，学者们在发掘传统法律文化的现代价值方面成果丰硕：一是从“法人类学”、“法社会学”等学科的角度来阐明研究中国传统法律文化的不可或缺性；二是从“作为整体的中国法律文化”的角度研究中国法治现代化中的民族特殊性，并提出对策；三是研究若干具体制度和观念等对今天法治建设的借鉴意义；四是将传统法律文化与国家当前进行的法治建设实践相结合进行研究。

上海市经济学会成立60周年

——俞正声厉无畏韩正分别发来贺信题词

2009年11月21日，本市近400位经济学人汇聚在上海市经济管理干部学院，隆重纪念上海市经济学会成立60周年。中共中央政治局委员、上海市委书记俞正声，全国政协副主席厉无畏，中共上海市委副书记、市长韩正分别发来贺信和题词。中共上海市委宣传部副部长潘世伟代表市委常委、宣传部部长杨振武讲话。上海市社联党组书记、专职副主席沈国明以及社科界部分学术社团代表到会祝贺。上海市经济学会会长、市政府发展研究中心主任周振华作报告。

俞正声、厉无畏和韩正的贺信、题词，对60年来特别是改革开放以来，上海市经济学会所取得的显著成绩，给予了充分的肯定，同时热切地希望上海市经济学会继往开来、与时俱进，发挥党和政府与经济学者的桥梁纽带作用，继续以科学发展观为指导，不断拓展理论研究，"创建智库交流平台，助推经济健康发展"，为上海转型发展和我国经济建设建言献策，作出更大贡献。

大会上，副会长沈开艳宣布了"第五届上海青年经济学者论坛"获奖名单，到会领导为荣获一、二、三等奖的青年学者颁奖。纪念活动后，南京大学党委书记洪银兴、江苏省社会科学院院长刘志彪分别作了题为"成为世界第二经济体后的发展理论创新"和"战略性新兴产业发展"的学术报告。

洪银兴认为，改革开放30多年来一直强调的"允许一部分先富起来"要转向"大多数人富起来"的新的发展阶段。从世界发展的观点来看，人均GDP达到4千美元以后，接近缩小收入差距的拐点，这时有必要也有可能来扭转收入差距进一步扩大的趋势，要强调促进社会公平正义。

刘志彪指出，未来中国创新经济，首先能够在上海这样的城市得到发展，因为中国发展创新型经济的主要需求在内需，而不是外需。中国高铁的成功就是依靠内需发展起来的典型。目前中国的发展有很大一部分是依靠房地产作为支柱产业发展起来的。强调发展战略性新兴产业，主要目的是试图结束房地产对中国经济的绑架，寻求一个新的经济发展的引擎。

（周庠怡）

社联第六次代表大会

SHE LIAN DI LIU CI DAI BIAO DA HUI

市社联召开主席办公会议

总结社联第五次代表大会以来的主要工作 审议社联五届常委会工作报告

3月21日，市社联召开主席办公会议。会议总结了五届社联常委会的主要工作，并对准备提交社联第六次代表大会的相关文件进行了审议。社联主席李储文、市委宣传部副部长潘世伟出席会议并讲话，社联党组书记沈国明作社联第五次代表大会以来的主要工作以及筹备社联第六次代表大会的有关情况的报告。

李储文同志指出，市委决定在迎接2010年上海世博会的关键时期召开社联第六次代表大会，充分表明党和政府对哲学社会科学工作的高度重视。他祝愿即将就要诞生的新的社联领导班子在推进理论创新，服务上海“四个中心”建设，为国家的改革开放和现代化建设事业作出更大的贡献。

潘世伟同志指出，本届社联在历届社联领导班子工作的基础上，在社科界五路大军的有力支持下，坚持正确的政治方向，强化社联的界别代表性。社联集全市专家学者的智慧，形成了一些好的工作项目，培育了一支有战斗力的工作队伍，在服务社科界专家学者方面发挥公共平台的重要作用。他希望社联第六次代表大会开成一届团结、民主、开创新局面的大会，推动上海的哲学社会科学事业实现新的发展。

沈国明同志从文件、组织、宣传、会务等方面，介绍了社联第六次代表大会的筹备情况。他表示，这次大会筹备工作时间紧、任务重、头绪多、要求高，社联一定要在市委宣传部的领导下，全力以赴、紧锣密鼓做好会议各项筹备工作。

会议指出，新一届社联领导班子要更加关注上海在人文社科领域的比较优势，加强为基础学科学会服务，探索扶持社团建设的新途径。要坚持党的“双百方针”，营造宽松、民主、和谐的学术空间，更好地与社会大众需要结合起来，为广大社科工作者提供良好的学术公共空间，发挥社会科学资政育人的重要作用，催生更多创新的、超前的学术成果，培育更多的全国性的学科带头人。

会议指出，社联要引导广大社科工作者关心国家、包括长三角地区经济社会发展的现实问题，每年组织一些跨学科的学术研讨和交流，组织专家协同攻关、建言献策，对重大决策发挥影响，当前应开展对“后世博课题”等重大现实问题的研究，形成更多上海社科界的品牌，为上海社会经济建设服务。

社联副主席尹继佐、王邦佐、叶澜、张仲礼、姜义华、奚洁人、谈敏、巢峰、彭希哲及部分社联常委出席会议，社联党组副书记桑玉成主持会议，社联各处室负责同志列席会议。

繁荣哲学科学　推动上海改革发展

——上海市社联召开第六次代表大会、六届一次会议

3月30日，上海市社联在上海展览中心召开第六次代表大会。中共中央政治局委员、市委书记俞正声出席大会并作重要讲话，市委副书记、市长韩正，市领导刘云耕、冯国勤、殷一璀、沈红光、屠光绍、杨振武、丁薛祥等出席大会。市委宣传部副部长潘世伟主持会议，社联第五届委员会主席李储文致开幕词，社联党组书记沈国明代表社联第五届委员会作工作报告，社联党组副书记桑玉成作社联章程修改说明，市妇联主席张丽丽代表本市各人民团体致贺词，全国30个省、自治区、直辖市社科联以及本市相关单位和群众团体对大会表示祝贺，本市社科界“五路大军”的800多名代表参加了会议。

俞正声同志代表市委、市政府对大会的召开表示祝贺，向与会的全体代表和全市社科工作者表示崇高敬意。他指出，广大社科工作者要加强对国家重大发展问题的战略思考和研究，不断为我国推动科学发展、促进社会和谐提供坚实的理论基础与学术新知。要加强对上海重大问题、重大瓶颈、重大举措的思考和研究，不断提供推动上海发展转型的独到见解和智力支撑。要加强对世界最新前沿问题的思考和研究，努力提高我们学术研究的国际对话和服务国家发展的能力。

俞正声指出，要遵循哲学社会科学的发展规律，不断推进哲学社会科学的繁荣和发展。广大社科工作者要继续保持优良传统，进一步增强历史使命感、责任感，立足我国改革开放和现代化建设的生动实践，不断为丰富和发展中国特色社会主义理论体系，为深入学习实践科学发展观，作出新的贡献。要增强学术研究中的群众意识、群众观点，把人民群众的根本利益作为研究的出发点和落脚点。要重视社科宣传普及工作，努力把普及社科知识、提高公民的道德素质和文化修养作为一项重要的社会责任，多做答疑解惑、思想引导工作。要营造更加宽松的学术环境，同时要注意防范和克服学术研究中的浮躁之风、失范之举，为学术创新营造既宽松又规范的良好环境。

俞正声强调，上海社联要秉承优良传统，重视发挥自身的独特功能和优势，坚持把加强党和政府同上海社科工作者的联系作为基本职能，把竭诚为社科工作者服务作为根本任务，把社科工作者是否满意作为衡量工作的最高标准，努力将社联建设成为更加活跃、更有凝聚力的学术共同体。各级党委和政府要按照中央和市委的要求，充分尊重专家学者的创造性劳动，积极为哲学社会科学繁荣发展提供必要保障，创造有利条件；同时要更加重视和支持社联工作，帮助解决发展中存在的突出问题，不断加强与社会科学界的联系

和沟通，更多听取意见与建议，吸引更多专家学者参与到上海各项重大决策中来。

市委常委、宣传部部长杨振武出席会议并作重要讲话，对大会的圆满召开表示热烈的祝贺，希望本市社科界精诚团结，奋发有为、勇于开拓、勇于创新，与人民同呼吸，与国家共命运，与时代齐进步，努力开创上海哲学社会科学繁荣发展的新局面。他指出，一是要充分认识繁荣发展哲学社会科学事业面临的新形势、新任务。要坚持理论创新，大力推进马克思主义中国化、时代化、大众化，深入研究中国特色社会主义事业提出的一系列重大课题；要大力促进学术繁荣，形成哲学社会科学的中国特色、中国风格、中国气派，形成具有时代特点、结构合理、门类齐全的学科体系以及人尽其才、人才辈出的管理机制；要服务党和国家决策，发挥哲学社会科学思想库、智囊团作用，对全国及上海经济社会发展中遇到的重大理论和实践问题作出积极的回应。二是要全面贯彻我们党关于繁荣发展哲学社会科学的一系列重大方针政策。必须坚持马克思主义的指导地位，把马克思主义的立场、观点和方法，贯穿到学术研究、学科建设和教学科研的全过程；必须坚持为人民服务，为社会主义服务的方向，不断深化对社会主义建设规律的认识，为建设中国特色社会主义提供强有力的思想保证；必须贯彻百花齐放、百家争鸣的方针，努力营造生动活泼、民主和谐的学术环境，发扬大胆探索、追求真理的学术精神；必须贯彻尊重劳动、尊重知识、尊重人才、尊重创造的重大方针。三是要坚持弘扬优良学风，不断推进理论创新和学术繁荣。要大兴学习之风，学习研读经典著作，特别是要认真研读马克思主义经典著作和马克思主义中国化的最新成果；要大兴调查研究之风，深入实践第一线、生产生活各领域，克服闭门造车、搞洋教条和学术八股的不良倾向；要大兴严谨治学之风，努力做到老老实实做人，踏踏实实做事，扎扎实实做学问。

开幕式及第一次大会后，与会者分为 20 个组进行讨论。代表们学习讨论了俞正声同志重要讲话，审议了大会有关文件。大家还对本市社科界的现状与发展、社科社团发展出路等发表了意见，对社联工作也提出了建议和意见。小组讨论畅所欲言，气氛热烈，起到了良好的沟通和交流作用。

第二次全体大会上，表决通过了《关于〈上海市社联第五届委员会工作报告的(草案)〉的决议》、《关于〈上海市社会科学界联合会章程(修订草案)〉的决议》两个文件；以无记名投票的方式，选举产生了由 219 名委员组成的新一届社联委员会。

下午，上海市社联第六届委员会举行第一次全体会议，市委常委、宣传部部长杨振武出席会议并讲话，市社联党组书记沈国明主持会议。会议经过无记名投票表决，选举产生了新一届社联委员会领导班子，主席秦绍德，副主席沈国明，副主席(按姓氏笔画为序)：冯俊、吕贵、李进、李琪、李友梅、何勤华、张济顺、陈昕、周振华、胡伟、莫负春、谈敏、彭希哲、童世骏、裘新、潘世伟，秘书长生键红，选举产生了由 40 位委员组成的新一届常委会。

杨振武同志在讲话中对新一届社联委员会的建设提出要求：一是加强学习，增强坚持以马克思主义主义指导意识形态工作的自觉性、坚定性。要认真学习中国特色社会主义理论体系，清醒认识和妥善处理意识形态领域的问题，旗帜鲜明地坚持马克思主义的指导地位，有力抵制各种错误思想的影响。二是加强团结，发挥好党和政府凝聚广大知识分子的桥梁纽带作用。要切实加强与广大哲学社会工作者间的密切联系，积极建立、不断完善与社科界的沟通联系方式和渠道，尊重哲学社会科学工作者的职业特点和成长规律，激励社科人才发挥聪明才智，把社科界紧紧团结在党的周围。三是加强引领，牢牢把握繁荣发展哲学社会科学的正确方向。要唱响主旋律，加强对哲学社会科学各类学会研究会的管理，加强对民办社会科学研究机构的管理。在促进改革开放和现代化建设的实践中，在为党和政府科学决策的服务中，充分发挥社联作为党和政府的思想库、智囊团的重要作用。四是加强制度和作风建设，形成坚强有力、团结和谐的领导班子。要探索和完善领导制度建设、领导班子民主决策机制、联系哲学社会科学工作者的机制、领导班子定期务虚制度和工作责任制；要切实加强市社联机关的自身建设，锻炼和培养一支管理有序、训练有素，务实高效的干部队伍。

社联主席秦绍德在讲话中表示，新一届社联委员会一定要认真贯彻执行市委、市委宣传部对社联的要求，繁荣哲学社会科学，服务本市社会科学界“五路大军”和学术社团组织，倡导团结的良好风气；要支持社联党组的各项工作，推动社联自身建设，严格按照社联章程办事，勤勤恳恳、无怨无悔为上海哲学社会科学的新发展努力奉献。

优秀成果评奖

YOU XIU CHENG GUO PING JIANG

上海市第八届邓小平理论研究和宣传优秀成果奖

一 等 奖

著作类(2项)

成果名称	申报人	申报者单位	出版(发表)时间	责任编辑
通俗《资本论》	洪远朋	复旦大学	上海科学技术文献出版社 2009年4月	邹西礼 倪文君
共和国教育60年	杜成宪等	华东师范大学	广东教育出版社 2009年12月	靳淑敏 邹峙华

一 等 奖

论文类(3项)

成果名称	申报人	申报者单位	出版(发表)时间	责任编辑
论毛泽东的平民文化话语权思想	黄力之	中共上海市委党校	《哲学研究》 2009年第4期	华 敏
马克思主义资本有机构成理论创新与实证分析	马 艳	上海财经大学	《学术月刊》 2009年第5期	沈 敏
上海老龄化高峰期预测及对策研究	王桂新等	复旦大学	《科学发展》 2009年第10期	

二 等 奖

著作类(9项)

成果名称	申报人	申报者单位	出版(发表)时间
口述上海系列丛书	徐建刚等	中共上海市委党史研究室	上海教育出版社 2009年9月
上海大学“三进”项链丛书	忻 平等	上海大学	上海大学出版社 2009年12月
自主创新与立法保障:比较与借鉴	陈 俊	华东政法大学	复旦大学出版社 2009年12月

新中国基本经济制度研究	赵晓雷等	上海财经大学	上海人民出版社 2009 年 9 月
上海经济改革与城市发展:实践与经验	左学金等	上海社会科学院	上海社会科学院出版社 2008 年 12 月
中国共产党与国家建设	林尚立	复旦大学	天津人民出版社 2009 年 1 月
社会保险基金的良性运营:系统动力学模型、方法、应用	汪　泓	上海工程技术大学	北京大学出版社 2008 年 5 月
中国社会生活的变迁	李友梅等	上海大学	中国大百科全书出版社 2008 年 4 月
班级生活与公共精神的养成	卜玉华	华东师范大学	江苏教育出版社 2008 年 11 月

二　等　奖

论文类(15 项)

成果名称	申报人	申报者单位	出版(发表)时间
中国走和平发展道路的历史场景	曹泳鑫	上海社会科学院	《社会科学》2009 年第 5 期
早期中国共产党人关于义和团运动的话语分析	刘长林等	上海大学	《安徽史学》2009 年第 6 期双月刊
贸易投资一体化背景下 FDI 对美中贸易逆差的影响:理论分析与实证检验	赵蓓文	上海社会科学院	《国际贸易问题》2009 年第 10 期
政策引致性扭曲的评估与消除——中国开放型经济体制改革的深化	张幼文	上海社会科学院	《学术月刊》2008 年第 1 期
“又好又快”发展:中国特色社会主义经济建设道路	王国平	中共上海市委党校	《上海行政学院学报》2008 年第 1 期双月刊
泛长三角地区城镇化的机制、模式与战略	宁越敏等	华东师范大学	《南京社会科学》2009 年第 5 期
人民币均衡汇率理论和政策新框架的再拓展——基于内部均衡和外部均衡的分析	姜波克等	复旦大学	《复旦学报》2009 年第 4 期双月刊
中俄军事技术合作:现状、问题与对策	李承红	华东师范大学	《俄罗斯研究》2009 年第 1 期双月刊
人大“一院双层”结构的有效拓展——纪念县级以上地方各级人大常委会设立 30 周年	浦兴祖	复旦大学	《探索与争鸣》2009 年第 12 期

试论宗教影响中国国家安全的路径和范式	徐以骅等	复旦大学	《复旦学报》2009 年第 4 期双月刊
户籍制度改革的政治经济学思考	彭希哲等	复旦大学	《复旦学报》2009 年第 3 期双月刊
新制度是如何落实的？——作为制度变迁新机制的“通变”	刘玉照等	上海大学	《社会学研究》2009 年第 4 期双月刊
城市新移民社会融合的结构、现状与影响因素分析	张文宏等	上海大学	《社会学研究》2008 年第 5 期双月刊
中国国际分工地位的变化、内在矛盾及其走向	金　芳	上海社会科学院	《世界经济研究》2008 年第 5 期
走出现代性困境的文化重建	许　明等	上海社会科学院	《学术月刊》2009 年第 12 期

三　等　奖

著作类(10 项)

成果名称	申报人	申报者单位	出版(发表)时间
《在延安文艺座谈会上的讲话》研究	刘　忠	上海师范大学	人民文学出版社 2009 年 12 月
叩开心灵之门:思想政治理论课“项链模式”教与学实录	顾晓英	上海大学	上海三联书店 2009 年 2 月
科学发展观	俞吾金	复旦大学	重庆出版社 2008 年 4 月
东海问题解决路径研究	金永明	上海社会科学院	法律出版社 2008 年 11 月
卢森堡资本积累理论研究	陈其人	复旦大学	东方出版中心 2009 年 4 月
中国经济体制改革 30 年	干春晖等	上海财经大学	上海财经大学出版社 2008 年 12 月
上海国际贸易中心建设研究	沈玉良等	上海对外贸易学院	上海人民出版社 2009 年 7 月
侦查权的运行与控制	徐美君	复旦大学	法律出版社 2009 年 2 月
城市居民住房解决方案:理论与国际经验	陈　杰	复旦大学	上海财经大学出版社 2009 年 1 月
我国城乡社会救助系统建设研究	曹艳春	华东师范大学	上海人民出版社 2009 年 6 月

三 等 奖

论文类(16 项)

成果名称	申报人	申报者单位	出版(发表)时间
科学发展观与人类存在方式的改变	陈学明等	复旦大学	《中国社会科学》2008 年第 5 期双月刊
科学发展观精神实质初探	张 雄等	上海财经大学	《哲学研究》2008 年第 11 期
能源消耗、二氧化碳排放与中国工业的可持续发展	陈诗一	复旦大学	《经济研究》2009 年第 4 期
中国农村医疗保障制度的补偿模式研究	封 进等	复旦大学	《经济研究》2009 年第 4 期
新的历史起点:中国经济的非均衡表现与走势	袁志刚	复旦大学	《学术月刊》2008 年第 11 期
体制转型—结构转化:中国经济发展的“异质性”及其引申含义	高 帆	复旦大学	《西北大学学报》2008 年第 1 期
劳动收入占比下降的经济学解释:基于中国省级面板数据的分析	罗长远等	复旦大学	《管理世界》2009 年第 5 期
试论改革开放以来中国政治渐进发展的基本经验	张明军	华东政法大学	《马克思主义研究》2009 年第 7 期
中国模式与世界秩序	苏长和	上海外国语大学	《外交评论》2009 年第 4 期双月刊
网络政治空间与公民政治参与	唐亚林	复旦大学	《文汇报》2009 年 3 月 17 日
小农地权的不稳定性:从地权规则确定性的视角——关于 1867—2008 年间栗村的地权纠纷史的素描	熊万胜	华东理工大学	《社会学研究》2009 年第 1 期双月刊
农民的“终结”与新市民群体的角色“再造”——以上海郊区农民市民化为例	文 军	华东师范大学	《社会科学研究》2009 年第 2 期双月刊
关于新农村建设的若干思考——以上海郊区为例	周 山	上海社会科学院	《毛泽东邓小平理论研究》2009 年第 1 期
社会转型时期上海地区面临的宗教新问题	葛 壮	上海社会科学院	《中国宗教学》第三辑

民生论	邓伟志等	上海大学	《上海大学学报》2008年第4期双月刊
发展创新文化 激励科技创新	吴晓江	上海社会科学院	《毛泽东邓小平理论研究》2008年第8期

三 等 奖

音像类(3项)

成果名称	申报人	申报者单位	出版(发表)时间
五集电视系列片 历史的选择——新中国社会主义制度建设	柴建潮等	上海广播电视台	上海广播电视台 2009年10月8日
中国在行动——应对气候变化的国家之路	邵 菁等	上海广播电视台	上海广播电视台 2009年12月27日
电视专题片《财富》	周鸿恩等	上海广播电视台	上海广播电视台 2009年6月28日

上海市第十届哲学社会科学优秀成果奖

学术贡献奖

(3项)

裘锡圭　　　复旦大学

主要学术贡献:对汉字作了深刻严谨且富有创见的研究和论述,为中国历史文化的传承延续作出了极大的贡献。

代表作:《文字学概要》

推荐单位:复旦大学

章培恒　　　复旦大学

主要学术贡献:长期致力于中国文学研究,在倡导中国文学古今贯通研究等方面成就卓著,赢得了学界的广泛称誉,为中国文化发展做出了积极的贡献。

代表作:《中国文学史新著》

推荐单位:复旦大学

袁恩桢　　　上海社会科学院

主要学术贡献:在国有企业改革与发展、温州经济发展与"温州模式"、以及社会主义市场经济理论等研究领域提出了开创性的理论。

代表作:《袁恩桢文集》

推荐单位:上海社会科学院

特　等　奖

(空缺)

一　等　奖

著作类(17项)

成果名称	申报人	申报者单位	出版(发表)时间
敦煌因明文献研究	沈剑英	华东师范大学	上海古籍出版社 2008年6月

回溯历史——马克思主义经济学在中国的传播前史（上、下）	谈　敏	上海财经大学	上海财经大学出版社 2008 年 9 月
大型民用飞机产业的全球市场结构与竞争	史东辉	上海大学	湖北教育出版社 2008 年 2 月
社会转型与治理成长——新时期上海大都市政府治理研究	易承志	华东政法大学	法律出版社 2009 年 9 月
人类基因的权利研究	邱格屏	华东政法大学	法律出版社 2009 年 9 月
变动社会中的政策选择：美国大麻政策研究	张勇安	上海大学	东方出版中心 2009 年 9 月
王国维全集	谢维扬等	华东师范大学	浙江教育出版社 2009 年 12 月
从甲午到戊戌：康有为《我史》鉴注	茅海建	华东师范大学	生活·读书·新知三联书店 2009 年 5 月
庄子学史（一、二、三册）	方　勇	华东师范大学	人民出版社 2008 年 10 月
文学史学原理研究	董乃斌等	上海大学	河北人民出版社 2008 年 6 月
滩簧考论	朱恒夫	上海大学	上海古籍出版社 2008 年 11 月
汉俄大词典	顾柏林等	上海外国语大学	上海外语教育出版社 2009 年 5 月
媒介与社会性别研究：理论与实例	曹　晋	复旦大学	上海三联书店 2008 年 5 月
声音与经验：教育叙事探究	丁　钢	华东师范大学	教育科学出版社 2008 年 3 月
流浪儿——基于对上海火车站地区流浪儿童的民族志调查	程福财	上海社会科学院	上海社会科学院出版社 2008 年 12 月
当代中国的文化发展	许　明等	上海社会科学院	中国大百科全书出版社 2008 年 4 月
形神之间——早期西洋医学入华史稿	董少新	复旦大学	上海古籍出版社 2008 年 6 月

一 等 奖

论文类(19 项)

成果名称	申报人	申报者单位	出版(发表)时间
形而上学发展史上的三次翻转——海德格尔形而上学之思的启迪	俞吾金	复旦大学	《中国社会科学》2009 年第 6 期双月刊
关于"重叠共识"的"重叠共识"	童世骏	上海社会科学院	《中国社会科学》2008 年第 6 期双月刊
中国各省份劳动生产率增长的收敛性:1978—2006 年	高　帆等	复旦大学	《管理世界》2009 年第 1 期
分割市场的经济增长——为什么经济开放可能会加剧地方保护?	陆　铭等	复旦大学	《经济研究》2009 年第 3 期
中国文化背景下品牌情感的结构及对中外品牌资产的影响效用	何佳讯	华东师范大学	《管理世界》2008 年第 6 期
中国地方政府财政支出效率研究:1978—2005	陈诗一等	复旦大学	《中国社会科学》2008 年第 4 期双月刊
论政治发展的规划与预期	桑玉成	复旦大学	《探索与争鸣》2008 年第 10 期
地缘学的发展与中国的地缘战略——一种分析框架	潘忠岐	复旦大学	《国际政治研究》2008 年第 2 期季刊
罪数形态理论正本清源	刘宪权	华东政法大学	《法学研究》2009 年第 4 期双月刊
美国对解决台湾问题的政策取向	林　冈	上海交通大学	《美国研究》2008 年第 3 期季刊
松井石根战争责任的再检讨——东京审判有关南京暴行罪被告方证词检证之一	程兆奇	上海社会科学院	《近代史研究》2008 年第 6 期双月刊
况周颐与王国维:不同的审美范式	王水照	复旦大学	《文学遗产》2008 年第 2 期双月刊
音乐人类学的中国实践与经验的反思和发展构想(上、下)	洛　秦	上海音乐学院	《上海音乐学院学报》2009 年第 2 期季刊
Web2.0 知情与表达:以上海网民为例的研究	周葆华	复旦大学	《新闻与传播研究》2008 年第 4 期双月刊
"生命·实践"教育学引论(上、下)——关于以"生命·实践"作为教育学当代重建基因式内核及其命脉的论述	叶　澜	华东师范大学	《生命·实践》教育学论丛第三辑(上)2009 年 1 月;第四辑(下)2009 年 3 月

从财富分配到风险分配:中国社会结构重组的一种新路径	李友梅	上海大学	《社会》2008年第6期双月刊
城市新移民社会认同的结构模型	张文宏等	上海大学	《社会学研究》2009年第4期双月刊
中国出口贸易中隐含能变化的影响因素——基于结构分解分析的研究	陈红敏	复旦大学	《财贸研究》2009年第3期双月刊
东道国腐败对跨国公司进入模式的影响研究	薛求知等	复旦大学	《经济研究》2008年第4期

二 等 奖

著作类(36项)

成果名称	申报人	申报者单位	出版(发表)时间
货币文明及其批判——马克思货币文明思想研究	李　振	华东理工大学	人民出版社 2009年12月
面对他者:莱维纳斯哲学思想研究	孙向晨	复旦大学	上海三联书店 2008年12月
收入流动与自由发展——上海城乡居民收入分配与收入流动性分析	权　衡	上海社会科学院	上海三联书店 2008年8月
国际金融中心:历史经验与未来中国(三卷本)	潘英丽等	上海交通大学	格致出版社、上海人民出版社 2009年12月
产业集聚与中国地区差距研究	范剑勇	复旦大学	格致出版社、上海三联书店、上海人民出版社 2008年3月
长三角农民工的非稳态转移——理论探讨、实证研究与现状调查	赖涪林等	上海财经大学	上海财经大学出版社 2009年7月
产业创新战略——基于网络状产业链内知识创新平台的研究	芮明杰等	复旦大学	上海财经大学出版社 2009年10月
中国农业节水灌溉市场的有效性及政策绩效评价研究	王克强等	上海财经大学	上海人民出版社 2009年12月
2009中国财政透明度报告——省级财政信息公开状况评估	蒋　洪等	上海财经大学	上海财经大学出版社 2009年4月

上海可持续发展研究报告2008——城市生态文明专题研究	周冯琦等	上海社会科学院	学林出版社 2008年6月
地方政府竞争秩序的治理：基于消极竞争行为的研究	汪伟全	华东政法大学	上海人民出版社 2009年12月
隋代法制考	倪正茂	上海政法学院	社会科学文献出版社 2009年8月
西方法哲学史纲(第四版)	张乃根	复旦大学	中国政法大学出版社 2008年7月
《知识产权与反垄断法》(修订版)——知识产权滥用的反垄断问题研究	王先林	上海交通大学	法律出版社 2008年9月
韩国独立运动与中国关系论集(上下卷)	石源华	复旦大学	民族出版社 2009年3月
上博馆藏楚竹书《缁衣》综合研究	虞万里	上海社会科学院	武汉大学出版社 2009年12月
中国家谱总目	王鹤鸣等	上海图书馆	上海古籍出版社 2008年12月
清代地方吏役制度研究	周保明	华东师范大学	上海书店出版社 2009年2月
中国古代文学中的同性恋书写研究	施　晔	上海师范大学	上海人民出版社 2008年11月
中国戏曲传播接受史	赵山林	华东师范大学	上海人民出版社 2008年8月
异态时空中的精神世界——伪满洲国文学研究	刘晓丽	华东师范大学	华东师范大学出版社 2008年9月
结缘与流变——申报馆与中国近代小说	文　娟	华东师范大学	广西师范大学出版社 2009年3月
上海话剧百年史述	丁罗男等	上海戏剧学院	广西师范大学出版社 2008年10月
玄应和慧琳一切经音义研究	徐时仪	上海师范大学	上海人民出版社 2009年12月
理解情境：走近幼儿的伦理视界	古秀蓉	华东师范大学	上海人民出版社 2009年8月
陶行知词典	金林祥等	华东师范大学	上海百家出版社 2009年6月

中国现代建筑教育史(1920—1980)	钱　锋等	同济大学	中国建筑工业出版社 2008 年 1 月
当代中国都市父母教养现状与反思	王　燕等	复旦大学	复旦大学出版社 2008 年 9 月
学习科学的关键词	高　文等	华东师范大学	华东师范大学出版社 2009 年 3 月
创新社会管理体制	邓伟志等	上海市社会学学会	上海社会科学院出版社 2008 年 4 月
都市大开发:空间生产的政治社会学	陈映芳等	华东师范大学	上海古籍出版社 2009 年 4 月
转变中的上海市民	卢汉龙等	上海社会科学院	上海社会科学院出版社 2008 年 12 月
我国特大城市交通发展的空间战略研究——以上海为例	孙斌栋等	华东师范大学	南京大学出版社 2009 年 3 月
社会系统动力学——政策研究的原理、方法和应用	李　旭	复旦大学	复旦大学出版社 2009 年 1 月
犹太研究在中国　三十年回顾:1978—2008	潘　光等	上海社会科学院	上海社会科学院出版社 2008 年 8 月
智能化网站	王有为	复旦大学	复旦大学出版社 2009 年 10 月

二　等　奖

论文类(56 项)

成果名称	申报人	申报者单位	出版(发表)时间
从马克思的论断看自由贸易的历史真相	梅俊杰	上海社会科学院	《马克思主义研究》2009 年第 6 期
立足现时代加强对列宁主义的研究	余源培	复旦大学	《毛泽东邓小平理论研究》2009 年第 8 期
解放战争时期中共策反与国民党军起义	闫　明	中国浦东干部学院	《党史研究与教学》2008 年第 6 期双月刊
作为历史科学方法论的历史唯物主义	吴晓明	复旦大学	《中国社会科学》2008 年第 1 期
十八世纪汉学的建构与转型	陈居渊	复旦大学	《学术月刊》2009 年第 2 期
论意义世界	杨国荣	华东师范大学	《中国社会科学》2009 年第 4 期双月刊

怀疑远人:清中前期的禁教缘由及影响	陶飞亚	上海大学	《复旦学报》2009 年第 4 期双月刊
巴拉萨汇率理论的一个修正	姜波克等	复旦大学	《金融研究》2009 年第 10 期
产品内国际分工与发展中国家的价值链提升	唐海燕等	上海立信会计学院	《经济研究》2009 年第 9 期
教育不平等、贫困与低发展——一个关于农村教育的理论框架	吴方卫等	上海财经大学	《教育经济学评论》(美国 SSCI 来源)2008 年第 5 期
语言的经济学与经济学的语言	李维森	复旦大学	《东岳论丛》2009 年第 11 期
和谐的努力与幻灭——略论近代中国的"乡村建设运动"	张忠民	上海社会科学院	《社会科学》2008 年第 7 期
结构改革与中国工业增长	张　军等	复旦大学	《经济研究》2009 年第 7 期
适宜技术、制度与产业绩效——基于中国制造业的实证检验	余典范等	上海财经大学	《中国工业经济》2009 年第 10 期
改革开放以来产业结构演进与生产率增长研究——对中国 1978—2007 年"结构红利假说"的检验	干春晖等	上海财经大学	《中国工业经济》2009 年第 2 期
信任、交易成本与商业信用模式	刘凤委等	上海国家会计学院	《经济研究》2009 年第 8 期
基于国际金融中心建设目标的上海金融人力资源评估与总量需求预测	李绪红等	复旦大学	《上海经济研究》2009 年第 10 期
大都市创新与人口发展的国际比较——以纽约、东京、伦敦、上海为案例的研究	左学金等	上海社会科学院	《社会科学》2009 年第 2 期
社会主义与国家建设——基于中国的立场和实践	林尚立	复旦大学	《社会科学战线》2009 年第 6 期
解释和严密化:作为理性选择模型的罗尔斯契约论证	江绪林	华东师范大学	《中国社会科学》2009 年第 5 期双月刊
基于空间聚类挖掘的城市应急救援机构选址研究	樊　博	上海交通大学	《管理科学学报》2008 年第 3 期双月刊

法院"依照法律"规定行使审判权释论——以我国法院与宪法之关系为重点的考察	童之伟	华东政法大学	《中国法学》2009年第6期双月刊
论公共利益的法律界定——从要素解释的路径	胡鸿高	复旦大学	《中国法学》2008年第4期双月刊
共同法律行为理论的初步构建——以公司设立为分析对象	韩长印	上海交通大学	《中国法学》2009年第3期双月刊
货币所有权归属及其流转规则——对"占有即所有"原则的质疑	其木提	上海交通大学	《法学》2009年第11期
形成中的中亚地区格局:尚存的单极残余、不稳定多极和其他选择	杨　成	华东师范大学	《俄罗斯研究》2009年第6期双月刊
议程与框架:西方舆论中的我国外交话语	吴　瑛	上海外国语大学	《欧洲研究》2008年第6期双月刊
论"圈序认同"对中国外交理论与实践的影响	郭树勇等	上海交通大学	《世界经济与政治》2009年第12期
崇祯年间招募葡兵新考	董少新等	复旦大学	《历史研究》2009年第5期双月刊
产业集聚与城市区位巩固:徽州茶务都会屯溪发展史(1577—1949)	邹　怡	复旦大学	《"中研院"近代史研究所集刊》第66期
业界利益与公共福利双赢:美国医学会与药品管理的联邦化(1891—1912)	张勇安	上海大学	《历史研究》2009年第1期双月刊
清中后期浙南山区的土地典当——基于松阳县石仓村"当田契"的考察	曹树基等	上海交通大学	《历史研究》2009年第4期双月刊
关于"票证时代"的集体记忆	金大陆	上海社会科学院	《社会科学》2009年第8期
论朱光潜的"出世"与"入世"——兼论朱光潜在民国时期的人格角色变奏	夏中义	上海交通大学	《文学评论》2009年第3期双月刊
马克思美学视阈中的"汉特医师"们——重读《资本论》	陆晓光	华东师范大学	《社会科学》2008年第4期
外来之风与本土习俗:唐代上元燃灯之源流及其嬗变	朱　红	上海社会科学院	《史林》2009年第3期双月刊

晚周观念具象述论	饶龙隼	上海大学	《文学评论》2009年第1期双月刊
打破旧平衡的初始环节——论申报馆在近代小说史上的地位	陈大康	华东师范大学	《文学遗产》2009年第2期双月刊
第一部翻译小说《昕夕闲谈》译事考论	邬国义	华东师范大学	《中华文史论丛》2008年第4辑季刊
从晚清到"五四":传教士与中国现代儿童文学的萌蘖	宋莉华	上海师范大学	《文学遗产》2009年第6期双月刊
重述革命历史:从英雄到传奇	蔡　翔	上海大学	《文艺争鸣》2008年第10期
对Reichenbach时体理论的一点补充	金立鑫	上海外国语大学	《中国语文》2008年第5期双月刊
《上博(六)·孔子见季桓子》重编新释	陈　剑	复旦大学	《出土文献与古文字研究》2008年第8期
动词的动相分类	左思民	华东师范大学	《华东师范大学学报》2009年第1期双月刊
上海话-普通话中介音发展阶段性特征分析	叶　军	华东师范大学	《华东师范大学学报》2009年第5期双月刊
Dragon能否表示龙:对民族象征物跨文化传播的试验性研究	葛　岩等	上海交通大学	《中国社会科学》2008年第1期双月刊
多维度关爱行为对小学生社会化发展影响的父母亲比较研究	王　燕等	复旦大学	《华人心理学报》2008年第1期
归因风格、应对方式对流动儿童社会融入的影响研究	崔丽娟等	华东师范大学	《心理科学》2009年第5期双月刊
学术共同体内外的权力博弈与同行评议制度	阎光才	华东师范大学	《北京大学教育评论》2009年第1期季刊
当高等教育遇到经济危机:对营利性高校的实证研究	喻　恺等	上海交通大学	《北京大学教育评论》2009年第4期季刊
大学的收益:留学生教育中的经济学意义	张民选等	上海师范大学	《教育研究》2008年第4期
土地征用过程中农民、地方政府与国家的关系互动	赵德余	复旦大学	《社会学研究》2009年第2期双月刊
产权代理分析下的土地流转模式及经济绩效	董国礼等	上海大学	《社会学研究》2009年第1期双月刊

现代图书馆理念的艰难重建——写在《图书馆服务宣言》发布之际	范并思	华东师范大学	《中国图书馆学报》2008年第6期双月刊
图书馆员网络社区信息交流行为实证研究——“大旗底下”QQ群个案分析	金武刚等	华东师范大学	《大学图书馆学报》2008年第5期双月刊
基于不同利益相关方认知的水源地生态补偿探讨——以上海市水源地和用水区居民问卷调查为例	车　越等	华东师范大学	《自然资源学报》2009年第10期

二　等　奖

音像类(1项)

成果名称	申报人	申报者单位	出版(发表)时间
电视专题片《1949:接管大上海》	徐国梁等	中共上海市委党史研究室	SMG新闻综合频道、纪实频道、东方卫视 2009年9月

三　等　奖

著作类(69项)

成果名称	申报人	申报者单位	出版(发表)时间
思想政治教育人本论	刘　芳等	解放军南京政治学院上海分院	军事科学出版社 2009年2月
中国共产党领导体制的历史考察(1921—2006)	陈丽凤	中共上海市委党校	上海人民出版社 2008年2月
庄子的思想世界	杨国荣	华东师范大学	华东师范大学出版社 2009年6月
二十世纪德国哲学	张汝伦	复旦大学	人民出版社 2008年1月
二十世纪法国哲学	莫伟民等	复旦大学	人民出版社 2008年9月
理论与实在——一种语境论的视角	成素梅	上海社会科学院	科学出版社 2008年6月
东方摩尼教研究	芮传明	上海社会科学院	上海人民出版社 2009年5月
主流观念与政策变迁的政治经济学	赵德余	复旦大学	复旦大学出版社 2008年3月

收入和财富分配不平等:动态视角	王弟海	复旦大学	格致出版社·上海三联书店·上海人民出版社 2009 年 11 月
大转型——互联的关系型合约理论与中国奇迹	王永钦	复旦大学	格致出版社·上海三联书店·上海人民出版社 2009 年 11 月
健康需求与医疗保障制度建设——对中国农村的研究	封　进	复旦大学	格致出版社·上海三联书店·上海人民出版社 2009 年 7 月
李嘉图经济理论研究	陈其人	复旦大学	上海人民出版社 2009 年 4 月
1927—1952 年中国金融与财政问题研究	贺水金	上海社会科学院	上海社会科学院出版社 2009 年 9 月
在华国际合资企业中母公司控制与绩效关系研究——基于资源基础论的视觉	蔡会明	华东政法大学	法律出版社 2009 年 9 月
决策分析与模糊信息处理	王兴全	上海社会科学院	上海社会科学院出版社 2008 年 8 月
政府采购风险及其控制	章　辉	上海金融学院	中国财政经济出版社 2009 年 12 月
中国公共财政政策研究丛书	刘小兵等	上海财经大学	中国财政经济出版社 2008 年 10 月
金融发展与经济增长——1978—2005 年中国的实证检验	范学俊	华东师范大学	上海人民出版社 2008 年 8 月
资产定价研究	吴冲锋等	上海交通大学	科学出版社 2008 年 1 月
公共空间的历史性建构:社区发展的政治学分析	翟桂萍	解放军南京政治学院上海分院	军事科学出版社 2009 年 2 月
社会抗争与民主转型——20 世纪 70 年代以来的威权主义政治	谢　岳	同济大学	上海人民出版社 2008 年 12 月
嵌入、整合与政党权威的重塑——对中国执政党,国家和社会关系的考察	罗　峰	中共上海市委党校	上海人民出版社 2008 年 12 月

民法的起源——对古代西亚地区民事规范的解读	魏　琼	华东政法大学	商务印书馆 2008年12月
民法哲学论稿(第二版)	李锡鹤	华东政法大学	复旦大学出版社 2009年12月
金融犯罪刑法理论与实践	刘宪权	华东政法大学	北京大学出版社 2008年4月
宪法中非权利条款人权保障功能研究	朱应平	华东政法大学	法律出版社 2009年3月
立宪主义语境下宪法与民法的关系	刘志刚	复旦大学	复旦大学出版社 2009年9月
信息财产——数字内容产业的法律基础	高富平	华东政法大学	法律出版社 2009年1月
合同本体解释论——认知科学视野下的私法类型思维	顾祝轩	上海交通大学	法律出版社 2008年1月
在规则与现实之间——上海市地方立法后评估报告	吴天昊等	上海社会科学院	上海人民出版社 2009年10月
宪法与我国区际法律冲突的协调	袁发强	华东政法大学	法律出版社 2009年9月
美国国家安全战略的基本逻辑——遏制战略解析	周建明	上海社会科学院	社会科学文献出版社 2009年5月
上海合作组织非传统安全研究	余建华等	上海社会科学院	上海社会科学院出版社 2009年5月
欧洲社会模式——以欧洲住房政策和住房市场为视角	余南平	华东师范大学	华东师范大学出版社 2009年11月
景德传灯录译注	顾宏义	华东师范大学	上海书店出版社 2009年11月
地权变动与社会重构——苏南土地改革研究(1949—1952)	张一平	上海财经大学	上海人民出版社 2009年6月
马基雅维里——思想研究	周春生	上海师范大学	上海三联书店 2008年1月
美国对华情报解密档案(1948—1976)	沈志华等	华东师范大学	东方出版中心 2009年4月
异质文化交织下的上海都市生活	熊月之	上海社会科学院	上海辞书出版社 2008年12月
明清两湖平原的环境变迁与社会应对	尹玲玲	上海师范大学	上海人民出版社 2008年8月

上海犹太人社会生活史	王　健	上海社会科学院	上海辞书出版社 2008 年 9 月
中国美学通史(1—3 卷)	祁志祥	上海财经大学	人民出版社 2008 年 12 月
西方美学思想史(上、中、下)	朱立元等	复旦大学	上海人民出版社 2009 年 7 月
明清传奇编年史稿	程华平	华东师范大学	齐鲁书社 2008 年 1 月
光宣诗坛点将录笺证(上、下)	王培军	上海大学	中华书局 2008 年 9 月
士林交游与风气变迁——19 世纪宣南的文人群体研究	魏　泉	华东师范大学	北京大学出版社 2008 年 9 月
中国古代小说叙事三维论	黄　霖等	复旦大学	上海书店出版社 2009 年 7 月
论语派的文化情致与小品文创作	杨剑龙	上海师范大学	上海书店出版社 2008 年 8 月
美国犹太文学	乔国强	上海外国语大学	商务印书馆 2008 年 1 月
近代上海文人词曲研究	李康化	上海交通大学	上海人民出版社 2009 年 1 月
新甲骨文编	刘　钊等	复旦大学	福建人民出版社 2009 年 5 月
新时代西汉大词典	孙义桢等	上海外国语大学	商务印书馆 2008 年 4 月
20 世纪中国修辞学(上、下)	宗廷虎等	复旦大学	中国人民大学出版社 2008 年 1 月
韬奋评传	陈　挥	上海交通大学	上海交通大学出版社 2009 年 7 月
突发事件报道	谢耘耕等	上海交通大学	上海交通大学出版社 2009 年 7 月
教育学的“理论——实践”观	程　亮	华东师范大学	福建教育出版社 2009 年 4 月
学生生活图景:世俗内外的教育冲突	孙崇文	上海市教育科学研究院	教育科学出版社 2008 年 6 月
江南名校的中国文化教育	周　勇	华东师范大学	教育科学出版社 2008 年 9 月

跨文化沟通心理学	严文华	华东师范大学	上海社会科学院出版社 2008年3月
当代大学生人际关系行为模式研究	高湘萍等	上海师范大学	上海社会科学院出版社 2008年9月
大学生因特网成瘾障碍研究	顾海根等	上海师范大学	中国科学技术大学出版社 2008年6月
教育管理伦理研究	郅庭瑾	华东师范大学	商务印书馆 2008年11月
资本与行动——生育决策的跨学科研究	庄渝霞	上海社会科学院	上海人民出版社 2009年9月
犯罪社会学	吴鹏森	上海政法学院	社会科学文献出版社 2008年11月
跨国公司在华研发——发展、影响及对策研究	杜德斌等	华东师范大学	科学出版社 2009年9月
中国企业伦理重建——经营绩效与社会责任	苏　勇等	复旦大学	东方出版中心 2008年1月
医疗服务供求矛盾：透视与破解	黄　丞等	上海交通大学	上海三联书店 2009年11月
城市轨道交通对城市发展与环境影响研究	林逢春等	华东师范大学	中国环境科学出版社 2009年5月
城市环境管理导论	戴星翼等	复旦大学	上海人民出版社 2008年2月

三　等　奖

论文类(72项)

成果名称	申报人	申报者单位	出版(发表)时间
延安时期中国共产党领导集体与马克思主义中国化	张远新	上海政法学院	《马克思主义研究》2009年第11期
福斯特生态学语境下的马克思哲学——《马克思的生态学》的旧唯物主义定向	卜祥记	上海财经大学	《哲学动态》2008年第5期
关于东固革命根据地几个问题的研究	唐莲英等	华东师范大学	《中共党史研究》2008年第5期双月刊
陈独秀是中国共产党的早期领袖——与陈独秀"领导核心"说商榷	徐光寿	上海立信会计学院	《中共党史研究》2009年11月

马克思对现代性社会的发现、批判与重构	邹诗鹏	复旦大学	《中国社会科学》2008 年第 4 期双月刊
“创新劳动”价值与社会生产历史进程——两层次劳动价值创造论	鲁品越	上海财经大学	《哲学研究》2009 年第 7 期
论普遍主义	俞宣孟	上海社会科学院	《学术月刊》2008 年第 11 期
后现代主义与思想解放	张庆熊	复旦大学	《复旦学报》2009 年第 5 期双月刊
从(百颂体的)《弥勒授记经》来看中印及周边的文化交流	刘　震	复旦大学	《复旦学报》2009 年第 5 期双月刊
“悬置”的基督教:关于基督教在当代社会结构中位置问题的探讨——以浙南 Y 县 X 镇基督教教会为个案	李　峰	华东政法大学	《社会理论》第 4 辑
中国生产性服务业的水平、结构及影响——基于投入—产出法的国际比较研究	程大中	复旦大学	《经济研究》2008 年第 1 期
中国经济周期特征事实的经验研究	黄赜琳等	上海财经大学	《世界经济》2009 年第 7 期
技术差距、后发陷阱和创新激励——一个纵向差异模型	寇宗来	复旦大学	《经济学》(季刊)第八卷第 2 期
社会网络是否有助于提高农民工的工资水平?	章　元等	复旦大学	《管理世界》2009 年第 3 期
从多本位的视角研究货币汇率指数的属性	丁剑平等	上海财经大学	《金融研究》2009 年第 12 期
区域演化和知识扩散——来自中国三个领先地区的实证	罗守贵	上海交通大学	《世界知识竞争力评价》2008 年第 8 期
农地制度、土地细碎化与农民收入不平等	许　庆等	上海财经大学	《经济研究》2008 年第 2 期
内幕交易行为预测:理论模型与实证分析	张宗新	复旦大学	《管理世界》2008 年第 4 期
大贷款人角色:我国银行具有监督作用吗?	胡奕明等	上海交通大学	《经济研究》2008 年第 10 期
金融发展、债务融资约束与金字塔结构——来自民营企业集团的证据	李增泉等	上海财经大学	《管理世界》2008 年第 1 期

我国金属期货价格指数编制及其实证研究	徐国祥等	上海财经大学	《统计研究》2009年第4期
一类重尾风险模型下破产概率的渐近估计	汪荣明等	华东师范大学	《统计通讯——理论与方法》(外文杂志)2008年第8期
中国民营上市公司高管的政府背景与公司价值	吴文锋等	上海交通大学	《经济研究》2008年第7期
上海世博会旅游经济增量效应及优化对策研究	何建民等	上海财经大学	《上海市社会科学界第六届学术年会文集》2008年度
构建流域水污染防治的跨部门合作机制——以太湖流域为例	朱德米	同济大学	《中国行政管理》2008年第4期
公共利益的必要性与充分性之争:个案分析	李春成	复旦大学	《学海》2009年第1期双月刊
安全困境:一个概念性的分析	唐世平	复旦大学	《Security Studies》2009年第9期
赋权下的自主性——对上海社区治理革新的政治分析	刘春荣	复旦大学	《复旦公共行政评论》2009年第5辑
统筹治理:国家战略和政府治理形态的契合	李瑞昌	复旦大学	《学术月刊》2009年第6期
中国行政纠纷解决的制度选择——以公民需求为视角	程金华	华东政法大学	《中国社会科学》2009年第6期双月刊
科学化与非政治化:美国公司治理规则研究述评——以对《萨班尼斯·奥克斯莱法案》的反思为视角	罗培新	华东政法大学	《中国社会科学》2008年第6期双月刊
强行规则对国际商事仲裁的规范	张圣翠	上海财经大学	《法学研究》2008年第3期双月刊
美国无权擅自在中国专属经济区从事“军事测量”——评中美南海磨擦事件	管建强	华东政法大学	《法学》2009年第4期
国际一体化会促进中国环境的改善吗?	尹海涛等	上海交通大学	《国际营销评论》(SSCI收录期刊)2009年第3期
日本的东亚合作战略评析——区域性公共产品的视角	贺　平	复旦大学	《当代亚太》2009年第5期双月刊

当代中国外交研究“中国化”：问题与思考	肖佳灵	复旦大学	《国际观察》2008年第2期双月刊
新兴大国群体在国际体系转型中的战略选择	杨洁勉	上海国际问题研究院	《世界经济与政治》2008年6月
唐职员令复原与研究——以北宋前期文献中新见佚文为中心	唐　雯	复旦大学	《历史研究》2008年第5期双月刊
乾隆时期民数汇报及评估	侯杨方	复旦大学	《历史研究》2008年第3期双月刊
晚清西学“汇编”与本土回应	章　清	复旦大学	《复旦学报》2009年第6期双月刊
西方列强与苏报案关系述论	王　敏	上海社会科学院	《历史研究》2009年第2期双月刊
宗族建构过程中的血缘与世系	钱　杭	上海师范大学	《历史研究》2009年第4期双月刊
近年来视觉文化研究中存在的几个问题	曾　军	上海大学	《文艺研究》2008年第6期
北宋贤良进卷考论	朱　刚	复旦大学	《中华文史论丛》2009年第1期
从“少年情怀”到“中年危机”——20世纪中国文学研究的一个视角	陈思和	复旦大学	《探索与争鸣》2009年第5期
主题原型与新时期小说创作	王光东	上海大学	《中国社会科学》2008年第3期双月刊
论I. A. 理查兹《美学基础》中的中庸思想	容新芳	上海海事大学	《外国文学评论》2009年第1期季刊
近年日本“小林多喜二现象”考察	潘世圣	华东师范大学	《外国文学评论》2009年第4期季刊
书籍之为艺术——赵孟頫的藏书与《汲黯传》	范景中	上海师范大学	《新美术》2009年第4期双月刊
论当代辞书史著对“龠”的错误定说	刘正国	上海师范大学	《交响》2008年第4期季刊
汉代散乐、百戏与汉代俗乐运动	陈维昭	复旦大学	《复旦学报》2008年第5期双月刊
三个不同地区的汉族民歌《茉莉花》的衍变过程	狄其安	上海大学	《黄钟》(武汉音乐学院学报)2009年第4期季刊

助动词“能、能够”对否定词的不对称选择和有标记选择	齐沪扬	上海师范大学	《中国语言学报》2008 年第 13 期
“更”字比较句中多项比较的程序与格式	张谊生	上海师范大学	《世界汉语教学》2009 年第 4 期季刊
外国留学生阅读汉语句子时对无关信息的抑制	王永德	上海财经大学	《当代语言学》2009 年第 4 期季刊
清代评点派红学对《红楼梦》德文译本的影响	王金波	上海交通大学	《红楼梦学刊》2009 年第 2 辑
大学英语考试的计算机化组卷探新	朱正才等	上海交通大学	《外语电化教学》2008 年第 6 期双月刊
上海“世博”主题的传播效果实证分析	张国良等	上海交通大学	《新闻大学》2008 年冬季号
网络依赖研究	孙少晶等	复旦大学	《Journal of Broadcasting》2008 年第 3 期
改革开放 30 年的教育学研究	郑金洲	中国浦东干部学院	《教育研究》2009 年第 3 期
教师人格特质与压力和倦怠的关系	孟　慧等	华东师范大学	《心理科学》2009 年第 4 期双月刊
预警和呈现时间对错误再认和错误回忆的影响	周　楚等	复旦大学	《心理科学》2008 年第 3 期双月刊
中国二语学习者英语句子加工的心理机制初探：以主动句为例	常　欣等	上海师范大学	《心理学报》2009 年第 6 期
社区社会资本测量：一项基于经验数据的研究	桂　勇等	复旦大学	《社会学研究》2008 年第 3 期双月刊
上海人口规模增长与城市发展持续性	王桂新	复旦大学	《复旦学报》2008 年第 5 期双月刊
中国计划生育政策 50 年评估及未来方向	包蕾萍	上海社会科学院	《社会科学》2009 年第 6 期
居住权与市民待遇：城市改造中的第四方群体	赵晔琴	华东师范大学	《社会学研究》2009 年第 2 期双月刊
中国体育及相关产业测算报告	张　林等	上海体育学院	《上海体育学院学报》2008 年第 6 期双月刊
论都市文化的类型及其演进	李　平	上海师范大学	《都市空间与文化想象》2008 年第 5 辑

中国债券市场债券风险溢酬的宏观因素影响分析	范龙振等	复旦大学	《管理科学学报》2009年第6期双月刊
情景和激励对移动商务接受的影响——基于GPS的出租车调度系统案例	胥正川等	复旦大学	《国际移动通讯学报》(IJMC)2009年第3期
知识产权政策评估指标体系的构建及其应用研究	郭俊华等	上海交通大学	《中国软科学》2009年第7期

三　等　奖

音像类(2项)

成果名称	申报人	申报者单位	出版(发表)时间
纪念改革开放三十周年大型系列专题片《我们的选择》	SMG 纪实频道	上海文广传媒集团	上海传媒公司2008年8月
改革开放三十年中的上海戏曲——上海戏曲三十年拾粹	朱恒夫等	上海大学	上海大学、东方电视台2009年10月

内部探讨优秀成果奖

(40项)

成果名称(完成时间)	作　者	申报者单位	推荐单位
对引进海外顶尖、领军和高层次优秀人才的若干建议(2009.12)	田国强	上海财经大学	上海财经大学
上海郊区与江苏昆山、江阴等地发展比较——上海郊区凸现的差距与对策建议(2009.11)	王国平　郭庆松　鞠立新　赵刚印等	中共上海市委党校	中共上海市委党校
“上海公安队伍状况测评指标体系研究”研究报告(2008.10)	刘建洲　郭庆松　李婷玉　何　琪等	中共上海市委党校	中共上海市委党校
关于稳步推进大部门体制改革的思考与建议(2008.1)	曾　峻　陈喜生	中共上海市委党校	中共上海市委党校
统一战线与社会治理(2009.12)	林尚立　徐以骅　余源培　商红日等	复旦大学	1. 中国统一战线理论研究基地统战基础理论上海研究基地 2. 中国特色社会主义统一战线理论研究基地

宗教影响中国国家安全的路径与范式 (2009.4)	徐以骅	复旦大学	1. 复旦大学 2. 中国统一战线理论研究会
上海市发展公共租赁住房体系的总体思路与方案设计 (2009.12)	陈　杰　郝前进 胡金星　陈　钊等	复旦大学	复旦大学
虹桥综合交通枢纽区域发展方向、管理开发模式及核心区产业设计 (2009.3)	朱金海　许泽成 唐忆文　沈露莹等	上海市发展改革研究院	上海市发展改革研究院
上海城镇养老保险基金可持续发展对策研究 (2009.8)	汪　泓　吴　忠 张建明　李正龙等	上海工程技术大学	上海工程技术大学
《本市高技术产业化机制研究》研究报告 (2009.8)	史健勇　孟　勇 汪　泓　吴　忠等	上海工程技术大学	上海工程技术大学
对我深化参与东亚合作战略布局的思路及对策建议 (2008.4)	陈东晓　俞新天 马　嫚	上海国际问题研究院	上海国际问题研究院
新兴大国崛起对国际关系、国际体系的影响及对策建议 (2008.11)	杨洁勉　张忠祥 张　春　刘宗义	上海国际问题研究院	上海国际问题研究院
中华人民共和国东北地区与俄罗斯联邦远东及东西伯利亚地区合作规划纲要(2009—2015年) (2009.4)	杨　成　王化江 王　彬	华东师范大学	华东师范大学
转变我国经济发展方式的政策建议 (2009.5)	高汝熹　吴晓隽 车春鹏	上海交通大学	上海交通大学
关于食品药品行政监管创新机制的咨询报告 (2008.11)	徐向华　周　欣 涂艳成　汤　晨	上海交通大学	上海市食品药品监督管理局
完善征信评级制度　打破美国在国际信用评级领域的垄断　创建有国际话语权的中国品牌信用评级机构 (2009.6)	李　豫	上海金融学院	上海金融学院

大陆台企中的组织“断裂”与“台湾人”群体的社会融合（2009.6）	刘玉照 应可为	王　平	上海大学	上海大学
上海当前社会建设战略与策略的理论思考（2009.6）	李友梅 汪　丹	黄晓春	上海大学	上海大学
新时期优化农村治理结构研究——以上海市B区为案例（2008.7）	黄晓春 侯童楠	张善根	上海大学	上海大学
关于外地来沪穆斯林群体的若干建议（2009.10）	葛　壮	张　巍	上海社会科学院	上海社会科学院
近期专家学者关于民主问题的观点分析（2009.5）	殷啸虎	刘晓明	上海社会科学院	上海社会科学院
从“7.5”事件看网络政治安全对我国的威胁（2009.7）	蔡文之		上海社会科学院	上海社会科学院
上海现代涉外法律服务市场的问题与对策——暨外国律师事务所驻沪代表机构违法执业的调研报告（2008.1）	史建三	石育斌	上海社会科学院	上海社会科学院
关于近年来群体性事件频发的舆情反映和防范应对建议（2009.10）	杨建文	胡晓鹏	上海社会科学院	上海社会科学院
密切沪台金融合作的九条对策建议（2009.7）	赵蓓文		上海社会科学院	上海社会科学院
警惕美国金融危机的进一步扩散及对中国的不利影响（2008.8）	徐明棋		上海社会科学院	上海社会科学院
影响上海社保资金可持续发展的主要因素和可能性变量以及解决“缺口”问题的政策建议（2009.9）	左学金 周海旺	肖严华 张君新	上海社会科学院	上海社会科学院

关于当前我国思想理论领域舆情态势的分析 (2008.4)	许　明	上海社会科学院	上海社会科学院
上海市教科文卫事业公共财政投入与保障研究 (2009.12)	胡　炜　孙运时 袁　雯　吴志华等	上海市人大常委会	上海市人大常委会
超大规模的党员队伍对党的建设是利是弊? (2009.5)	张克文　吴其良 殷勤燮	上海党建文化研究中心	上海党建文化研究中心
上海统一战线工作体制机制历史沿革及其启示与思考 (2009.9)	周　华　王庆洲 曾昭斌　陈　婕	中共上海市委统战部	中共上海市委统战部
多种经济成分条件下化解劳资矛盾的途径和方法——以1949—1955年上海实践为例 (2008.7)	徐建刚　袁志平 黄　坚　张　励	中共上海市委党史研究室	中共上海市委党史研究室
信息化先行区与国际城区协调发展的研究 (2009.11)	魏　建　张　旭 薛　斌　赵　鸣等	中国民主建国会上海市长宁区委员会	1. 中国民主建国会上海市长宁区委员会 2. 上海工程技术大学
加强住宅小区业主委员会党的工作调研报告 (2009.11)	施南昌　袁建国 方士雄　鲁　兵等	中共上海市社会工作委员会	中共上海市社会工作委员会
如何破解民警用枪困局 (2009.8)	李志萍	上海公安高等专科学校	上海公安高等专科学校
上海市重大行政决策程序研究报告 (2008.12)	刘　平　费文婷 王天品　王晓姝等	上海市人民政府法制办公室	上海市人民政府法制办公室
关于上海若干企业集团生产性服务业税收贡献及发展情况调研报告 (2008.7)	程静萍　鲍幸骜 孙德麟	上海市决策咨询委员会	上海市决策咨询委员会
构建单位党建、区域党建、行业党建互联互补互动新格局研究 (2009.10)	汪　丹　张东苏 吴　坚	上海市党的建设研究会	上海市党的建设研究会

《崇明生态岛建设纲要》编制思路研究 (2009.12)	周　波　王建平　管小军　张　方等	上海市发展和改革委员会	上海市发展和改革委员会
热点外交实践与中国外交理论的创新 (2008.11)	朱威烈　刘中民　孙德刚	上海外国语大学	上海外国语大学

网络理论宣传优秀成果奖
(15项)

成果名称(完成时间)	作　者	申报者单位	推荐单位
社会管理的治理主体:政府、NGO、社区三方合作互动研究 (2009.6)	潘鸿雁	中共上海市委党校	中共上海市委党校
西方的辱华宣传的心理学分析与我国的应对策略 (2008.4)	申　林	中共上海市委党校	中共上海市委党校
美国经济与中国经济系列文章(四篇) (2008.10)	沈思玮	上海交通大学	上海交通大学
以总书记网民朋友的名义,将网络文明进行到底 (2008.6)	温建宁	上海金融学院	上海金融学院
范美忠事件的警示意义与社会主流价值的建构思考 (2009.1)	张亚月	上海大学	上海大学
过分功利化的教育理念 (2009.5)	黄凯锋	上海社会科学院	上海社会科学院
民进党支持者心中哪来的那么多"恨"? (2008.11)	李安方	上海社会科学院	上海社会科学院
骤然下跌的进出口数据说明什么? (2009.2)	沈开艳	上海社会科学院	上海社会科学院
四万亿蛋糕与地方政府投资冲动 (2009.1)	沈桂龙	上海社会科学院	上海社会科学院
清除"官八股" (2008.1)	江曾培	上海市出版工作者协会	1. 上海市互联网舆论宣传领导小组办公室 2. 东方新闻网站

传统媒体扬善，网络媒体惩恶？（2008.7）	吕怡然	文新联合报业集团	1. 上海市互联网舆论宣传领导小组办公室 2. 东方新闻网站
没有弱势媒体，只有弱势的人（2008.11）	张向林	东方新闻网站	1. 上海市互联网舆论宣传领导小组办公室 2. 东方新闻网站
扩大内需离不开扩大“文化内需”（2008.12）	周锦尉	上海市人大常委会	1. 上海市互联网舆论宣传领导小组办公室 2. 东方新闻网站
好作文不是被训练出来的（2009.6）	张生泉	上海戏剧学院	1. 上海市互联网舆论宣传领导小组办公室 2. 东方新闻网站
爱国主义，永远不倒的长城——为纪念“五四”运动90周年而作（2009.5）	苏令银	上海师范大学	上海师范大学

第八届学术年会

DI BA JIE XUE SHU NIAN HUI

聚焦发展主题,贡献学术新智

——市社联举办上海市社会科学界第八届学术年会

2010 年是上海世博会举办之年,也是国家和上海“十二五”规划制定之年。面临新形势,迎接新挑战,在变化中的世界和前进中的中国找准上海新一轮发展的历史方位,寻找对策思路,提供决策咨询,上海市社联以“上海·中国·世界:新挑战与新发展”为题,举办上海市社会科学界第八届学术年会。12 月 19 日,本届学术年会大会在上海展览中心友谊会堂隆重举行。中共上海市委常委、宣传部部长杨振武出席大会并讲话,市政协副主席、市工商联主席王新奎应邀作主题讲演,市社联主席秦绍德致开幕词,市委宣传部副部长潘世伟宣读本届年会获奖名单,市社联党组书记、专职副主席沈国明主持大会开幕式。来自本市各高校、党校、社科院、部队院校、党政研究部门、学术社团的 500 余位代表与会。

本市社科界专家学者左学金、周林、潘光、沈志华、俞吾金、谢维扬、潘英丽、孙笑侠、苏长和、权衡等应邀作学术演讲,围绕“后世博”、“后金融危机”、“后工业化”背景下的国家和上海未来发展,展开了深度探讨。

在谈到上海收入分配结构调整时,有学者认为,改革开放 30 年以后,中国和上海经济发展进入了重要的转型时期。分配制度的改革创新为经济体制改革和高速增长提供了重要的动力。转型发展以及结构升级的战略任务,必须以调整收入分配结构为抓手。未来“十二五”时期解决上海的收入分配问题,需要思考如何解决好分配差距与分配不公、收入分配与财富积累和财富分配效应问题、收入多元与收入规范的问题,货币性分配和福利性分配的关系问题、税前收入分配与税后收入分配问题、收入差距与收入流动性问题、收入差距产生的经济性因素与非经济因素以及公共服务与收入分配下的权利平等问题、国民收入分配中的功能性分配与规模性分配等。

对当前国际货币变局中的中美经济摩擦与调整,有学者认为,本次金融危机根源于全球三大结构性矛盾,其中国际货币体系的内在缺陷,即美元霸权得不到扼制与国际收支调节的不对称性,已使美国经济陷入积重难返的结构矛盾陷阱,经济的衰落已成不可逆转之趋势。压人民币升值只是美国转嫁危机成本的一贯做法,中国需要认真应对的是继货币战之后以启动 301 特别保护条款为核心的更为猛烈的对华贸易战。未来 10 年中国需要推进提升能力导向的经济转型,在降低对外依存度的同时大幅度提高未来生产能力。

在今天,我们究竟需要怎样的人文精神,有学者提出,在当前理论界,“人文精神”是人们使用得最多的概念之一,但人们对这个概念的确切含义却缺乏明晰的理解,从而造成了思想上的混乱,具体表现为把中国古代人文精神完美化、中国现代人文精神迷信化和中国当代人文精神的宗派化。在当前中国文化语境中,追求真正的人文精神,要批判等级观念,倡导平等和民主;要批判迷信思想,弘扬理性和科学;要批判宗派观念,提倡社会公正。

有学者对上海世博会主题——“城市让生活更美好”作了深度探讨,认为创新的城市、和谐的城市、可持续发展的城市,才能让生活更美好。上海应要加强建设和谐城市的制度基础,逐步实现城乡一体化的劳动力市场和公平的就业与发展机会,要改进上海的商务环境和空间环境,为小企业发展和居民就业提供更多的机会,要推动紧凑型城市发展,研究花园城市的紧凑型新版,进一步提升城市的活力。

如何开展深度区域研究,服务国家发展利益,有学者认为,随着中国对世界事务的全面参与,中国越来越需要深入研究区域和国别问题,以服务国家走出去战略。深度区域研究需要我们有方法和观念上的突破,以中国人的世界观,通过对目标区域或目标国的研究,提供比过去西方国家区域研究更为世界所接受的知识,扭转过去西方独大的区域研究学术格局。

对于中国商学院人才培养面临的挑战,有学者提出,中国商学院一定要放眼全球,立足本土。放眼全球就是要以国际一流商学院为标杆,争取在科学研究和人才培养方面达到国际先进水平;而立足本土则是要为地方经济和中国经济的发展培养急需的高端人才。中国各大商学院在这两方面都在尽极大的努力,但是单靠商学院自身的努力是不够的。作为世界制造业大国,中国需要大量有志投身于制造业的青年人才,中国很多商学院也有这方面高水平的项目,但是苦于招收不到优秀的学员。大量的学员报考金融类的硕士生项目,但是这些项目最优秀的毕业生往往又被香港等地跨国公司挖走。中国商学院目前面临的两大挑战:如何吸引学员参加同中国经济发展最相关的项目中去?如何让中国商学院最优秀的毕业生留在中国为中国经济发展做贡献?商学院亟须政府和社会各界,尤其是业界的支持。

有学者呼吁,在人类发展进程中,要加强文明对话与文明互鉴,认为各种文明的对话和互鉴,是人类进步的重要动力,防止不同文明的差异演变为恶性冲突,最佳途径就是促进不同文明之间的沟通、对话、理解、合作与互鉴。传媒在其中可以发挥十分积极的作用,但也可能发挥非常消极的作用。国际移民运动在促进文化交流的同时,也会带来文化的碰撞。如何使外来移民与本地公民平等而和谐地共处,已成为文明对话进程中的一个关键问题。教育在促进跨文化、跨宗教的文明交流方面发挥着至关重要的作用,最关键的就是青少年的教育问题。

会上,还有学者对司法民主性与职业性、东欧解密档案与冷战史新研究、中国古代传统的现代路向等作了专题探讨。

学术年会由上海市社会科学界联合会于2003年创办,由年会大会、各学科专场、主题专场、学会学术活动组成,每年举办一届,今年是第八届。八年来,学术年会在论题设计、内容架构、板块项目、合作机制等方面不断探索、创新,已经成为上海学术界的一个汇聚学术百家、展示研究成果、共同交流启发、感受思想魅力的公共平台、年度盛会。

本届年会,市社联契合实践需求和学术前沿设计、策划研讨主题,进一步整合本市社科界资源和力量举办年会专场活动。市社联与中共上海市委党校、上海大学、华东师范大学、上海师范大学、上海社会科学院、上海财经大学合作，分别以“马克思主义视野下的公平与正义”、“城市发展：科学精神与人文精神”、“中国的实践与展望：社会转型与制度建设”、“转型·公平·发展”、“未来十年的世界：对话·改革·治理”、“世界舞台的中国角色”为主题，举办马克思主义研究学科专场、哲学·历史·文学学科专场、政治·法律·社会学科专场、经济·管理学科专场、世界经济·国际政治·国际关系学科专场和青年学者专场。

今年学术年会首次设立了10个年会主题专场，鼓励年会优秀论文选择到CSSCI来源期刊发表，进一步提高了年会的学术水平，受到广大学者的欢迎。

据统计，本届年会收到应征论文近1 440篇，匿名评出137篇优秀论文，百余位专家作主题发言，参与年会各项活动的专家学者和青年学生3千余人。

2010 学术年会学术讲演提要

主题演讲

1. 服务经济:世博后上海经济发展转型的重大选择
王新奎 上海市政协副主席、上海市工商联主席、教授
2. 上海收入分配结构调整:建设包容性的全球城市
权 衡 上海社会科学院科研处处长、研究员
3. 国际货币变局中的中美经济摩擦与调整
潘英丽 上海交通大学国际金融研究中心主任、教授
4. 我们究竟需要怎样的人文精神
俞吾金 复旦大学国外马克思主义研究中心主任、教授
5. 开展深度区域研究,服务国家发展利益
苏长和 上海外国语大学国际关系与外交事务研究院院长、研究员

名家讲演

1. 中国商学院人才培养面临的挑战
周 林 上海交通大学安泰经济与管理学院院长、教授
2. 什么样的城市让生活更美好
左学金 上海社会科学院常务副院长、研究员
3. 司法民主性与职业性的困局
孙笑侠 复旦大学法学院教授
4. 东欧解密档案与冷战史新研究
沈志华 华东师范大学国际冷战史研究中心主任、教授
5. 经典的力量:中国古代传统的现代去路
谢维杨 上海大学古代文明研究中心主任、教授
6. 人类发展进程中的文明对话与文明互鉴
潘 光 上海社会科学院研究员,联合国文明联盟大使

服务经济：世博后上海经济发展转型的重大选择

王新奎　上海市政协副主席、上海市工商联主席、教授

上海到目前为止仍是国内经济规模最大、最发达、最国际化的城市，也是城市化历史较早的城市之一，但是在城市化发展的过程当中，面临着巨大的挑战。

当年我们开发浦东的时候没有预料到，这20多年遇到了一个比早年更大规模的移民潮，城市文化变得更加多元化，内部各种族群的界限变得非常明显；另一方面，经过了20年的发展，各界的贫富差异也大大拉开，引起了社会矛盾激化；第三，由于人口大量集聚，怎么按照21世纪的标准，为一个刚到城市的人提供一个可以生存的环境，比如住房问题、医疗问题、教育问题，任务也是非常艰巨的。

实际上，上海在十几年的城市化之后遇到了一个需要再次城市化的过程。2010年上海世博会正式举办，使得“城市让生活更美好”这个主题更加紧迫的放在我们面前。

今后的上海要重点发展的八大行业如核电行业、造船、汽车，是上海原来就具有工业基础的，放弃不合理，还有就是装备技术、高新技术产业包括飞机、IT。

转移的主要是大量劳动密集型和资源密集型的制造业，实际上过去十多年中已经有很大规模地转移了，大部分企业把总部、设计留在上海，生产环节转移出去，有的转移到沿海其他地方，有的转移到中西部，这也是今后的一个必然趋势。

（录自《上海转型需要“再次城市化”》，21世纪经济报道·上海报道，2010.07.06）

上海收入分配结构调整:建设包容性的全球城市

权 衡 上海社会科学院科研处处长、研究员

中国和上海的经济体制改革与发展,最初发轫于收入分配制度的改革和创新。分配制度的改革创新为经济体制改革和高速增长提供了重要的动力。改革开放 30 年以后,中国和上海经济发展进入了重要的转型时期。转型发展以及结构升级的战略任务,必须以调整收入分配结构为抓手,推动经济发展方式转变,才能够建设和谐与包容的可持续发展的全球城市。未来"十二五"时期解决上海的收入分配问题,首先需要思考如何解决好分配差距与分配不公、收入分配与财富积累和财富分配效应问题、收入多元与收入规范的问题,货币性分配和福利性分配的关系问题、税前收入分配与税后收入分配问题、收入差距与收入流动性问题、收入差距产生的经济性因素与非经济因素以及公共服务与收入分配下的权利平等问题、国民收入分配中的功能性分配与规模性分配等。

国际货币变局中的中美经济摩擦与调整

潘英丽 上海交通大学国际金融研究中心主任、教授

本次金融危机根源于全球三大结构性矛盾，其中国际货币体系的内在缺陷，即美元霸权得不到扼制与国际收支调节的不对称性，已使美国经济陷入积重难返的结构矛盾陷阱，经济的衰落已成不可逆转之趋势。压人民币升值只是美国转嫁危机成本的一贯做法，中国需要认真应对的是继货币战之后以启动 301 特别保护条款为核心的更为猛烈的对华贸易战。

面临 OECD 国家经济衰落前景，中国外向型经济面临战略风险。出口导向战略的实质是借助发达国家商品与金融市场实现中国现期剩余产品生产能力（人口红利或国民财富）向人口老龄化时代消费能力的转换。但是两者的转换率或兑换率取决于年轻一代人的未来生产能力与海外资产的保值增值。未来 10 年中国需要推进提升能力导向的经济转型，在降低对外依存度的同时大幅度提高未来生产能力。

我们究竟需要怎样的人文精神

俞吾金 复旦大学国外马克思主义研究中心主任、教授

在当前理论界,“人文精神”是人们使用得最多的概念之一,但他们对这个概念的确切含义却缺乏明晰的理解,从而造成了思想上的混乱。这种混乱的具体表现形式如下:一是把中国古代人文精神完美化,看不到这一人文精神内部蕴含的男权中心主义观念和等级观念;二是把中国现代人文精神迷信化,尽管中国人把现代欧洲社会人文精神的核心观念——平等(包括男女平等)、自由、民主、科学等移植进来了,但由于现代中国社会没有经历过文艺复兴、宗教改革和启蒙运动,因而传统的迷信思想从未受到过认真的批判,其结果只能是中国现代人文精神的迷信化。“文革”中的“早请示、晚汇报”和“跳‘忠’字舞”、近年来发生的张悟本、李一道长事件都印证了这一点;三是中国当代人文精神的宗派化,这从汪晖涉嫌抄袭而引起的一系列后续事件中得到了印证。在当前中国文化语境中,追求真正的人文精神,首先要批判等级观念,倡导平等和民主;其次要批判迷信思想,弘扬理性和科学;再次要批判宗派观念,提倡社会公正。在某种意义上,我们还没有走出“五四”。

开展深度区域研究，服务国家发展利益

苏长和　上海外国语大学国际关系与外交事务研究院院长、研究员

随着中国对世界事务的全面参与，中国越来越需要深入研究区域和国别问题，以服务国家走出去战略。过去的区域研究主要集中在区域或国别外交关系研究上，深度区域研究需要我们通过多学科（政治学、社会学、经济学、人类学、民族学、历史学等）和跨学科途径，研究对象区域或对象国社会心理、群体行为、意识结构、经济脉动、宗教民族等，有了深度区域研究的知识积累，国家才能更科学、更有针对性地开展与目标区域或目标国的外交关系，服务国家发展利益。

深度区域研究更重要的，是我们需要有方法和观念上的突破，以中国人的世界观，通过对目标区域或目标国的研究，提供比过去西方国家区域研究更为世界所接受的知识，扭转过去西方独大的区域研究学术格局。

深度区域研究不是政治学或国际关系单个学科所能承担得了的，它需要多学科的努力和配合，这对我们传统的学科分割体系和人才培养体系提出挑战；同时，深度区域研究的进展也能带动学科发展，通过深度区域研究，在中外知识相互博采与借鉴中，有助于促进中国社会科学既有知识的更新和转化。

中国商学院人才培养面临的挑战

周　林　上海交通大学安泰经济与管理学院院长、教授

中国商学院一定要放眼全球，立足本土。放眼全球就是要以国际一流商学院为标杆，争取在科学研究和人才培养方面达到国际先进水平；而立足本土则是要为地方经济和中国经济的发展培养急需的高端人才。中国各大商学院在这两方面都在尽极大的努力，但是单靠商学院自身的努力是不够的。作为世界制造业大国，中国需要大量有志于投身于制造业的青年人才，中国很多商学院也有这方面高水平的项目，但是苦于招收不到优秀的学员。大量的学员报考金融类的硕士生项目，但是这些项目最优秀的毕业生往往又被香港等地跨国公司挖走。中国商学院目前面临的两大挑战：如何吸引学员参加同中国经济发展最相关的项目中去？如何让中国商学院最优秀的毕业生留在中国为中国经济发展做贡献？商学院亟须政府和社会各界，尤其是业界的支持。

什么样的城市让生活更美好

左学金　上海社会科学院常务副院长、研究员

以城市为主题的2010年上海世界博览会已经胜利闭幕。本文试图对“什么样的城市让生活更美好”这一重大问题进行进一步的探讨。首先,和谐的城市让生活更美好。作者建议加强建设和谐城市的制度基础,如为城市常住人口提供基于纳税(缴费)人权利义务对等的城市化模式,向他们提供均等化的公共服务和缴费率较低的基本社会保险,逐步实现城乡一体化的劳动力市场和公平的就业和发展机会。改进上海的商务环境和空间环境,为小企业发展和居民就业提供更多的机会。其次,可持续发展的城市让生活更美好。本文重点从城市空间布局的角度来探讨城市可持续发展的问题,建议推动紧凑型城市发展。历史上有花园城市的设想,上海应该研究花园城市的紧凑型新版。上海城市用地外延扩张的空间非常有限,今后重点是如何提高土地的利用效率,对部分城市化地区和产业园区的再规划和再利用。和特大城市的多中心发展。最后,创新的城市让生活更美好。城市作为一个复杂系统,可以划分为机械型城市与有机型城市。建设创新型城市的关键,是提升城市的活力。

司法民主性与职业性的困局

孙笑侠　复旦大学法学院教授

原本是一个小范围的地方性、私人间的诉讼小案，在某种因素的刺激和诱导下，不经意之间演变成为众所周知的公共事件，成了民众竞相表达的公共话题；在法院进行审判的前后过程中，民众和媒体也纷纷展开审判，出现了所谓的“舆论法庭”或“民意法庭”；民众对案件作了庭外的预判，法官变成受民众委托来审判的人；于是，个案的事实因关注度高而被民众和媒体不断加工和形塑；个案的司法，也因此隐含着某种象征性的社会效应……这就是当下摆在我们面前的一个与司法有关的现象。这类案件在美国被称为“highly publicized cases”（过度曝光的案件）或 Sensational cases（轰动性案件）。

这类案件中反映的问题很多，诸如民意的特点是什么？民意的兴奋点是什么？民意在什么因素作用下影响了司法？司法与媒体的关系？民意对司法的影响的正负面作用？如何处理民意对司法的影响？如何兼顾民意与司法的关系？

但这些问题的根本问题源头问题在于司法的人民性与职业性的关系问题，即司法的民主主义与职业主义的关系。政治家和民众希望司法体现民意，体现人民性，而司法系统和法律职业共同体则强调司法的专业性、职业性。在中国没有建立这样的理论，缺乏原理支持。为了满足职业主义和民主主义两个向度的社会需求，中国司法制度应当并且可以探索并建立一种兼顾型的“中国模式”的人民司法制度。

东欧解密档案与冷战史新研究

沈志华 华东师范大学国际冷战史研究中心主任、教授

21世纪，特别是2004年以来，东欧各国的档案全面开放。在目前俄国档案开放和解密趋于紧缩的状况下，东欧国家档案的全面解密和开放，无疑已经并将继续成为推动冷战国际史乃至20世纪社会主义国家历史研究的新的推动力。新一轮冷战史研究热潮正在兴起。

东欧档案的作用：对于深入研究20世纪80至90年代社会主义国家转型的历史，冷战时期国际关系的历史，社会主义同盟内部关系的历史，将发生重大作用。

我们的设想和呼吁：国家立项，组织国际团队，东欧语种人才的培养，专业设置等。

经典的力量:中国古代传统的现代去路

谢维杨 上海大学古代文明研究中心主任、教授

一、文献在整个古代生活中发挥着特别重要的作用是中国古代发展的一个重要特征,构成中国古代的文献传统。其最高表现是特定文献的某种组合即儒家经典不仅成为人们行为目标和规范的最高说明,而且是表明国家活动合理性和国家权力合法性来源的终极依据。

二、从先秦至汉代,儒学和经学为这一传统的形成作出最重要贡献。包括对中国早期重要的文献文本的形成所做的重要工作(儒学的"文献主义")、对于文献的批评(通过阐释和教学)功能的倡导和提升、通过促使皇帝立五经博士而使六艺被置于对解释国家意志有权威力量的特殊地位上,以及通过对儒学形而上学的建设和强化对儒学的经世的运用使儒家经典组合最终具备指导国家政治和国民生活的至高品质。

三、在文献传统的作用下,古代智力活动的作用发生分化,以经学为例,其一端致力于营造支持国家和社会有序运转的经典基础;而另一端则作为社会认知活动的高端仍得以在自身目标上有平行的发展。形成中国传统中学术与国家和社会意志纠缠的格局。古代文献传统本身对于现代生活的意义已不存在。学术在国家和社会生活中发生作用的概念已深刻变化。中国经典的永久价值在于脱离原本纠缠的形态而显示古代中国认知本身所达到的成就。

人类发展进程中的文明对话与文明互鉴

潘 光 上海社会科学院研究员，联合国文明联盟大使

各国各民族文明的多样性，是人类社会的基本特征。各种文明的对话和互鉴，是人类进步的重要动力。然而，由“文明冲突”论所带来的忧虑和混乱扭曲了对于世界面临困境之实质的讨论。尽管我们要重视人类发展进程中存在的文明因素，即宗教、民族、文化因素，但纯粹的“文明冲突”或完全由文明原因导致的冲突是不存在的，因为各类冲突实际上是发生在不同文明背景的极端分子之间，而不是发生在不同文明背景的广大民众之间，而其背后又有着深刻的政治、经济、社会根源。当今出现的极端主义和恐怖主义的主要根源也不在于文明差异本身，而在于无知、狭隘和偏见。要防止不同文明的差异演变为恶性冲突，最佳途径就是促进不同文明之间的沟通、对话、理解、合作与互鉴。传媒在其中可以发挥十分积极的作用，但也可能发挥非常消极的作用。国际移民运动在促进文化交流的同时，也会带来文化的碰撞。如何使外来移民与本地公民平等而和谐地共处，已成为文明对话进程中的一个关键问题。教育在促进跨文化、跨宗教的文明交流方面发挥着至关重要的作用，其中最关键的就是青少年的教育问题。

东方讲坛

DONG FANG JIANG TAN

东方讲坛2010年主要工作

2010年，东方讲坛共举办各类讲座2 002场，刊登讲座信息广告20期，直接听众约31万人次，播出讲座电视版6场、广播版117场，二次传播受众达4 080万人次。

一、继续保持讲坛内容和形式多样化

(1) 自12月初起至明年5月，由中共上海市委宣传部主办，市社联等单位承办的“学习贯彻党的十七届五中全会、市委九届十三次全会精神主题宣传教育活动”，在全市社区街镇、企业等基层单位，直接面向党员、群众开展宣讲。该活动集中解读、宣传中央“十二五”规划(建议)的内涵和重点、人民群众关心关注的热点、本市“十二五”规划(建议)的着力点和举措，组建了一支以基层优秀宣讲员为主体，包括专家学者、宣传干部在内的百人宣讲队伍。

(2) 举办了与世博相关系列讲座147场，包括“东方讲坛·迎世博系列讲座”82场，“东方讲坛与世博同行系列讲座”33场，“东方讲坛·文明观博与市民公共行为规范宣讲活动”32场。

(3) 配合本市重大文化活动，举办了“东方讲坛·2010年上海市科技活动周特别讲座”11场，“东方讲坛·2010年上海国际茶文化系列讲座”8场，“东方讲坛·2010国际博物馆日特别讲座”13场。

(4) 助力基层开展“创先争优”活动，与闸北区委宣传部联合举办了“东方讲坛·闸北区‘创先争优’党员教育活动专题讲座”10场。

(5) 倡导积极向上的青年职业精神，与市人力资源和社会保障局、市就业促进中心、市开业指导服务中心等单位合作，举办了“东方讲坛·2010职业生涯系列讲座”和“东方讲坛·2010开业生涯系列讲座”共18场。

(6) 参与平安城市建设，与市公安局合作，继续开展“东方讲坛·平安世博宣讲系列活动”，在全市街道社区举办了安全防范讲座907场。

(7) 贴近百姓生活、贴近群众需求，与上海中医药大学合作举办了“东方讲坛·四季养生系列讲座”36场，邀请医务工作者结合时令，介绍养生知识，受到听众欢迎。

(8) 关注青少年健康成长，与宝山区文明办等单位合作，邀请有关高校的人文学科教授走进中学，举办“书香校园，励志青春——东方讲坛·2010年宝山读书月主题活动系列讲座”16场，与同学们畅谈中外文学经典，探讨读书人生。

二、 更新了东方讲坛讲座题库

编制完成了《东方讲坛讲座选题(2010 年版)》，对特聘讲师申报的 1 116 个讲座选题进行了细致的梳理、遴选和编辑，在原有题库的基础上更新选题 484 个，增加了国学经典、城市精神、职业发展、心理健康、经济热点等方面的选题，更新率达到 48%，更好地满足听众的多样化文化需求。

三、 开展了东方讲坛基层举办点调研工作

8 月以来，市社联分别到有关区和街道乡镇开展东方讲坛工作调研，就东方讲坛在基层的举办情况、管理运行机制、品牌建设等，和当地部门负责同志共同商讨和交流，并通过问卷调查的形式，在讲座现场收集了听众的评价和建议，为以后创新东方讲坛工作打下了基础。

（科普处）

东方讲坛2010年度数据统计

举办单位分类及场次	A序列(市级中心"讲坛")	133
	B序列(区、县"讲坛")	1 531
	C序列(学校"讲坛")	306
	D序列(企事业单位"讲坛")	16
	E序列(其他"讲坛")	16
	合计	2 002
	对社会听众开放的场次	1 893
系列讲座	形势与热点	261
	文化与人生	404
	东方讲坛·"以案说防范,共建平安城"系列宣讲之"平安世博"社区安全防范宣讲	901
	东方讲坛·走向长三角系列讲座	3
	东方讲坛·院士风采系列讲座	5
	东方讲坛·迎世博系列讲座	82
	东方讲坛·四季养生系列讲座	36
	东方讲坛·经典艺术系列讲座	3
	东方讲坛·职业生涯系列讲座	10
	东方讲坛·开业生涯系列讲座	4
	东方讲坛·文明观博与市民公共行为规范宣讲活动	32
	致力于和谐社会 融合于精彩世博——东方讲坛·2010年"国际博物馆日"特别讲座	13
	城市·创新·世博——让生活更美好——东方讲坛·2010年上海科技活动周特别讲座	11
	世界文明的盛会 我们大家的世博——"东方讲坛与世博同行"系列讲座	33
	闪耀理想光芒——2010年上海市青少年红色文学经典导读系列讲座	7
	东方讲坛·文博暑期系列讲座	18

（续表）

系列讲座	东方讲坛·文博知识普及系列讲座	13
	第九届上海市社会科学普及活动周“健康社区行”系列讲座	26
	书香校园，励志青春——东方讲坛·2010宝山读书月主题活动系列讲座	16
	东方讲坛·“低碳经济与松江未来可持续发展”系列宣传活动	14
	东方讲坛·当代青年理想信念高端论坛	1
	东方讲坛·华东师范大学学术特别版	24
	东方讲坛·上海大学学术特别版	1
	东方讲坛·上海政法学院学术特别版	1
	东方讲坛·闸北区“创先争优”党员教育活动专题讲座	10
	东方讲坛·闸北区青少年民族精神主题教育系列讲座	8
	东方讲坛·海事大学校园文化系列讲座	8
	东方讲坛·高端讲座	16
	话艺术　说人生——东方讲坛在松江·电影名家进社区系列讲座	4
	中国茶，喝彩世博——东方讲坛·2010年上海国际茶文化节系列讲座	8
	“环保——低碳城市的路径与选择”主题论坛	1
	奉行礼仪　走进世博——世博礼仪系列讲座	6
	演绎世博主题，建设创新城区——东方讲坛·杨浦区全面建设国家创新型试点城区主题宣讲活动	22
听众人次	人数（约）	326 919
	电话预约参与人数（约）	3 000
讲师人次	高级职称	806
	境外专家学者	24
	社会职务	1 172
	合计	2 002
选题分类	世情国情市情	228
	形势政策和社会热点	203
	人生发展和道德成长	94
	教育和管理	76
	历史文化	125
	经济金融	23
	法律知识	920

（续表）

选题分类	国防知识	4
	艺术鉴赏	98
	健康养生	167
	其他	64
东方讲坛总计	已设立举办点	335
	讲师（不重复统计）总人数	2 191
	本年度已举办场次	2 001
	总举办场次	14 038
	报纸已发布场次	14 090
	听众总人次	4 393 409
	二次传播受众总人次	197 750 000

（东方讲坛办公室）

宣讲安全防范知识　警民共铸平安世博

——“东方讲坛·平安世博”社区安全防范宣讲系列活动启动

平安是世博成功的关键,实现这个目标离不开广大上海市民的共同努力。3 月 16 日,在迎世博倒计时 46 天之际,由市社联、人民日报社上海分社、市公安局主办,东方新闻网站、宝山区张庙社区协办的“东方讲坛·平安世博”社区安全防范宣讲系列活动正式启动。本次活动通过深入社区的安全防范知识宣讲,动员基层组织和广大群众支持、协助世博安保工作,铸造平安世博的铜墙铁壁。

启动仪式上,市人大常委会委员、社联党组书记沈国明教授作了题为“平安世博你我他”的主题演讲,市公安局副局长、政治部主任张准民和东方新闻网站副主任、上海东方网股份有限公司董事长、总裁李智平启动了东方网“平安上海、平安世博”专题网页,东方讲坛优秀民警讲师赵金雷作了“教你防骗施妙招”的讲座,宝山区张庙社区党工委书记季文武作为社区代表发出共同打造平安社区的倡议。市公安局副巡视员、政治部副主任叶海坚等领导以及公安干警、社区居民、平安世博志愿者近 200 人参加了活动。

沈国明教授在演讲中指出,精彩、成功、难忘的世博会是我国对国际社会的庄严承诺,实现平安世博是前提和保证。警力有限、民力无穷,实现平安世博关键在基层,基础是群众。我们既要应对传统的不稳定因素,还要克服许多非传统的不稳定因素,发挥社区对于平安世博的重要作用,切实做好社区的基础信息工作、应对各种突发情况的预案制订、社区志愿者的组织管理工作和社区日常管理工作。只要我们齐心协力,就一定能够完成中央交给上海的任务,向世人展示上海有能力把世博办得精彩、成功、难忘,给世界一个惊喜。

随后,赵金雷警官结合自己多年从事基层警务工作的实践,讲授了社区居民如何冷静、清醒面对各种诈骗犯罪的实用技能。专家的学理阐释与民警的实务讲解,深化了“平安世博你我他”的活动主题,较好地满足了百姓服务平安世博、打造平安上海的心愿,为接下来的大规模社区治安宣讲活动提供了范例。

据悉,本次专题宣讲活动于 4 月底在全市全面推开,贯穿世博会举办全过程。主办方将组建一个应对城市突发事件的专家团队,根据世博安保工作的实际需要安排宣讲内容,把安全防范相关的理论与实践知识带进社区、送到居民身边,不断增强市民群众以主人翁身份迎世博、以责任者姿态保平安的意识,以社会和谐确保世博园区安全。在现场聆听讲座的同时,市民还可以通过“平安上海、平安世博”网页收看宣讲活动的所有网络直播视频,直接学习相关内容,就关心的问题与专家交流、互动。

“东方讲坛”打造全民国防教育品牌

自8月27日以来,“东方讲坛”全民国防教育主题宣传月活动开展得有声有色,国防大学、军事科学院等军事院校的20多名知名教授分赴全市20多所(个)高校和社区进行20场专题报告会。通过介绍国际战略形势和国家安全形势、新军事变革思想、新时期军队使命等主题,帮助大家了解国防、学习国防、支持国防。

2008年初,为扩大国防教育影响力,上海市国防教育办公室主动与“东方讲坛”联姻,积极筹划在“东方讲坛”开讲国防教育。

2010年的宣传月一开始,国防大学李莉教授就在上海市闵行区区政府会议中心作了题为《世界军事形势与中国国家安全》的专题报告,原本500人参加的报告会,吸引了区四套班子领导和全区处以上干部2 000余人前来聆听。至此,以“富国强军,共筑长城”为主题的上海市“东方讲坛”全民国防教育主题宣传月活动拉开了帷幕。

近几年,“东方讲坛”的国防教育影响力不断扩大。2009年,上海大学报名参军的人数及应征入伍人数均列上海各大高校之首,有97名大学生应征入伍。谈及原由,上海大学的老师们深有感触地说,学生们的参军报国热情归功于“东方讲坛”在上海大学策划开展的“上海市百老德育讲师团走进上海大学”活动,通过面对面的报告和互动交流,学生们的爱国爱军情怀普遍得到激发。

据上海市国防教育办公室专职副主任潘阿平介绍:三年来,“东方讲坛”全民国防教育主题宣传月活动举办各类国防讲座近百场,直接受众达30万人,10多名国防教育讲师团成员多次被评为“东方讲坛十佳讲师”。

(文汇报)

"东方讲坛·平安世博"社区安全防范宣讲活动动员大会在宝山张庙召开

3月16日上午，"东方讲坛·平安世博"社区安全防范宣讲活动的启动仪式暨首场讲座在宝山区张庙社区举行。下午，此次活动的主办方，市社会科学界联合会东方讲坛办公室和市公安局在宝山区张庙社区文化中心召开了动员大会，对在全市全面铺开、深入推进此系列宣讲活动作总体部署和任务布置。各区县的宣传代表和公安机关代表参加了动员大会，并踊跃发言交流，积极为宣讲活动谏言献计，为宣讲工作的开展提供了新的思路。

在动员大会上，市局政治部宣传处处长鞠焰做工作部署：督请各区县局加强区县局宣传部的合作分工，结合自身特点，围绕"平安世博"主题落实讲师与宣讲内容；有条件的社区可自行举行平安世博启动仪式，与东方讲坛合作展开平安世博宣讲活动；在后台支持方面，市局将联合有关媒体定期刊登平安世博公益广告，为宣讲活动添砖加瓦。在随后的发言中，鞠焰指出在宣讲活动中，各区县宣传部应由点到面，将平安世博这个理念灌输到每个社区百姓心中，以扩大该理念的群众基础。

市社联秘书长生键红在动员大会上首先总结了去年的工作情况，她指出，去年的东方讲坛宣讲活动总体上达到了预期效果，与相关部门合作愉快，讲坛所到之处听众反响热烈，但是在去年的宣讲活动中也发现了一些缺点和不足，这必须在今年的工作中查漏补缺，再接再厉。在谈到这次的宣讲活动时，她指出东方讲坛与市局以何种形式合作、各区县在宣讲的同时如何将自身的区域特点与宣讲主题相联系是这次动员大会讨论交流的重点问题。在宣讲活动前，市公安局可先初步设计菜单课题，各区县局到本区县调研，这样宣讲活动的针对性将更强。最后，生键红结合自己在国外学习到的社区安防知识，提出各区县应学习新技术，推广新经验，力争与时代同步，为世博安全工作锦上添花。

在动员大会上，各区县宣传部及公安代表踊跃发言，会场气氛热烈。浦东新区代表提出应与东方讲坛办公室加强联系，如积极向讲坛通讯报送区举办点的信息；闸北区代表在会上结合本区县目前工作提出要将本区县正在进行的三年综合治理上海火车站方案与这次宣讲活动结合，发挥自身优势，同时依托东方讲坛这个全市性平台，力争在计划时间内圆满完成各方面的工作；上海市经侦总队代表李丽总结了去年工作中的经验教训，提出在宣讲活动进行之前应先让当地受众了解课题，同时应结合受众的不同情况，有针对性地进行宣讲，以达到事半功倍的效果。

本次宣讲活动在4月底世博会开幕前将在全市铺开，根据世博安保工作需要不断调整宣讲内容，持续不断地开展宣讲活动，确保宣讲活动贯穿世博会安保工作始终。

（东方讲坛办公室）

“东方讲坛·香港高峰论坛”为沪港两地交流搭建新平台

7月28日，首届“东方讲坛·香港高峰论坛”在香港会议展览中心举行，论坛以“环球经济新格局　世界华商新机遇”为主题，全面分析国际经济局势，重点探讨把握当前机遇，推进香港与祖国内地尤其是上海的经济文化交流，拓展环球商机。全国政协副主席董建华、钱运录、中央政府驻港联络办公室主任彭清华、香港特区政府署理财政司司长陈家强等中央及省市领导、海外华商领袖、香港及海内外知名人士、专家学者逾600人出席论坛。

演讲嘉宾从多角度探讨国家经济发展、香港与内地经济融合等议题：中国国际金融有限公司李剑阁董事长分析内地工资成本上升对产业和经济升级转型的影响、上海海外联谊会杨晓渡会长谈后世博上海经济发展、中国经济改革研究基金会国民经济研究所樊纲所长解构中国经济的高速长、香港中文大学刘遵义教授探讨人民币的长远发展以及凤凰卫视刘长乐主席从媒体的专业角度探讨创意经济。此外，论坛亦邀请到全国社会保障基金理事会戴相龙理事长担任午餐会专题演讲嘉宾，就中国经济转轨中的外商投资事宜发表意见。

出席者关注的焦点之一是全方位加强香港与内地不同区域的经贸合作，包括香港与珠三角的融合发展、与长三角的错位发展，以及与其他区域经济的优势互补。与会者亦认为，沪港合作发展十分重要，长三角地区，特别是世博后的上海发展孕育着巨大的机遇，沪港优势互补，共同发展具有广阔的空间。

此次论坛是香港中华总商会与上海东方讲坛首次合作，也是该会隆重庆祝110周年会庆的献礼活动之一。香港中华总商会是香港历史最长、最具规模的商会之一，该会一直关注香港发展，更致力推动与内地经济的融合。东方讲坛则是上海最大的公共文化服务平台，成立五年多来共举办各类讲座一万两千多场，直接听众达四百二十万人次。“东方讲坛·香港高峰论坛”的成功举办为彼此的合作打下了良好基础，双方均表示要以此为契机建立长期合作机制，运用各自优势资源，为拓展沪港两地合作交流领域，促进双城共同发展做出积极努力。

（东方讲坛办公室）

低碳转型先找准“碳源”

——2010 年沪台城市发展与合作论坛综述

由台盟中央和上海市政协主办、东方讲坛等承办的 2010 年沪台城市发展与合作论坛，日前隆重举行。来自海峡两岸的百余位环保官员、专家学者和企业界人士齐聚申城，交流经验，热议垃圾的收集、运输与管理，共同探讨现代城市的低碳发展之路。

“在制定可持续发展战略时，要先弄清楚碳源。”同济大学教授诸大建强调，“在纽约、伦敦，建筑物的碳排放最明显；而在香港，数据显示交通排碳量最高；至于上海、高雄等地，工业的碳排放值仍然偏高。”

诸大建坦言，相较于工业领域二氧化碳排放总量的持续增加，上海的生活排碳量较低，只有东京的五分之一。因此，在鼓励市民力所能及地开展节能活动之时，更应注重工业结构的调整。

推行资源回收利用，是台湾环保工作的一个亮点。作为资深的环保人士，台湾永续能源研究基金会董事长简又新见证并亲身参与了台湾地区走向“蓝天绿地、青山净水”的进程。他自豪地介绍说：“今年南非世界杯上，一些球员身着岛内业者回收宝特瓶所制成的球衣，令人倍感振奋。”这种被称为 PET 的饮料瓶不具毒性，经再生处理后，可做成“环保布”，具有耐磨、吸湿、透性佳等优点，市场前景广阔。

对此，台北县环保局局长邓家基同样深有感触，他说：“很多时候，所谓的废弃物只是放错了位置的资源。思索良久，我们决定实施垃圾费随袋征收制度。市民必须买专门的垃圾袋装垃圾，丢弃的垃圾越多，用的袋子就越多，花的钱也就相应增加。”这一措施试点以来，成功地减少了垃圾量，还将资源回收率提高了不少，可谓一举多得。邓家基透露，2010 年年底，台北县将全面推行垃圾费随袋征收。

（来源：新闻晨报）

“十二五”规划大讨论

SHI ER WU GUI HUA DA TAO LUN

专家呼吁：上海社会建设亟待由管理向治理的思路转型

——要实现对社会建设整体战略规划和制度构建顶层设计（市社联举办"十二五规划"大讨论系列之一）

为贯彻落实市委、市政府组织开展"上海市第十二个五年规划"编制工作大讨论的要求，近日，上海市社联组织开展"社会建设与社会管理"研讨会，征求各方意见、集聚社会智慧。本市社科界专家学者邓伟志、李友梅、彭希哲、周建明、卢汉龙、曹锦清、刘建军、沈关宝、于海、殷啸虎、马西恒、陆铭等近20人与会参加研讨，围绕如何把握当前社会发展四类目标的选择困境，如何处理好从社会管理到社会治理转型的几个关键问题，如何切实体现社会政策的主导功能和价值理念，如何转型和培育出具有网络结构活力的社会细胞，作为现实的社会力量的网络民意的真与伪、利与弊等社会建设领域的热点、难点问题展开讨论，为上海市"十二五"规划的制订建言献策，贡献思想。

一、当前要切实把握社会建设的历史方位与总体目标

与会专家提出，社会建设的关键是观念问题，要通过解放思想来革新观念，首先就要重新把握社会建设在国家整体建设中的历史方位，明确社会建设与经济建设的关系。专家提出，推进"十二五"社会建设，关键在于切实转变经济社会发展的目标和动力，就是要把未来发展的目标落实到社会发展上来。也就是说，如果经济建设与社会建设的目标不一致、甚至产生冲突，那么经济建设不仅难以突破内需不足的发展瓶颈和路径障碍，更有可能会丧失持续协调发展的动力。把握好社会建设在国家整体建设中的历史方位，就是提供了解决发展中问题、衡量各方利益得失的重要标准。为此，特别需要关注四个方面的问题：一是社会结构的优化，包括人口的自然结构和社会结构的优化；二是社会规范的系统化，即确立习俗、道德、司法体系等多个规范体系的综合规范系统；三是社会心理的平衡化，引导社会成员的心理健康；四是社会运行的稳定化，即实现社会各阶层间的平等，以及社会的公平正义。

二、如何把握当前社会发展四类目标的选择困境：价值取向与功能定位

与会专家认为，在谈社会建设与社会管理的具体内容之前，还需要先确立社会建设的总体目标，这是一个先导性、前置性的问题。而当前社会发展又呈现出四种目标选择并存

的局面：一是原先政府全控式的社会发展目标仍然存在，这已然不能满足社会自主发展的需要。二是国家主导、塑型社会的社会建设目标，因其高度行政化的弊端也迸发出一系列社会矛盾。三是以促进社会组织与国家间的良性互动为目标，将政府与社会成员自身作为社会建设的主体，以合作、互补的方式参与社会的治理与发展，这在一些领域中得到了良好的发展，也收到了很好的效果。四是某些社会领域中尚存在着单纯追求维稳、片面追求保障的相对短视的社会发展目标。多种选择并存的局面客观上造成了各部门间对于社会发展指导思想上的分歧和行动上的差异，也就更加证明了，未来上海的社会建设，必须高瞻远瞩，谋划总体目标定位，在十二五期间要实现对社会建设战略规划的整体思考和制度构建的顶层设计。

三、从社会管理到社会治理转型的关键是处理好四大关系

与会专家建议，上海社会建设亟待从社会管理到社会治理的思路转型。“管理”与“治理”虽然只有一字之差，但却大有不同：“管”是政府对社会单方面、单方向的强制行为；而“治”则是政府协同社会一起凝聚成的一股力量，强调合作与互补，是共生共荣的关系。

专家强调，从“社会管理”到“社会治理”，关键要把握好处理好四对主要关系：一是在治理与自理关系上，以自理促进治理。二是在他律与自律关系上，以他律规范自律。三是在自主与民主关系上，以自主配合民主。四是在法治与自治关系上，以法治保障自治。社会治理理念的引入能帮助人们更加理性审视政府推进社会管理的实践进程，深入考察政府与社会的关系的协调过程。

一些专家指出，中国社会在传统上是不流动的社会，过去的许多制度与体制都是针对相对静止的社会制定的。但伴随着市场化、全球化、网络化的进程，中国十多亿人口在广阔的地理空间上流动起来，空前的流动性引发了各种新的社会问题，既需要新型治理力量的协助，也需要变革传统的治理思路与方式。但从近年来政府推进社会建设、社会管理的实践来看，政府的工作思路与实践方式仍未摆脱“单位制”行为模式的束缚，对社会建设与社会管理仍然停留在“家长制”的行政管控上，想把一切纳入管理范围，并且惯性依赖于行政手段来处理社会事务。在这种思想的束缚下，政府容易将社会作为一个静态实体放在政府的对立面，产生一种观念上的排他性。这种假想的排他性不仅会影响政府参与社会建设的方式，也容易抑制社会组织与社会自治能力的发展。因此，必须通过解放思想，积极探索社会建设思路的转型。

（2010 年 5 月 31 日）

专家呼吁:上海应率先在全国实现多种社保机制并轨

——构建社会公共安全网络推进社会事业城乡一体化管理(市社联举办"十二五规划"大讨论系列之二)

当前社会建设和管理要强化"公共利益"意识,切实体现社会政策主导功能和价值理念。

一、 社会建设与社会管理要强化"公共利益"意识

有专家提出,无论是政府还是社会本身,在进行社会建设时,面对种种选择与取舍,必然会遭遇利益选择的冲突,这既可能源于个人作为公民与资产所有者的身份冲突;也可能是中国长期以来的政治经济体制,造成地方政府对"地方利益"的过度重视和对"整体利益"的忽视。但是,在社会建设的层面上,如果不同的利益集团都追逐自己的利益,那整个社会就可能陷入"囚徒困境"的状态,社会的整体利益被忽视了。

专家认为,寻找社会建设背后的精神支撑,必须呼唤"公共利益"意识。社会建设的两大主体——政府与社会,最后必然会在公共领域上交集,如何使社会各方认同社会治理行为的合法性?如何在充满活力的共治基础上保证社会建设的有序发展?如何化解地理空间割据引发的公共资源与部门化、地方化利益的冲突?这就不仅仅需要通过立法、制度建设层面来进行规范、管理与监督,从价值观层面来讲,就是必须要呼唤超越政府、市场、社会的利益。

专家建议,在实践层面上,可以通过制定社会发展指标来维护公共利益,不能仅仅重视经济发展的各项指标,而要把人的发展、环境保护、公共服务等长期的公共利益相关因素纳入考量的范围。同时,在制定"十二五"规划时应该着眼于全社会的长期利益,避免受到部门利益或者地方利益影响,把规划变成部门规划或者地方规划。

二、 如何切实体现社会政策的主导功能和价值理念

与会专家认为,实现社会建设的目标,实践社会管理的思路,并不是一个简单地从"他组织"向"自组织"的转变过程,最终要依靠合理的社会政策来引导与保障,要通过完善的社会管理制度来落实。社会政策与社会管理制度要能够支撑起社会建设和社会管理的深入推进,关键在于坚持社会发展的核心理念:从宏观层面讲,是清楚明晰社会建设中政府

与社会两个核心主体;从中观层面看,是深刻理解两个主体间的相互关系与利益制衡;具体落实到微观层面,就是通过政策与制度的执行不断支持社会的自我完善与自我发展。

专家提出,从政策与制度制定的实践层面来看,必须通过对总体目标、公共资源、实践路径的统筹规划,激励政府与社会共同参与到社会建设与社会管理中去,形成社会管理的多方参与、多元管理机制。培育社会自治的力量离不开政府的引导和公共资源的投入。而政府在进行资源投入时,也不能简单根据"支出"和"收入"的概念来计算回报,要具有创新精神、大局意识和长远视野,上海在转变思维模式和管理方式上应该尝试走在前面。

与会专家还归纳了当前上海社会政策与社会管理体制的主要实践领域:一是有效应对社保碎片化,率先在全国切实采取措施推进多种社保机制的并轨。同时,通过科学计算,调整收缴模式,维护和保证社保资金的长期稳定运作。二是推进社会事业的城乡一体化管理,切实完善城乡人口政策、街镇管理体系等体制机制的相互融合,着重考虑"全覆盖"的普惠性和可持续性。三是高度关注社会公共安全问题,站在预警社会灾害、防范社会风险的高度维护社会安全。在协调社会关系方面,要加强人文关怀,注重操作细节,"艺术化"地促进社会关系平等,使各类社会群体特别是弱势群体,都能感受到政府平等的态度,以保证社会关系和谐。

(2010 年 5 月 31 日)

专家指出：要防止"街居式"社区管理体制单位化倾向

——当下网络社区的发展已成为社会自治组织的重要标志（市社联举办"十二五"规划大讨论系列之三）

专家提出，基层社区既是社会自治功能的基础载体之一，又是整个大社会的缩影。因此，基层社区制度的制定与实践经验为在整个社会范围内形成多方参与的社会管理机制提供了珍贵的实践蓝本，所以是非常好的工作抓手。

就基层社区的管理制度问题，一些与会专家提出建议，首先社区工作要从思想上突破"单位制"的禁锢，不能把基层社会建设工作当作承接政府任务，提高个人政绩的行政工作，而要积极构建多方参与、共赢共荣的多元机制，以提升社区的自我治理、自我服务能力为目标。其次，从社区架构上，传统的"街居式"社区管理已经无法适应新的社区生活需求了，社区的交往中心可以有多个层次，已经不局限在街道行政体系之内了。社区居民的活动范围和层次都在改变，这就需要我们重新去激活"社区"的概念，未来的上海社区构建必定要从多个层次、多个角度建立起社区管理的体制和系统。再者，在新的社会形势下，社会自治的需求对社区的功能建构也提出了更高的要求，以社区教育为例，兴办不同层次、不同类型的社区学校，不仅能从思想观念、行为规范、组织能力、生活技能等方面，促进社会成员的完成个体的"社会化"过程，同时还能通过兴办教育的过程，规范社区组织的内部运行机制，实现社区组织的真正自主发展，并从中发现柏万青式的社区领袖，集中资源加以培育。最后，上海的社区建设虽然已经取得一定成绩，但持续推进的行政成本正在日益加大。"十二五"期间，单一行政方式推动不应再作为社区发展的必由之路，可以选择通过公益创投、社会招标等创新方式，把社会组织作为社区发展的突出重点来落实。

与会专家认为，社会组织已经逐渐成为社会管理的重要主体之一。借鉴西方国家的发展经验，政府作为国家权力中心，它决定着公共资源的分配机制与基本原则，而作为第三次分配的社会组织、慈善活动则体现着社会自组织的功能与民间志愿精神的兴起，它包括了社会组织的发展和管理，社会志愿服务的提供与管理等等。一些基于社会组织自我创收基础上的社会经济部门，对社会就业、企业成长等领域的贡献日益突出，有力促进了社会公共产品和公共服务的自给自足，在社会事业与社会福利领域发挥其独特的自我管理、自我服务与自主治理的功能。这对促进上海地区的率先发展很有启发意义。

一些专家提出，目前社会组织在发展过程中却存在悖论现象，一方面，民间组织的数量发展和生长速度很快,但另一方面,它作为社会自治载体的功能性作用却并不明显。究其根本,还是社会组织的管理体制存在局限性,由于条块式的公共资源切割和"锦标赛"式的资源争夺,地方政府在培育民间组织时带有严重的工具化倾向,把社会组织当作争取财力和人力资源的筹码,忽视了对社会组织自治能力的培育,形成了社会组织功利化的投机式发展取向。这就要求政府在完善社会组织的管理体制时,不仅要确立社会组织的法人登记、免税制度等法制规范,还要注意调整公共财政框架,形成区域性的公共基金,确保社会组织在规范、有序、健康发展的过程中,积极性也能够得到充分的调动。

与会专家提出,现代社会,网络本身也已成为了促进人的社会化、培育公民社会的重要载体,而网络社区的发展与网络民意的催生已成为社会自组织发育的重要标志。因此,通过网络的力量来化解社会矛盾、培养公民社会的自治意识,或许是一种值得探索的社会管理方式。

(2010 年 6 月 8 日)

专家认为：上海应尽早建立社会治疗与社会风险的预警缓解机制

（市社联举办“十二五”规划大讨论系列之四）

与会专家指出，最近几个月（4—6月间）发生了一系列触目惊心的社会事件，表明在社会建设相对经济建设滞后的时期，面临社会的转型，社会矛盾可以分为四类：一是社会利益群体之间普遍存在的矛盾。二是相对强势群体的利益扩张侵犯造成的矛盾。三是弱势群体应对强势群体引发的矛盾。四是弱势群体去攻击更弱势群体所引发的矛盾冲突。其中，弱势对自身或者对更弱势的伤害与攻击，已然是弱势群体精神危机、生命危机的集中体现，政府必须加以重视，深入研究其背后的公平正义问题和人的健康人格发展问题。

与会专家谈到，社会问题的产生已不单单是政府的责任，社会问题的解决也不能仅仅依靠政府的力量，我们应当培养能够制约行政错误的社会力量，培育能够自我安抚、自我服务、自我治理的公民社会，而这需要政府的支持，和整个社会的共同努力。

专家建议，目前在缓和与解决社会矛盾的问题上，我们的机制过于单一。许多社会问题只能通过信访一个渠道去解决，而这个渠道又总是被一堆老大难问题所占据，就会造成社会问题越积越多、越积越严重，最后激化为社会矛盾。上海应尽早建立社会治疗与社会风险的预警缓解机制，通过社区、社会组织等民间力量来解决民间问题、舒缓民间心态。对待社会矛盾应该未雨绸缪、防微杜渐，从根本上杜绝产生社会矛盾的各种因素，致力于去解决矛盾背后的体制原因，而不是在矛盾激化后，通过强制的惩罚或者物质的安抚去做对于生命而言微不足道的补偿。

（2010年6月8日）

“后世博”研究

HOU SHI BO YAN JIU

"未雨绸缪":关注世博后劳动关系的释放

——市工运研究会召开专题学术研讨会

4月13日,市工运研究会邀请部分学会专家咨询委员召开"世博后上海劳动关系分析与劳动纠纷预测研究"学术研讨会,市人力资源和社会保障局研究室主任杨子春、市企业联合会雇主工作部主任全党民、上海社科院法学研究所研究员杨鹏飞、上海大学社会学系主任仇立平、原华东师范大学人口研究所副所长王大犇,围绕如何发挥好世博后续效应,进一步构建和谐稳定的劳动关系等议题进行交流。

专家们认为,当前本市劳动关系总体和谐稳定,预计在世博期间仍将持续这一态势,现在需要未雨绸缪,研究如何构建长期和谐的劳动关系。

一、 世博后本市劳动关系及劳动纠纷的预测分析

专家们提出,世博后上海劳动关系预计将总体保持相对平稳的态势,但局部领域、某些方面存在的问题仍要引起高度关注,如若处置不当,会成为影响劳动关系和社会和谐稳定的隐患。一是就业问题。预计随着世博会闭幕及世博配套服务工作告一段落,原来从事世博工程建设和城市基础设施建设、运行服务保障工作等相关人员的就业调整问题将成为焦点,这其中尤其应引起关注的是"新生代农民工"群体的就业稳定问题,必须未雨绸缪做好引导和规划。同时,随着上海"调结构、转方式"步伐在世博后进一步加快,预计本市就业结构性矛盾将更加突出,因企业关停并转引发的经济性裁员等问题,可能会成为世博后劳动纠纷的诱发因素。二是收入分配问题。收入分配问题已成为当前劳动关系领域最核心的问题之一,劳动报酬在初次分配中的比重偏低、职工收入水平增长缓慢、经营者与职工收入差距过大等状况如不能得到有效改善,将可能成为影响社会稳定和经济可持续发展的重要隐患。三是社会建设进程问题。当前上海社会建设与经济快速发展之间,一定程度上存在不匹配与不平衡的问题,提高社会保障水平、完善社会管理体系、推进公共服务发展等是发展和谐劳动关系的重要保障。四是劳务派遣问题。一些企业在使用劳务派遣工的问题上呈现扩大化趋向,表现出从临时性、短期性用工向固定化、长期化用工发展的不良态势,已成为影响劳动关系和谐稳定的一个负面因素,必须引起重视。此外,由于世博期间各部门、各单位平安建设、维稳工作的弦都绷得很紧,可能会将一些包括劳动争议地区内的问题暂缓、拖后处理,这些积累下来的问题有可能在世博后导致一个释放期,使社会不稳定、不和谐因素有所增加。

二、世博后及“十二五”期间本市构建和谐稳定劳动关系的相关对策建议

专家们对此类问题提出如下对策建议：一是要深化收入分配制度改革，建立健全职工收入正常增长机制，进一步加大工资集体协商推进力度，推动企业建立健全工资协商共决机制，切实采取有效措施提升劳动报酬在初次分配中的比重。二是要进一步推进劳动关系领域地方立法工作，充分发挥三方协商机制的作用，确保职工各项社会权利和劳动经济权益从源头上得到维护和保障，为构建和谐劳动关系提供强有力的法律支撑。三是要加强劳动关系预防、预警、应急处理等机制建设，切实将世博期间维稳工作中好的举措与做法转化为长效机制。四是要进一步加强劳动争议调处机制建设，尤其要强化社区层面劳动争议调解组织的建设。五是要进一步加大劳动监察执法力度，进一步发挥工会在监督企业执行劳动法律法规上的作用，规范企业劳动用工秩序。六是要进一步凸显工会作为职工权益和利益诉求代表者、表达者的职能，切实将劳动者的利益诉求及时、准确地向党和政府反映，作为党政决策的重要参考。七是要进一步以改善民生为重点，加快建立与上海经济发展水平相匹配的社会保障体系，为劳动关系的和谐稳定创建良好的社会环境。

（市工运研究会）

世博会:中国、上海发展的机遇与挑战

——市哲学学会等举办专题研讨会

4月17日,市哲学学会与上海师范大学联合举办“世博会:中国、上海发展的机遇与挑战”学术研讨会。市哲学学会会长陈章亮主持。来自本市高校、社科院和市委党校的近50位专家学者参加研讨。

一、 世博会的意义辨析

与会者表示,中国举办2010年上海世博会,圆了中华民族百年的世博强国梦,近代中国的志士仁人和文学青年郑观应、梁启超、吴趼人、陆士谔等分别在他们的著述中论及在中国举办万国博览会的设想,有的直接道出了在上海的浦东办博的愿望。但是,在半殖民地半封建的旧中国,中国人的办博梦想只能成为空想和泡影。只有经过改革开放奠定了物质基础,综合国力达到空前的提升与增强,中华民族才能实现百年的办博梦想。有学者谈到,中国申办、筹办和举办世博会的实践本身就是一部爱国主义现实版教材。

有学者在发言中指出,世博会是全球化的产物。全球文化的交流是多元文化的融合,并不是一体化。我们办世博,要有世界眼光和博大胸怀,要有由内到外的辐射,力争拿出好的文化产品影响世界;由外到内,吸纳世界文明的优秀成果“助我攻玉”。上海世博会,是中国对外开放的一个重要的发展节点,要充分用好这一机遇与平台。有学者提到,从世博历史来看,凡是举办世博会的国家与城市,都由此获得发展的生机与活力,我们要很好地借鉴办博的国际经验,创造具有中国特色的办博经验,从而为推动当代人类的和平与发展事业做贡献。

有学者在发言中提出三个需要处理好的关系:一是入世与办博。加入世界贸易组织是进一步融入世界,而办博则是把世界请进中国,两者应双向互动;二是形象与印象。形象是主观所为,而印象则是客观效果。要通过办博树立与展示良好的形象,力争给五洲宾朋和国际社会留下难忘之印象;三是硬实力与软实力,前者是基础,但后者的重要性日趋凸显。要通过办博实践既增强硬实力,又提升软实力。

二、 办博实践的战略指导

一些学者表示,要自觉运用科学发展观的战略思想指导办博实践。一方面,集中精力办好当前的事情,努力使上海世博会成为成功、精彩、难忘的人类文明的盛会;另一方面,也要以长远的眼光关注后世博的可持续发展。其中,经济发展方式的转变至关重要。有学者谈到,当中国处在工业化后期的现时状况之际,世界已经有发达国家步入后工业化。金融危机给我们敲响了警钟,由此暴露出产业结构不合理等一系列深层次问题。退一步讲,即使没有金融危机的冲击,我们也要实行经济发展方式的转变与转型,而举办世博会,是一次很好的推力。上海要利用好举办世博的契机,大力发展先进服务业和高新产业,把世博机遇转化为率先实行发展方式转变的强大动力。

也有学者谈到,世博机遇的关注点和着力点,是立足国情,借鉴世界经验与智慧,深入思考"城市化如何让生活更美好"和"如何实践更美好的城市化"等现实课题。据有关统计与预测,2020 年,全球将有 52%的人口生活在城市中,世博会促进了城市化。我们要在繁荣城市经济、优化城市管理、提升城市精神诸方面积极探索与实践。有学者由此提出了城市休闲哲学的论题,世博会透视出人类对未来生活方式的思考,要把休闲与劳动的发展模式相对应。"休闲是文化传承的基础",不能简单地理解为吃喝玩乐。

三、 面对世博的哲学工作者

一些学者谈到,"城市,让生活更美好"的上海世博主题内涵深刻,世博会在黄浦江畔举行,不仅让上海广大市民的物质生活更美好,也让其精神生活更美好。自 19 世纪中叶开埠以来,上海一直是东西文化的交汇地。当代的上海,正朝着社会主义现代化的国际大都市的目标奋力前进。作为哲学理论工作者,要积极研究世博,宣传世博,深入发掘、及时总结上海精神文明和文化建设的新鲜经验、举办世博会的最新实践成果,丰富和弘扬海纳百川、追求卓越、开明睿智、大气谦和的城市精神。为文化上海的建设凝心聚力,营造思想理论氛围,尤其是积极引导青少年一代弘扬爱国主义精神,提升跨文化交流能力,增强现代文明素质,和城市一起成长。有学者建议,上海世博会培育的"海宝一代"的志愿者精神值得认真总结与推广。

(李家珉)

世博党建对国企党建的启示

——上海国资思想政治工作研究会等举办研讨会

9月27日,上海国资思想政治工作研究会等单位联合举办"世博党建对国企党建的启示"理论研讨会。100多人出席会议。

市委组织部副部长冯小敏指出,"世博党建对国企党建的启示"这是一个十分重要的研究课题。世博会期间党员的作用发挥比较明显。世博后,党员的先锋模范作用的发挥要进一步升华。单位党组织在区域内发挥作用很重要,要积极推进区域化大党建工作,这对增强党员参与社会建设的能力很重要。另外,世博后还应研究如何以基层党务公开为抓手,积极推进基层党内民主建设。

研究会会长吕永杰指出,世博党建对国企党建的启示有四点:一是国企党建要增强基层党组织的动员力。二是国企党建要推进重点工作的党建联建。世博党建最创新的是党建联建体制及管理模式,要继续创新基层党组织的组织覆盖模式和管理模式,增强国企党建工作的有效性。三是国企党建要探索党员志愿者队伍建设新途径。四是国企党建要构建立足岗位创先争优的长效机制。使"岗位先锋行动"成为动员党员围绕中心、服务大局的创先载体,成为组织党员联系群众、服务职工的争优平台。

(长　关)

后世博效应:提升城市文化软实力在于创新

——市社联、市哲学学会等联合召开专题学术研讨会

11 月 12 日,市社联、市哲学学会、中共市委党校哲学教研部和中共杨浦区委党校联合召开“后世博效应:提升城市文化软实力在于创新”学术研讨会。40 余位专家学者出席。

研讨会以文化软实力与创新为主题,围绕“从本届世博会中我们能够学到什么,在与世博会的对照中我们缺少什么,面对新一轮的发展我们应该做些什么”等问题安排了主题发言,与会者还就继承与创新、吸纳与创新、科技与创新、人文与创新以及发挥地区优势等进行了交流互动。

一、 世博文化体现的是一种创新文化,上海世博会提升了中国的文化软实力

世博与文化软实力的关系是学者们重点探讨的一个问题。市领导科学学会会长奚洁人在发言中指出,世博会上,许多发展中国家展示的古老历史文化,看似很传统,但借助了现代化的科技、理念和手段来表达。而发达国家展示的先进科学技术、产品,其背后体现的则是执著、精细的科学精神,同时也展示了其民族文化形象、文化核心理念以及价值观。这些展示,本身就体现了一种文化的创新。

上海社科院胡振平认为,世博本身与文化密切相关。通过世博会,世界上各种先进理念、科学技术,为我们的文化提升提供了借鉴,推动了文化的发展,而世博会上低碳、绿色、以人为本等理念又与科学发展观相契合,有利于推动城市发展理念的良性转变。这就是世博文化传达给我们的宝贵财富。市哲学学会会长陈章亮认为,世博会提供给我们的文化软实力可以用八个字概括,那就是历史、科技、人文、管理。华东大学赵修义则从大国形象、包容精神、政府组织能力、国民素质提升等方面肯定了上海世博会在提升中国文化软实力上的贡献。

二、 文化不等同于文化软实力

文化与文化软实力的关系也是与会学者深入思考的问题。是否拥有了丰富的文化资源和浓厚的文化底蕴就具有强大的文化软实力?市委党校杨悦从中美历史文化的对比中得出结论:文化不等同于文化软实力,文化软实力的建设也不应该等同于文化的建设。她

认为,就学术而言,文化软实力的生成是一种外化的过程。所以,重要的并不是你拥有怎样的文化资源,而是如何让别人来接受你的这种文化。从运作来说,文化软实力体现的是一种文化符号市场化的过程。这种文化符号不仅仅通过文化产业等领域来实现,还可以渗透到方方面面,可以通过市场化的形式来体现出文化的内涵和价值。杨浦区委党校宋黔晖则认为,文化软实力主要突出文化传播和影响力的问题。从广义的角度来说,文化可以从精神层面、技术层面、制度层面、行为层面以及文化产业、文化产品的传播、国民素质等方面进行探讨,文化软实力则可以约等于文化建设。

三、 文化软实力建设需要全社会的认同与共识

市委党校黄力之对中共十七届五中全会关于文化软实力的论述进行了解读。他认为,五中全会的精神提升了文化软实力的内涵,以对民生的强调和重视,以对公平、正义这一目标的促进和追求,来定位文化软实力,同时也延伸到了我们的核心价值体系。因此,五中全会以一种比较新的理念改变了我们对文化软实力的传统看法。上海市委党校吕会霖则强调,要研究如何让大众接受先进文化,只有大众接受并喜欢了先进文化,才能使全社会认同文化软实力建设。

如何让全社会在思想、理念上突破唯GDP论,实现包括文化软实力在内的全面发展?与会学者给予了广泛讨论。上海大学邓伟志提出,除了转变生产方式之外,更重要的是要转变经济发展目的,实现平衡、平等、协调发展,包括文化、政治建设全面发展。他认为,文化上没有共识、没有形成认同感,会造成社会矛盾的增加。文化上的差异若是不断拉大,甚至会导致民族分裂、国家分裂。

四、 提升文化软实力是一项系统工程

上海师大陈泽环强调,我们的传统文化中有不少软实力的内容,应该重视中国传统文化和思想的研究,并很好地借鉴、利用。杨悦从增强传播力和影响力、树立文化形象、建立良好文化市场氛围和加强核心价值观几方面提出了提升文化软实力的建议。宋黔晖认为,文化软实力是一个系统的工程,提升文化软实力是一个需要长期积淀、持之以恒的过程。文化产业的发展只是作为文化软实力提升的途径之一,并不等同于文化软实力的提升。文化其实是一个人化的过程,提升文化软实力的核心和重点在于提升素质。

(郭尚鑫)

世博后上海“四个中心”战略与路径

——市宏观经济学会、市经济学会等举行发展报告首发式

11 月 11 日，市宏观经济学会、市发改委、市发改研究院及市经济学会联合举行“世博后上海‘四个中心’战略与路径专家研讨会暨上海‘四个中心’发展报告(白皮书)首发式”。会议由市宏观经济学会会长蒋应时主持，180 多人参加，15 名专家发言。

市发展改革委副主任、市宏观经济学会副会长肖林介绍了首度发布 2009—2010 年上海国际经济、金融、贸易、航运中心发展报告(白皮书)的编制情况和主要内容。该白皮书由市发改委和市发改研究院共同编纂，全面反映了上海“四个中心”建设的进展情况，忠实记录了上海在这一历史性转变过程的一个个突破、一步步脚印，反映出上海向开放、创新、智慧、魅力、低碳、和谐、具有重要国际影响的全球城市迈进的过程。该书从 2010 年起，将每年发布一次，直至 2020 年上海“四个中心”正式建成。

市宏观经济学会会长蒋应时，市政协副主席、市宏观经济学会专家委员会顾问王新奎、副会长左学金，市政府研究中心主任、市经济学会会长周振华，复旦大学经济学院院长袁志刚等纷纷就当前如何推进世博后续效应持续释放、加快形成以服务经济为主的产业结构，以及未来 10 年上海“四个中心”建设的重点等问题发表了看法。

（市宏观经济学会）

后世博:物流服务的出路在于创新

——市物流学会等联合召开专题论坛

11月9日,市物流学会等联合召开"后世博·物流业的机遇和挑战"专题论坛。100多人参加。

会议围绕着两个中心议题进行了热烈的讨论:

第一,关于对世博物流的认识。与会者认为,世博物流经验值得借鉴。2010上海世博会物流组织和管理是由世博局物流中心统筹,园区内物流作业由三家指定物流服务供应商提供。大量的人员和物品在有限的时间和空间内高密度的流动是这种大型国际性展会的主要行为特征之一。除了具有普通物流的共性外,世博物流还具有国际性展会赋予的个性化特点。一是服务空间、服务理念、服务标准的国际化;二是服务主体的多样性、客体的安全性;三是服务需求的爆发性、短期性。

第二,后世博对物流业的机遇和挑战。与会者认为,后世博对物流业的挑战反映在:一是客户要求不断降低物流总成本;二是客户希望不断提高服务要求;三是客户要求不断提高企业的整体供应链和价值链运营效率。综上所述,后世博物流服务提供商的唯一出路在于创新,主要有技术创新、流程创新、模式创新等途径。

(张三敏)

以世博为契机推动新学科建设

——市新学科学会举办年会

9月8日，市新学科学会在上海世博会浦西园区“城市足迹馆”举办2010年年会暨“世博契机下学会建设”研讨会。会议由学会秘书长胡江主持，会长、上海博物馆馆长陈燮君作中心发言，学会顾问、上海大学邓伟志到会讲话。来自本市高校、科研、新闻媒体等单位的专家学者共60余人出席。

会议认为，自20世纪80年代以来，上海学者对当代新学科基础理论及学科体系进行了研究和探索，内容包括新学科的形成背景、基本特征、理论模式、方法论及其影响和应用。学会应以世博会为契机和动力，进一步推动新学科的研究与建设，世博会的许多内容，可提升到新学科的学科高度进行探索。比如世博会有诸多展览馆的建设各具特色，可从建筑美学角度加以研究；许多国家重视生态环境保护，这可以从环境科学角度加以探讨。又如许多国家城市起源和城市发展各具特色，这可以从中外城市比较角度进行研究。总之，世博会为新学科及其他学科的研究丰富了内容，拓宽了视野，为创建世博学这门新学科提供了条件。通过这次年会，与会者满怀信心，今后可拓宽研究领域，将新学科研究与世博会有关内容紧密结合起来，为创建一门新学科——世博学而积累学术与人才储备，欢迎更多的学者尤其是中青年学者加入到新学科研究行列。

（辛　柯）

世博会让各国世界语学者来沪欢聚

——市世界语协会召开年会

10月31日，市世界语协会举行了2010年年会。国际世界语协会前主席Gregoire Maertens、伊朗世界语者Saed Abbasi应邀参加并发言，40多人与会。

会长汪敏豪就“世博会与世界语”为题作了主题发言。他介绍了世界语主义和它的内在理想。世界语的价值和魅力，在于在国际交往中，让文化的交流变得更融洽，让人的心贴得更近，从而使沟通更平等和深入。从某种意义来看，世界语与世博会两者的目标是一致的，理念都是为了促进世界各国人民之间的相互了解和沟通，为世界和平。

本次世博会吸引了各国世界语者来上海参观访问。上海世界语者为此和来访的各国朋友进行了广泛的交流。据不完全统计，在世博会期间，来上海访问的世界语者来自美国、巴西、日本、意大利、法国、瑞士、希腊、亚美尼亚、波兰、比利时、俄罗斯、西班牙等国。上海世协热情接待各国世界语者，并适时举行座谈会、报告会，进行世界语学术交流。

专程前来上海参观世博会的Gregoire Maertens应邀在会上发言。他首先回忆了1986年参加北京第71届国际世界语大会的印象，当时他还担任了部分会议的主席任务。接着他介绍了欧洲目前的世界语运动情况和国际世界语协会的工作。他指出，在目前全球化时代，世界语者还有很艰巨的任务。国际世界语协不仅要和各国、各地区的世界语协会合作，同时还要通过互联网和世界语者个人加强联系，以适应新环境下世界语的宣传普及和应用工作。在沪工作的伊朗世界语者Saed Abbasi介绍了伊朗世界语运动发展的情况。

（市世界语协会）

世博盛会中的两岸元素

——市台研会等召开专题研讨会

3月12日，市台湾研究会和上海台湾研究所联合举办“世博盛会中的两岸元素”研讨会。上海世博局有关领导、台湾馆负责人以及参与世博会餐饮服务的台资企业负责人出席。会议由上海市台湾研究会秘书长倪永杰主持，会长俞新天、市台办研究室主任李雷鸣致开幕词。

台湾馆馆长邱挥立首先介绍了台湾馆的设计创意，并提出由于两岸长期分离，尚需长期接触以舒缓压力，因此两岸之间需要润滑剂。而世博会就是这样一个可以充当润滑剂的交流平台。世博会主题是“城市，让生活更美好”，城市是科技的展演舞台，但城市除了科技以外，心灵也很重要，因此两岸要加强心的沟通，两岸只要加强沟通，一定会促进两岸关系进一步发展。

市台办陆红梅表示，上海世博会的参展国(地区)数量创新记录，可以说是中国元素为世博注入了吸引力和动力。而两岸元素是世博会的亮点，两岸应该加强对内陈述和对外沟通，相互协助向世界宣传中华软实力。为了两岸可以更好的借世博舞台加强合作，两岸要相互理解、换位思考，发扬中华“和”文化，达到共享文化、共襄盛举、共创双赢。

世博局有关部门介绍，世博会商业管理从一开始就非常重视台商参与，对入选的台商也是悉心服务。同时正是由于台湾的参与，台湾民众对世博会的关注度也非常高，进一步扩大了两岸交流。本届世博会有两个亮点：一个是城市最佳实践案例，另一个则是网上世博会。被称为“永不落幕的世博”的网上世博，更可以让无法到现场参观世博的台湾民众从网上看到世博实景。

台湾方面的与会者还提出了一些建议，如：(1)让世博元素生活化。世博中的两岸元素最大的共同点就是中华文化。虽然世博会本身有时空限制，但是可以透过横跨两岸的连锁店让世博元素深入台湾民众生活。(2)台湾馆接待能力有限，必须执行预约制度。台湾馆在世博会期间将进行4D展示，可能会吸引相当多的观众要求进馆参观，但是台湾馆总接待量只能控制在约70万人次以内。因此，希望到馆参观者要准备预约。

（市台研会）

探索世博后上海城市建设策略

——市城市经济学会、市城市科学研究会、市固定资产投资研究会等举办论坛

11月21日,"2010年上海城市发展创新论坛"在上海展览中心举行。论坛由市城市经济学会、市城市科学研究会、市固定资产投资研究会、市政公路工程行业协会联合主办,《上海城市发展》杂志社协办。出席论坛的有市建交委领导和部分从事上海城市建设管理的老领导、老专家以及会员代表、新闻媒体、市民代表共250余人。

一、 论坛提交论文的主要内容

论坛论文集共收入42篇学术论文,主要内容如下:

(1) 城市综合管理方面。包含城市管理机制创新、城市生态文明建构、城市空间布局创新、城乡统筹发展创新以及后世博综合研究等内容,从各个角度阐述了城市发展创新的重要意义,对我国城市快速发展中所出现的各种问题进行了深入的解析,并提出了许多有益的建议。

(2) 城市基础设施维护方面。主要从上海基础设施新一轮发展、进一步改革基础设施维护、运营和管理的模式,以及城乡一体化加快市郊公路建设等方面进行研究,从体制机制上提出了很多有价值的思路、模式和措施。

(3) 城市建设投融资方面。分别从新能源开发和企业投资、信息化建设固定资产投资、城市基础设施融资体制、城市道路投融资体制改革、土地供需分析、工程企业参与基础设施投资等角度,对上海城市建设投融资的方向、方式、体制机制等进行了探索和思考,提出了很多有针对性的建议。

二、 演讲、点评和互动情况

本届论坛报告会采取了学术观点个人发表、学术论文归类点评和现场互动相结合的方式,上海财经大学丁健等8名专家做主题演讲,内容涉及上海郊区新城发展阶段与存在的体制机制问题的分析,有提出全市城市建设战略重点向郊区转移的建议,有论证城市低碳交通发展战略规划。另外,还有对上海新能源开发和企业投资的分析、后世博上海城市低碳化与地下空间联动发展的战略思考与分析等。

与会者认为,基础设施建设要避免重复建设,要强调使用功能,不搞形象工程;要保持

合理的建设规模，注意发挥已经建成的基础设施的作用，做到充分利用，尽量利用。例如轨道交通建设，城市轨道交通是与大投资、大客流紧密结合的。加强规划是基础，轨道交通的建设要与自己城市的建设财力匹配，要与客流量匹配。不能盲目上项目，不能盲目追求建设了多少里程，要认真做好客流预测，认真做好城市总体规划，认真做好轨道交通规划，在做好大量基础工作之后根据自己城市的财力确定建设规模和建设时序。与会者提出，在城乡社会、经济、环境统筹发展的同时，还应该努力规避城乡统筹背景下生物多样性减少的问题。还有人指出本市“11·15”火灾暴露了城市建设和管理的很多问题，要吸取教训进行深入的思索和探讨。

三、 有关未来的展望

论坛中，市城市经济学会会长江绵康、市城市科学研究会常务副会长张绍樑分别致辞，对上海的发展创新和四家学会的团结合作进行了远景展望。他们一致认为，上海城市发展正在经历以下五个转变：

一是城市发展理念从高消耗、高成本、高污染向低碳、绿色生态、可持续发展转变；

二是城市发展目标从GDP导向转变成以人为本导向，把城市建设的核心放到改善居民生活质量上来；

三是城市治理模式以政府主导型向政府社会协调互动型转变，努力构造规模适度、透明公平，规范高效的公共服务型政府；

四是城市发展的重心从形态建设向功能建设转变，打造具有创新力、影响力、整合力的都市形象；

五是城市公共生活从区域封闭型向公共互动协作型转变，形成开放的、快乐的、互动的城市公共活动空间格局。

为此，世博后应该深入总结经验，把办博工作中在城市运营、维护、管理等方面形成的好做法制度化、规范化、长效化。认真学习借鉴各国城市设施和管理的先进理念和经验，把“城市，让生活更美好”理念贯彻和体现到城市建设和管理的各项工作中，进一步提升城市管理和服务水平。

（市城市经济学会）

世博热与中华文化

——上海炎黄文化研究会召开学术年会

上海炎黄文化研究会于2010年11月24日召开主题为"世博热与中华文化"的学术年会。庄晓天会长等百余人与会,常务副会长丁锡满主持会议。

上海世博会活动部副部长金涛作了题为"回眸世博会——来自184天的文化观察"的主题报告,他对世博会成功举办的历史价值、传播理念和文化成果等方面一一作了解剖,并谈了跨文化交流的意义,以及如何在世博会的舞台上弘扬、保护和传播传统文化的经验。他总结了本届世博会的三个经典模式:电影馆、科技馆、博物馆;三种经典情结:以器物为美、以技术为美、以影像为美;三重展馆审美境界:故事、技术和展品。他指出,世博会的形式是展会,表现手段是科技,其背后灵魂则是文化。各国软实力的竞争实际上都是围绕"本土元素,全球表达"这8个字在进行。

三位学者分别作了专题学术报告。

上海大学影视学院副院长、上海大学会展研究中心主任张敏在题为"基于上海世博会文化追求的探讨——城市发展与文化多样性"的演讲中指出,全球化倾向同时也促成了文化趋同,世界因此面临同质化的困扰。而上海世博会根据《国际展览会公约》宗旨:扩大全球参与的同时,尊重文化差异,通过展示文明成果,展现人类进步,展望未来前景。它把千差万别的文明成果高密度聚集于相对有限的时间空间,用于公众自我教育。它告诉我们,每个国家、每个民族都有值得骄傲的文化,都是人类文明的成果,都值得我们尊重和珍惜。本届世博会的主题也告诉我们,城市作为人类社会与生活资源在特定地域的高密度聚集,其独特优势也在于其文化多样性。所谓文化多样性,主要是指生活方式生活形态的多样性;以及人力物力组织结构等发展资源的多样性及其优化配置的可能性,并使之成为人类力量的源泉、效率的根据和创新的动力。所以,这次文化多元主义即包容性发展的实践,有助于世博后我们创新城市和现代化国际大都市建设。与此同时,历史也将证明:上海世博会确实为人类留下了丰富的精神遗产。

上海社会主义学院副院长姚俭建在题为"当代中国人与中西方传统文化的交汇"的演讲中指出,上海世博会是在中国人自己母体里迎接和拥抱各式各样异国异族文化形态的:无论是中国国家馆、省区市联合馆,还是台湾馆、香港馆和澳门馆,"中国元素"始终顽强体现着作为非物质文化遗产在当代传承的可能性和生命力。通过这些"中国元素"的展示活动,世博会参观者们几乎是360度全景式体验了中国古老悠久且魅力无穷的传统文化,它既是一次集体潜意识的反思，又是一场对民族精神的寻找和民族自信心的重建，更是一个新生活方式尝试、融合和创建的文化过程。由此还表明，不断创新的“中国元素”，才是中华优秀传统文化得以延续的决定性因素。

上海世博会的成功举办还启示我们：中国文化的每一次复兴，都是通过我们主动引进、吸收、消化外来文化而实现的。这也从一个侧面佐证了社会演进的规律：人类历史在螺旋式上升过程中，来自于不同文化（包括文化传统、社会制度、价值观念以及现代技术知识等各种文化形态）之间必然会相互激荡与交融；而人类历史螺旋式上升的速率加快发展，也正源于这种不同文化间可接近性和可交流性的不断增强。中国当代文化的发展就是近两百年来中西文化矛盾与交融的结果。中国传统文化唯有发挥先天的优势，超越各种利益（包括政治利益、经济利益、民族利益、宗教利益等等）的纷争，才能克服文化狭隘主义。

上海师范大学周中之在题为“世博会：上海城市文明建设新的里程碑”的演讲中认为世博会志愿者精神与中国儒家传统思想的实质是完全一致的。当然，在传统美德的基础上，世博会的志愿精神注入了新时代的元素：21 世纪的青年主体意识。当代道德观认为，只有建立在自愿基础上的行为才具有真正的道德价值。而我们的道德实践也证明，只有在尊重青年愿望基础上，主流的思想道德教育才能提高其实效性。

如何在后世博时期，继续建立以遵守公共秩序为荣，以违反公共秩序为耻的社会风尚？重要一条，是充分挖掘海派文化中善讲规则办事的文化传统，教育市民跳出个人“划算”不“划算”的狭隘眼界，从社会有序运转的要求出发，指导自己在社会公共生活中的言行，从我做起，从现在做起。世博会的文化经验告诉人们：第一，在公共生活领域，要养成良好的市民文明素质和社会文明风尚，离不开制度、管理、硬件等因素。第二，城市文明建设还是一个永远的互动过程，不能幻想可以会有一个一劳永逸的方案。

（平中非）

后世博经验对上海城市建设的影响

——市经济学会等举办学术报告会

12月16日，市经济学会与上海社科院共同举办高层次学术报告会暨社科院第64次新智库论坛。市经济学会会长、市政府发展研究中心主任周振华发表“后世博与上海‘十二五’发展新战略”的主题演讲。他着重分析了世博会对上海经济社会发展带来的三个重大影响和变化：

第一，世博会为上海城市建设重心从中心城区转向郊区创造了基础性条件。举办世博会，使中心城区的很多城市基础设施，特别是轨道交通，以及相配套的一些市政设施，如供水、供电、供气、通讯等，都提前在中心城区完成，所以“十二五”期我们建设重心可以转向郊区。

第二，上海城市空间结构开始进行重大调整和战略性转变。改革开放30多年来，上海的城市建设的空间结构一直是单中心，中心城区从原来400多平方公里扩展到600多平方公里，是摊大饼式的推进，给上海发展带来了一些负面的效应，特别是上海作为一个国际大都市，作为长三角一个首位核心城市，在单中心的空间结构条件下，对周边地区的辐射只有一个点，郊区就成了洼地，所以“十二五”明确提出，郊区新城建设要作为一个战略性的任务来完成。“十二五”新城建设指导思想是“产城融合”，产业和城市功能融合在一起，让郊区新城成为上海城市群中的一员，它的功能定位就是一个相对独立的城市。世博会也促进了中心城区的建设。因为世博会园区就在中心城区，人们把它称为“东方明珠上的皇冠”，是中心的中心，区位条件，周边环境都非常好。它带来的效应不仅仅是在5.28平方公里范围里发生的变化，而且是对整个中心城区商务结构的变化产生战略性影响。世博会开完以后，上海基本上就具备了可以形成一个内部“十”字，带有外圈“申”字形的比较理想的商务空间结构。

第三，世博会促进了上海加快建设智慧城市。这次世博会各展馆都显示当今城市发展趋势：充分利用信息技术，使城市更加智能化，更加便利地为人们生活工作服务。俞正声书记对于“智慧城市”建设给予高度重视，提出“十二五”基础设施的投入，大部分放在信息技术设施的建设上。建设智慧城市主要抓三个层次：一是信息技术设施，“十二五”要加大力度。二是运用项目，包括数字城管、数字医疗、数字交通、数字社区等，“十二五”将一项项推出。三是与信息设施、项目运用相关的技术和产业，如遥感器芯片、云计算、网络信息安全保护等，“十二五”上海将投入较大的人力、财力和物力。

周振华最后指出，除了上述三方面内容外，世博会对上海的城市管理，社会建设，文化发展，创意推动，都会有很大的长期影响，对于上海提高城市的知名度，形成外部广泛网络所带来的效应，现在看来不可估量。

（周庠怡）

学 术 研 讨

XUE SHU YAN TAO

哲学、史学

应以博大胸怀采纳海外学者对孙中山的研究成果

——上海宋庆龄研究会等举办《孙中山宋庆龄文献与研究》创刊出版座谈会

1月27日，在国家名誉主席宋庆龄诞辰117周年之际，上海宋庆龄研究会与市孙中山宋庆龄文物管理委员会在宋庆龄陵园联合举办了《孙中山宋庆龄文献与研究》创刊出版座谈会。本市各界有关人士70余人出席。

《孙中山宋庆龄文献与研究》学术丛刊是国内第一本专门以孙中山、宋庆龄学术研究及其档案文献资料披露为主要宗旨的连续性学术刊物。设有专题研究、相关研究、学术述评、回忆口述、档案选编、海外译文、史料辑存等栏目，每年一辑。第一辑刊发了国内著名的孙中山、宋庆龄研究专家林家有、李吉奎、吴景平、沈渭滨、盛永华等人撰写的10篇最新学术论文，并以三分之二的篇幅首次披露了大量的宋庆龄文献资料，包括首次公开的74封上海交通大学档案馆藏宋庆龄致黎照寰夫妇函、首次全文译载的美国《威斯康星历史杂志》刊载的《鞋盒里的中国来信》、首次发表的宋庆龄的法国友人高醇芳女士撰写的《我家与宋庆龄的关系》回忆录。

座谈会上，与会的专家学者对该刊的创刊出版给予了高度的评价。

上海市历史学会会长、复旦大学人文学院姜义华说，这份刊物确实非常吸引人，几组文章都不错，尤其是其中的宋庆龄文献部分，一下子拉近了读者与宋庆龄的距离，使得我们可以更完整地了解一个立体的、鲜活的、真实的宋庆龄。上海社科院副院长、历史所所长熊月之指出，宋庆龄可以说是近代上海城市精神的杰出代表，以往对宋庆龄的研究虽然比较重视，但在宋庆龄对上海城市的贡献和影响力方面的研究还是远远不够的。我们要研究为什么上海会出宋庆龄这样一个人、为什么孙中山、宋庆龄要将活动基地设在上海、为什么孙中山、宋庆龄的很多战友也在上海等问题。复旦大学历史系沈渭滨建议该刊应当走向世界，使其成为学术界发表有关孙中山、宋庆龄学术研究论文的权威性刊物。复旦大学历史系吴景平指出，要向孙中山、宋庆龄研究及其文献资料主要收藏地如台湾、美国、日本等地的有关机构联系和介绍，争取更大范围的支持。

上海文史馆《世纪》杂志主编沈飞德特别提出，孙中山和宋庆龄是近代史上的两大伟人，但人无完人，金无足赤，在对他们的研究和宣传中如何坚持实事求是、客观公正，是非常重要的。要将以资料为基础的、与主流不完全一致的内容，尽可能地在该刊上有所反映。尤其是海外学者对孙中山、宋庆龄的研究成果，该刊要以博大的胸怀予以采纳。

（朱玖琳）

党史专家聚焦中共上海早期组织

——市中共党史学会等举办学术研讨会

由中共上海市委党史研究室、市中共党史学会和中共"一大"会址纪念馆联合主办的"中国共产党上海早期组织成立90周年"学术研讨会于6月18日举行，来自中共中央党史研究室，中国社会科学院、国防大学及山东、湖南、湖北、河北、浙江、广东、上海等地党史研究领域的专家学者90余人参加，提交论文50余篇。与会学者就中共上海早期组织创建史的一系列重要问题发表了自己的学术观点。

中共中央党史研究室李蓉分析了新文化运动与中共上海发起组之间的关系，认为新文化运动导致中国人思想解放并接受马克思主义，是中共上海发起组诞生的重要原因，这与中国的先进分子开始运用马克思主义观察国情、调查分析社会问题，寻找解决中国问题的现实道路密切相关。

国防大学林建公针对上海在中共成立过程中的地位何以如此重要，提出解释：从国际环境看，选择上海建党是适应世界潮流，贯彻落实了列宁领导的共产国际的战略意图。从地理条件看，选择上海建党基于地域文化的政治优势，充分发挥中西文化交融点和工人运动主要基地的巨大影响力。从主观因素看，选择上海建党是显示"南陈北李"的权威魅力，充分发挥中国先进知识分子的爱国情怀和团结拼搏的主体性作用。上海师范大学邵雍从"都市文化与中共建立"角度谈到，中共创建前后，陈独秀等具有初步共产主义思想的先进知识分子充分利用他们的学识特长和上海所特有的丰富都市文化资源，拓展了马克思主义的都市社会舆论空间，并将书局和各类学校变为宣传马克思主义、社会主义与苏维埃俄国的文化传媒。在他们的艰苦努力下，部分通讯社、报纸、杂志、书局、学校成为上海共产党发起组的基本据点、信息中心与联络枢纽，为中共建立打下了牢固的思想理论基础与组织基础。这也表明，中国共产党从一开始就代表着中国先进文化的前进方向。

中共"一大"会址纪念馆的信洪林考证了戴季陶与中共上海发起组的关系，认为戴季陶与中共上海发起组的关系非常密切，不仅参与谋划、参加发起建党建团座谈会、起草章程，还推动了《共产党宣言》中文全译本的翻译出版工作。因此要对戴季陶在中共创建过程中的作用做一个重新评价。

此外，中共上海市委党史研究室李惠芬探究了党的最早纲领的内容、作用及不同版本之间的差异。中共上海市委党校孙会岩考证中共上海发起组革命活动经费的来源，提出共产国际的援助虽然重要，但不能就此忽视党活动经费的其他来源，如自筹经费。湘潭大学毛泽东思想研究中心李永春则考辨了陈独秀 1920 年应邀指导长沙成立党团组织的相关史实。中共“一大”会址纪念馆的张玉菡从党史研究的资料发掘、党的早期组织的名称问题、发起组的成立时间、发起人人数等问题介绍了当前学界中共创建史的研究状况。

学者们认为有些问题需进一步研究，如中共上海发起组的成立时间到底是几月，发起人到底是几个，需要更为确凿的证据来证明。中共上海发起组与当时其他团体的关系问题，仍需要发掘更多史料深入探究，对于与发起组有关的人物研究，主要集中在陈独秀、李汉俊、施存统、俞用松等主要人物，其他人物研究尚需拓展。要建构一幅中共上海发起组的全息图，还有待于档案资料的进一步挖掘和学界的进一步深入研究。

（刘长林　卢昌俊）

抗日战争中新四军的统战工作

——市新四军历史研究会可召开纪念抗日战争65周年学术研讨会

6月4日，市新四军历史研究会召开纪念抗日战争胜利65周年学术研讨会，主题是抗日战争中新四军统战工作。会长阮武昌，副会长唐培吉、施渊脉等40余人出席研讨会，副会长唐莲英主持会议。

吴原元在题为《新四军对海外人士的统战工作》的发言中指出，抗战时期，新四军高度重视对海外人士的统战工作，采用各种方法，全方位多渠道开展对华侨和海外人士的宣传统战工作，从而使新四军在整个抗日战争期间得到海外华侨和国际友人在人力、财力、物力以及舆论道义等各方面的支持和援助，这对于新四军克服各种困难、争取抗战的胜利具有极其重要的意义。新四军对华侨和国际友人的统战实践也带给我们深刻的启示：在建设具有中国特色社会主义事业的征途中，我们应当努力争取国际友好人士的支持，争取全世界华人华侨为祖国的现代化建设和统一大业献计献策。

贾秀堂的《新四军统一战线与知识分子》的发言，列举了大量事实，说明新四军统一战线需要知识分子，同时大量知识分子的加入，也为新四军统一战线作出了杰出贡献。

侯艳新在《新四军对敌伪的统战》的论述中指出，新四军所处根据地比较复杂，经常处于敌、顽、我、友四方斗争形势之下，为了保存自身并团结更多的人投入抗战，开展对敌伪军和伪政权人员的统一战线显得尤为重要。为此，新四军针对不同对象大胆采取灵活多样的工作方法，取得了明显的效果，主要表现为：从敌占区获得了必要的军需物资；保护、营救、隐蔽了一批新四军干部；为新四军提供了交通上的便利；团结了一切可以团结的力量，壮大了新四军的力量；加速了日伪的瓦解和溃败。

杨丽萍的《新四军对帮会的统战政策概述》论述了在抗战中帮会普遍存在的华中地区，由于中共和新四军采取了关于帮会组织的正确策略方针正确并且富有成效，使一大批爱国帮会头子及其群众加入到抗日队伍中来，改造成共产党领导下的抗日有生力量。

正在准备编写《项英》专著的曹显文在大量研究的基础上，作了《项英的思想政治工作理论和实践》的论析。

其他与会同志也以自己亲身经历和所见所闻纷纷发言，阐述了新四军的统战工作无处不在以及在抗战时期所发挥的巨大作用。

（唐培吉　廖方民）

辛亥革命与泛长江三角地区社会转型

——市历史学会举行学术研讨会

5 月 15 日，市历史学会举行学术研讨会，主题是“辛亥革命与泛长江三角地区社会转型”。会议由刘其奎主持，三位学者作主题发言，与会者展开热烈讨论。

刘学照的发言题目为《孙中山民元在长江下游地区演讲民生主义议析》。他指出，孙中山 1912 年在全国各地多次演讲民生主义，开启了民生主义思想发展的一个新阶段。孙中山提出要避免欧美诸国“贫富阶级相隔太远”的弊端。力言“要想实业发达”，“必先有伟大度量”，“非用开放主义不可”。认定“社会主义者，人道主义也。人道主义，主张博爱、平等、自由，社会主义之真髓”。今天，我们应进一步克服热衷于是“社”是“资”争议的“唯性论”的单一思维定式的局限，用多维的辩证分析与综合的复合性思维解读民生主义。

郭绪印在《清帮在泛长江三角地区的发源和演变》的报告中指出，清（青）帮起源于漕运。来自鲁、豫等地的水手，因求生存而以罗教庵堂为依托组成互助性的秘密结社。乾隆三十三年，清廷对罗教采取严厉取缔政策，促使罗教向帮会转化。道光年间，特别到了光绪年间，漕运改为海运。大批水手失业者，清帮分化为几部分，沦为盗匪、流氓者也比较普遍。辛亥革命期间，清帮反抗清政府的武装集团，也曾被革命党视为同盟军。

清帮以后在上海利用和租界当局的勾结，利用国民党当局的纵容和官员的腐败，发展为不可一世的黑社会势力。历史告诉我们一个规律性的问题：社会不公平、游民众多、严重的贫富两极分化、官员腐败，成为黑社会产生、存在、发展的客观历史条件。

丁凤麟在《孙中山先生与上海报界的互动》的报告中指出，中山先生从踏上革命征途，便十分重视新闻舆论的作用，同当年占据中国报业半壁江山的上海新闻业，结下了不解之缘。

（郭绪印）

当代视野下的列宁和列宁主义

——市马克思主义研究会等举办研讨会

为纪念伟大的革命导师列宁诞辰140周年，5月8日，上海市马克思主义研究会和中共上海市委党校共同举办“当代视野下的列宁和列宁主义”研讨会。来自北京大学、中国人民大学以及华东师范大学、上海社科院和上海市委党校的20余位学者就列宁与东方社会主义、列宁与马克思主义学说等议题展开研讨。

中共上海市委党校常务副校长、市马克思主义研究会会长吕贵出席并致辞。他指出，列宁是对人类社会发展作出了不朽贡献的伟大思想家和革命家。在当时的历史条件下，列宁结合俄国的实际，创造性地继承和发展了马克思主义，使马克思主义进入到列宁主义阶段。我们纪念列宁就是要坚持老祖宗不能丢，运用马克思列宁主义立场观点和方法，及时总结中国共产党领导人民创造的经验，围绕重大的理论和实践问题不断地创新理论，概括、丰富、发展中国特色社会主义理论体系，为进一步认识世界和改造世界，推动党和国家事业发展提供坚强有力的理论指导。

北京大学世界社会主义研究所所长张光明指出，近代东方社会是在来自西方强大的压力之下而被迫变革与发展的，社会主义对于饱受西方压迫的东方社会极具吸引力。在落后的东方国家，毫不例外地都将列宁思想作为自己革命的思想指针。列宁主义是联结西方与东方的桥梁，西方的社会主义思想经过列宁的改造，转变成为非资本主义社会发展的一种思想手段。对社会主义者来说，最重要是通过夺取政权对社会作根本性的变革。由于在落后国家这种革命的方式，缺少社会主义条件，取得政权的国家必然要承担起代管制责任，像苏联这种中央高度集权的社会就产生了。列宁在晚年不遗余力地思考与官僚主义、资本主义的斗争策略，但收效并不大，苏联社会的根本问题在于未实现生产者与劳动者的直接结合。以俄国为代表的一系列东方国家，跟随东方社会主义革命的步伐，具有全球化时代的历史必然性，但由于缺少马克思预言的社会主义革命的条件，都基本走上了中央集权的道路。随着社会进步，克服苏联弊病是必须解决的问题。我国改革开放是自上而下的变革，也形成了一种突出的社会矛盾。简单说就是经济的发展迫切需要政治民主化改革，解决集权存在的一些弊病。改革主要在于以培养广大劳动者的自我保护意识，扩大自我保护能力为目标；主要在于重新研究经典马克思主义，重新总结马克思主义的世界历史发展；并在此基础上总结列宁思想和政治遗产，超越列宁。

在列宁对待马克思主义学说的科学态度的问题上，复旦大学哲学学院余源培指出，列宁主义的理论来源主要有三个方面:俄国革命民主主义;思想史上的优秀遗产;马克思(包括恩格斯)的著作是最根本来源,我们应当尊重列宁主义与马克思学说的既“继承”又“发展”的关系。从19世纪40年代开始,马克思学说就同俄国发生密切联系,一方面,马克思对俄国开始关注,另一方面,马克思恩格斯的著作在俄国受到空前的欢迎。俄国接受马克思学说是历史的必然。在将近半个世纪里,俄国进步思想界曾如饥似渴地寻找正确的革命理论,经受了闻所未闻的痛苦和牺牲,表现了前所未有的革命英雄气概,难以置信的毅力和舍身忘我的精神探索、学习和实验,真是饱经苦难才找到了马克思主义这个唯一正确的革命理论。列宁对《资本论》的高度重视,足以说明其与马克思主义学说的关系。《资本论》是马克思最重要的著作,长期以来,人们都没有认识到《资本论》的哲学意义,正是列宁改变了这种看法,他首先重视《资本论》中的唯物史观,认为这是马克思学说的核心,其次就是《资本论》中的辩证思维方法。列宁批判第二国际表明了对马克思学说的科学态度。列宁一方面认为,“我们应该完全以马克思的理论为基础,因为它第一次把社会主义从空想变成科学,为这个科学奠定了基础,指出了继续发展和详细研究这个科学所遵循的思路”;另一方面,列宁又指出:“我们决不能把马克思的理论看作是某种一成不变的和神圣不可侵犯的东西,对于俄国社会党人来说,尤其需要独立地探讨马克思的理论,因为它所提供的只是总的指导原理。”对于中国共产党来说,老祖宗其中包括列宁,列宁开辟了一条落后国家社会主义现代化的新道路。列宁对马克思主义学说的坚持与发展,对于中国来说更加亲切。

中国人民大学国际关系学院蒲国良从历史人物、符号化与历史事件的关系对“列宁”进行了探讨。俄国十月革命发生后介绍的列宁是一个活生生的人,是一个革命家,不同于现在提到的“列宁”。列宁逝世之后,在苏联很快被神化。作为历史人物的列宁逐渐退场,作为政治符号化的“列宁”色彩越来越浓。这就出现一个问题,作为历史人物的列宁是复杂的,与马克思、恩格斯有所区别,列宁首先是一个伟大的无产阶级政治家,然后才是一个思想家。分析列宁就要分清哪些活动是作为政治家在做,哪些是思想家在做。“列宁”作为一种政治符号,是我们的旗帜,是我们的灵魂,这是无可争议的,是不能混淆的。在学理上,需要把列宁的文献梳理清楚。从政治意义上讲,就是研究列宁应不应该领导十月革命等问题。若两者不交叉,问题不难解决,若两者混合碰撞,问题则变得很复杂。这需要我们思考学术争论与政治有什么关系,学术争论要不要介入,或者以什么形式介入政治上的争执。政治上要不要干预,或者以什么形式干预学术的问题。从积极方面来看,可能会有利于打破教条主义,而从消极方面来讲,会出现实用主义。这是一种现象,如何实现现象和原因的对接,需要进一步加以解释。

中共上海市委党校袁秉达主要谈了关于列宁生前最后8篇文章书信的体会,提出了第三种排序方式,兼顾理论性与逻辑性,重在表现体系的架构与内在逻辑。这个划分是相对的,在8篇文稿中有相互交叉的情况。这种交叉恰恰说明几个层面是相互联系的,是个整体。列宁晚期思想是对整个看法根本性的改变,具有科学性与系统性。列宁晚期思想中理论创新和革命风范启示我们,学马列主义主要学什么,除立场、观点、方法外,就是领袖的革命风范。当社会主义理念变为现实以后,我们对社会主义的理解应该从革命转向建设，从一般转向特殊，特别注重本国特色道路的探索与模式的创新。在建设中出现错误与挫折，要勇于在总结中反思自己，反思教训，进行创新。而处在伟大转折与重大变革时期，对社会主义看法的转变是常态，不变是相对的。

华东师范大学郝宇青指出，在列宁政党理论中，对自觉性与自发性有多方面的论述，对政党的发展有积极与消极的影响。列宁习惯将自觉性与自发性加以对比，对自觉性有一定程度的偏爱，对自发性抱有怀疑态度。自觉性是指自立、理解、预见的能力，借鉴组织、制定计划、分析事件的能力，以及充分利用各种机会和敏感性来先发主导的本领，产生的结果是历史唯物主义所揭示的一些社会发展规律。按照这些规律，列宁思想指导下政党可能会跑到历史发展的前面，党是自觉性的化身；自发性是指冲动、蛮干、随心所欲。列宁对自发性有矛盾心理，存在怀疑态度，但对于社会变革又不能没有自发性。党的一个重要使命是调动与引导自发性，充分利用自发性，将群众与先锋队的党区别开来，同时也要避免脱离群众。当下要充分认识自觉性和自发性对政党政治实践的意义，即有利于保持党的先进性、纪律性。若把先进性固定化，就会阻碍党的发展，失去党前进的动力，容易导致教条化。

上海社科院轩传树对西方左翼学者列宁主义研究进行了阐述，提出冷战期间，西方就存在过一个以列宁主义及列宁著作、列宁与先驱及同时代学者的关系为研究对象的列宁学，以诺曼·莱文、柯拉科夫斯基等为代表，断定说列宁主义的本质是集权主义理论；德国社会民主党及其理论家，尤其是考茨基，认为列宁主义是对马克思主义的违背。有的学者认为列宁的理论水平只是前马克思主义的，根本上否定列宁主义是马克思主义的理论本质，把列宁主义描述成俄国的落后农民的产物，说它只适用于封建国家及现在贫穷的第三世界。

冷战后对列宁的研究一度沉寂，现在似乎有复兴迹象。无论是近年召开的学术会议还是发表的论文，大多是关于重读、反思、回溯和悼念列宁和列宁主义。主要是三个议题：第一，列宁主义的思想来源，其实就是列宁与马克思主义传统的关系。第二，列宁主义的当代的精神遗产，其实就是列宁主义和争取社会主义争取民主的斗争的问题。第三，列宁主义的当代意义，就是列宁主义和当代现实尤其是当代西方左派之间的关系。这三个问题，换句话说就是，为什么要重读以及如何重读，为什么要反思以及反思些什么，为什么要回到以及如何回到。关于列宁主义的精神实质，一部分西方学者，尤其是专业学者坚持认为列宁思想比我们所认识的列宁主义要丰富得多。我们对列宁的思想的认识非常有限，主要是由于共产主义运动内部的分歧，以及东西方的战争，他的思想在战争中已经被严重地曲解和偏离。再如加拿大的哲学教授史蒂芬·达尔辛，也是基于当下背景审视列宁的当代意义，提出了一种新阅读方式，认为马克思主义是一种理论，甚至是一种理论体系，而列宁主义却是另一种东西，那就是政治战略。正如列宁自己所认为的那样，战略不存在真伪之分，只有有效与无效之别。战略的有效无效就取决于执行战略的具体背景。不管是重组、重塑，还是要重新发现回到列宁，都不是说要返回列宁本人所处的那个时代，以及他在那个时代所进行的实践，而是在列宁的现实所为和他所开启的可能性空间当中这两者之间有所区分，重塑列宁不是重塑列宁所做过的事情，而是做他所没有完成的事情。

（李　媛）

马克思主义时代化

艾思奇与马克思主义哲学中国化、时代化、大众化

——市社联、市哲学学会等举办学术研讨会

为纪念和缅怀著名的马克思主义哲学家、人民教育家、马克思主义哲学中国化的先驱者艾思奇诞辰100周年，市社联、上海社科院、市委党校和市哲学学会共同举办"艾思奇与马克思主义哲学中国化、时代化、大众化"学术研讨会。会议于3月20日在上海社科院小礼堂举行，上海哲学理论界50余名专家学者出席。市社联党组书记沈国明、上海社科院党委副书记兼哲学研究所所长童世骏、市委党校副校长王国平、市哲学学会会长陈章亮致辞。会议围绕艾思奇同志关于马克思主义哲学中国化、时代化、大众化的实践探索与理论贡献，马克思主义哲学中国化、时代化、大众化与坚持并发展中国特色社会主义等主题展开研讨。

一、 艾思奇的奋斗之路

与会学者认为，艾思奇是马克思主义哲学中国化、时代化与大众化的先驱者之一，上海是艾思奇从事哲学活动的发祥地，是他享誉国内外的《大众哲学》的诞生地，这本书在解放前就出版过32版，影响了一大批进步青年与人民大众，对马克思主义哲学在中国的传播和宣传，具有筚路蓝缕之功。毛泽东誉之为"通俗有价值的著作"，邹韬奋认为"《大众哲学》哺育了大众"，而蒋介石则哀叹"一本《大众哲学》，冲垮了三民主义的思想防线"。艾思奇既是一个革命者，也是一个学术研究者，更是一个马克思主义真理的传播者。从家乡云南腾冲走向上海，再到延安，最后在北京，从新民主主义革命到社会主义建设，他的奋斗之路与人生轨迹值得我们缅怀、反思与研究。

大家纷纷表示，艾思奇的人生历程尽管只有短暂的56年，但他把自己的毕生精力奉献给马克思主义哲学中国化、时代化和大众化的探索与研究、传播与教学，不愧为中国马克思主义理论工作者学习的榜样。

来自党校的学者特别指出，艾思奇还是成就卓著的党校教员，他的一个重要贡献，就是用哲学来教育、培训广大干部。他早在延安时期的抗大、马列学院、党校、陕北公学、妇女大学等学校，承担大量讲课任务，被人们亲切地称为"艾教员"。在北京中央党校工作期间，他的教学与宣传因材施教，针对性强，生动丰富，富有成效，为新中国培训了一大批党

的高中级干部与理论人才。

二、艾思奇的成功之道

有学者提到，始终努力做到面向现实、面向大众，是艾思奇作出突出贡献的关键所在。这表现为一是把握时代主题，站在潮流前列；二是关注人民命运，满足大众需要；三是创新文章形式，丰富生活语言。也有学者认为，艾思奇的成功与《大众哲学》的魅力在于深刻不深奥，通俗不庸俗，尖锐不尖刻。由此有三点启迪：其一，哲学不仅是聪明学，而且是老实学，做学问要踏实、扎实、务实，按照规律办事；其二，艾思奇是一位老实与朴实之人，他在人生经历中也遭受过曲折和不公正的对待，由此可见那一套整人的"斗争哲学"之荒谬，要铲除其滋生土壤尚需努力；其三，哲学是具有开放性的学说，不能自我封闭，滞步不前，要不断吸取新的实践成果与时俱进才能充满生机与活力。

有学者指出《大众哲学》之所以在上海问世，具有深刻的历史背景与时代因素。20世纪30年代上海是中国近现代社会多种矛盾的焦点，各种社会思潮风起云涌，各种学说相互碰撞，上海还是中国共产党的诞生地，是中国最先接受马克思主义真理传播的地域之一。天时地利造就了艾思奇，孕育了深得民心的大众哲学。

有学者提出，历史唯物主义最重要的要求，就是深入并揭示社会现实。这是对黑格尔学说的继承与创新，剔除其唯心主义体系，发掘鲜活、生动的辩证法思想。时下的社会科学研究，大量的还是如黑格尔所指出的是那种"外部反思"，并没有深入到事物的内部。如何使我们的思想与理论能够切中当今的社会，艾思奇的出色工作作出了榜样。

有学者认为，向中国的大众宣传普及马克思主义，并不止艾思奇一人，但他所作出的贡献最为突出。当年中国的问题是革命，艾思奇以《大众哲学》为标志的一系列著述，有力地表述了革命时代中国共产党人的马克思主义观；而当代中国的问题是发展，要解决好中国的发展问题，对马克思主义中国化、时代化、大众化的要求很高：一是既要符合中国国情，也要顺应世界大势；二是要真正内化为人们的指导思想与行动指南；三是形成能够代表中国人民大众根本利益的民族语言。要注意向人们的意识、行为习惯与生活常规三个层面渗透，增强吸引力、感召力和凝聚力。

（李家珉）

当代社会现实问题透视与马克思主义时代化

——市马克思主义研究会等举办研究论坛

3 月 27 日，由上海市马克思主义研究会与上海市马克思主义研究论坛组委会、中共上海市委党校、上海市中国特色社会主义理论体系研究中心共同举办的“上海市马克思主义研究论坛 2010 年第一季度论坛暨上海市马克思主义研究会 2009 年年会”在市委党校举行，中共上海市委党校常务副校长、市马研会会长吕贵作年度工作报告，上海人民出版社社长、市马研会副会长丁荣生主持开幕式。本次论坛的主题为“当代社会现实问题透视与马克思主义时代化”，来自高校、党校和科研单位的马克思主义研究和教学领域的专家、学者围绕主题作了全方位、多角度的深入研讨。会议主要观点综述如下：

一、 马克思主义时代化的中国意义与世界意义

与会者认为，马克思主义时代化的提出，就是要使马克思主义不仅具有中国意义，还要具有世界意义，是要更注重中国发展的世界影响。马克思主义时代化，归根到底应落实到当代中国，要与时俱进，落实到解决当代中国问题上，最主要的就是和平与发展、全球化背景、多极化世界的时代主题问题。马克思主义的中国化、时代化、大众化，归根到底是马克思主义实践化，改造中国社会，推动中国社会前进，给老百姓带来实际的利益。时代化的一个基本内蕴和重要使命是直面中国精神社会现象，要用马克思主义的基本原理和人学思想来重构中国的社会信仰和核心价值。

有学者从方法论的角度认为，马克思主义时代化的核心是与时俱进，就是要使马克思主义适应时代发展以保持强大的生命力。要“保持强大的生命力”，就应从三个维度、六个方向来保持和加强其生命力，在纵向上有向前的解释力和向后的预测力，在横向上有向外的普适力和向内的结构力，在竖向上有向上的整合力和向下的实效力；有学者从核心话语的角度提出，马克思主义的核心话语经历了金融传统话语、异化劳动、物质生产、人的实践四个阶段，我们需要在时代主题的演变中来阐释马克思时代话语的核心价值，用马克思的核心话语来为中国特色社会主义理论和道路作合理性的辩护；还有学者从国际视野出发，认为促进马克思主义时代化，应该立足经典文本，拓宽学术视野，批判地吸取包括马克思主义、东欧新马克思主义、西方马克思主义和西方马克思学等在内的积极养料。

二、 马克思主义时代化对当代社会现实问题的透视与反思

与会者共同认为，倡导马克思主义时代化就应当面对现实问题，只有在解决现实问题的过程中才能实现时代化，马克思主义为解决当代社会现实问题提供了必要和重要的思想资源。

如何应对社会矛盾凸显期的问题？与会者认为，当代中国正处在社会矛盾凸显期，解决的方法有三大思路：人与人之间的矛盾，当用马克思主义关于社会平等、市场思想平等的理论来解决；人与自然的矛盾，当以马克思的关于人与自然的关系理论为解决生态危机提供大思路；人的各种功能和需求之间的矛盾，当从马克思关于人的全面发展理论寻找思路。

处于金融危机的后危机时代，信用和信心同样重要，与会者指出，诚信要提高到社会交往关系、提高到社会制度性的高度来加以认识；要健全全社会的信用体系，这是当务之急，而政府的诚信带有方向风标的意义；要把诚信的建设和和谐社会的建设很好地结合起来，加强诚信的建设能达到和谐社会建设的要求。

谈及当前经济发展方式的转变时，有学者提出，马克思的经济增长理论对我国经济发展方式转变具有指导意义。马克思对劳动过程中各个要素及其关系的分析是我们研究经济增长方式的理论基础；马克思对经济增长的动态分析，为我们分析当前的经济增长状况提供了科学的方法。

有学者认为，当代中国民主政治建设的任务艰巨而紧迫，迫切需要加强马克思主义的时代化研究，关注社会现实，就如何打造中国特色社会主义政治模式，如何以改革创新的精神推进政治体制改革，如何进一步丰富民主形式和发扬基层民主问题，如何构建社会主义监督体系，如何促进党内民主和人民民主良性互动等，积极贡献智慧。

对于如何化解当下日益凸显的劳资矛盾问题，与会者提出，劳动关系问题是中国社会现实中的一个比较核心的问题。马克思主义政治经济学需要有一个新的发展，必须解决社会主义市场经济条件下的劳动关系，特别是劳资矛盾这个难题。开展这一方面的调研活动，对推进马克思主义的时代化具有积极的意义。

市委党校副校长、市马研会副会长王国平对本次论坛作了小结，他指出会议对马克思主义时代化内涵的理解和把握、对时代化进程中最新成果的梳理和概括、对时代化进程中的问题意识和现实挑战、对时代化进程中的话语体系重构和方法论研究支撑等方面都做了很好的学术研讨。

（李　媛）

当代中国马克思主义大众化面临的挑战

——上海科社学会举办理论研讨会

11月13日，上海科学社会主义学会与同济大学马克思主义学院联合举办“当代中国马克思主义大众化面临的挑战”理论研讨会。同济大学党委副书记马锦明、马克思主义学院常务副院长丁晓强和上海科学社会主义学会会长夏军、副会长吴解生、孙力、袁秉达等近40位专家学者参加了研讨会。

中共上海市委党校袁秉达、卢肖文发言认为，马克思主义大众化要抓两头，一是干部，二是大学生。对干部进行马克思主义理论教育，要克服理论空洞说教，贴近现实，针砭时弊，运用生动的语言和鲜活的事例，及时直面解答干部群众关心的热点疑难，同时要十分重视解决马克思主义理论教育师资和马克思主义科学社会主义理论学科建设后继乏人的关键问题。立信会计学院罗会德认为，各级领导干部是马克思主义大众化的重点对象，他们在理论上的清醒和坚定，成为引领社会主义事业发展的关键，领导干部必须努力学习中国特色社会主义理论，坚持理论联系实际，践行全心全意为人民谋福祉的宗旨，用自己的实践与智慧为推进马克思主义中国化、时代化和大众化作出垂范作用。

同济大学李占才指出，理论创新从实践中来，马克思主义理论为群众接受的前提是满足群众的实际需求。高校思想政治课考试得高分，不等于理想信念处于高境界；高校思政课教材每年一个新版本，变化太多太快，年年换教材，既浪费资源，又加重高校教育负担，影响了马克思主义理论进学生头脑的教育效果。《文汇报》史煦光认为，处于转型期的中国，大学生在课堂里接受教育的内容与他们面对社会现实有较大反差，就业难、社会生活成本不断提高、买房难、看不起病，在马克思主义教材的本本中找不到解决问题的答案，有些政府部门工作和决策失误，发展方式失调，发展的不平衡，改革开放的成果不能及时让人民共享，这些都将影响高校马克思主义理论入心入脑普及教育的效果。

南政上海分院李海平认为，随着时代变化，马克思主义基本理论研究滞后十分明显，从传统的视角解读马克思主义，还不能完全科学解释当前社会主义建设发展所面临的许多问题，不能较好地运用人类社会变迁的巨大成就和取得的文明成果去说明马克思主义的思想力量，理论准备明显跟不上经济社会快速发展的需求，理论工作者话语表达与民众的社会生活严重脱节，知识分子与大众的感情疏远。我们不能像西方马克思主义那样仅仅进行纯粹理论的学术研究，马克思主义大众化必须大力开拓马克思主义研究新领域，实现现实与具体问题的接驳。南政上海分院孙力认为，马克思主义大众化是个庞大的体系，我们哲学大众化做得较好，但在民主和法制领域的大众化做得相对较差。对社会普遍关注的基本理论热点问题，理论工作者的研究还不到位，例如“社会主义和资本主义的关系”到底是什么样的关系、社会主义的科学进程是什么等等都没有讲清，理论工作者的话语缺失本身就是个挑战。

同济大学王鹏指出，推进当代中国马克思主义大众化，必须记取前苏联戈尔巴乔夫时期教训。当时，戈氏大力引入社会批判机制，强调新闻舆论批评无禁区，实现社会舆论多元化，结果招致苏联国家政权与社会的严重对立、对抗与分裂，最后导致执政党垮台。我们必须注重公共领域对政治文化的塑造功能，对怀疑、诋毁社会主义、中国共产党领导的思想和言论必须进行有力抵制，正确处理好解放思想和加强党的领导的关系，维护主流意识形态地位，使马克思主义理论为大多数人民群众理解掌握。

同济大学金瑶梅认为，当代西方世界依然活跃的“人道主义的社会主义、乌托邦社会主义、生态社会主义和市场社会主义”四种社会主义流派，与中国特色社会主义理论交相辉映，共同代表了当今人类对社会主义理想的追求，共同构成了与资本主义的价值观相对抗的力量。客观分析和借鉴不同流派的社会主义的合理理念，选择与中国社会主义发展实际相符合的发展道路和战略，是推进中国特色社会主义理论大众化的必然选择。中国特色社会主义理论“以人为本”的思想，强调现实的、具有社会性的“人”，超越了人道主义的社会主义所推崇的抽象的、虚幻的“人”的概念范畴；中国特色社会主义理论的实践植根于阶段性发展目标指引的、现实的社会主义实践，超越了乌托邦社会主义追求的美好幻想；中国特色社会主义学习和运用世界文明发展成果，不重蹈发达资本主义国家发展覆辙，超越了生态社会主义对人与自然关系的探究和对资本主义生产方式的批判；中国特色社会主义提出贯彻落实科学发展观，完善社会主义制度优越性，坚持在社会主义制度框架内来探究和实践市场机制的合理运用，达到发展与保护生态的双赢目标，超越了市场社会主义关于市场和社会主义关系的判断。

复旦大学郭定平认为，西方马克思主义学者对宗教问题的研究，对当代中国马克思主义大众化有重要启迪意义，中国语境中对宗教问题的处理，容易成为激化社会矛盾的因素之一，必须用鲜活的与时俱进的马克思主义，正确认识和对待宗教，化解当代中国马克思主义大众化的障碍。

华东政法大学张明军认为，马克思主义时代化、中国化、大众化是逻辑的递进关系，时代化是起点，中国化是中介，大众化是归宿，马克思主义没有时代化就不能中国化，马克思主义不能中国化就不能大众化。马克思主义大众化的挑战主要来自三个方面：一是当代资本主义社会的民主主义，二是中国传统社会的封建主义，三是社会宗教势力，其中中国传统社会的封建主义为最大障碍。大众化要解决的是大众信仰的问题，信仰的核心是价值的追求。如果我们有关部门提出的某些社会政策与我们党提倡坚持的马克思主义的基本原理、社会主义核心价值观不一致和不协调，将严重影响广大人民群众对社会主义的信仰，影响马克思主义大众化的推进，必须引起高度重视。

（翌　易）

公平正义

社会主义公平正义的理论与实践

——上海科社学会等举办研讨会

10月25日，上海科社学会与普陀区委党校联合举办“社会主义公平正义的理论与实践”研讨会。40余名学者参加。

上海师范大学张慧青认为，公平正义的价值理念是一个完善的政治制度的基本原则，是一个良好的社会制度的有机构成。公平正义牵引着人类社会向更高的阶段演化发展。党的十六大以来，中国共产党人不断丰富和发展了马克思主义和毛泽东思想对社会主义公平正义的理论观点，进一步明确公平正义是社会主义和谐社会的重要特征和基本条件，建立“权力公平、机会公平、规则公平、分配公平”为主要内容的社会公平保障体系是立党为公和执政为民的必然要求，是社会主义现代化建设发展的历史任务之一。

华东理工大学郭根认为，改革开放30多年以来，中国已从经济为中心以摆脱贫困和解决温饱的发展要求转到追求人的均衡发展实现社会全面进步的阶段，在不同的社会形态和社会发展的不同阶段，公平正义的内涵与要求截然不同。当前我们强调的社会公平正义有别于传统意义上的“平均主义”思想，而是与“民主、平等”的现代社会理念相联系。转型阶段，在“起点公平、过程公平、结果公平”的统一上存在很大差异，导致权力监督失衡、利益诉求不畅、行业垄断腐败、贫富差异拉大、改革难度加大。实现社会公平正义，构建社会主义公平正义制度，必须加强社会主义价值观为主导的文化建设，维护法律公正，服从公众意志，扩大公共利益实现范围，确保公共服务均衡。

南政上海分院孙力认为，改革开放打破了传统社会主义的平均主义模式，提高了效率，促进了社会发展，同时也拉开了社会差距。在效率中追求平等，要特别关注社会分配这一关节点，其核心要充分发挥政府在三次分配中与市场和社会的耦合功能。在追求平等中注重自由，特别是社会开放和为制度制定提供的自由选择，对于打破社会二元结构、缩小城乡差距以及打破行业垄断的实施和推进具有十分重要意义。社会主义追求的平等是在有差序结构的社会中实现的，承认和肯定社会成员的差异性，维护合理的社会差序结构，同时加大严控与加速消除资本要素参与分配、行业垄断分配与权力谋取分配的自由，是当前构建社会主义和谐社会的当务之急。

复旦大学郭定平认为，平等是正义的首要价值。中国长期处于严密的等级结构的社会，利于形成特权利益群体，同时，缺乏有关平等的全面文化的启蒙，极易导致社会走向极端。必须加强社会和谐的公平正义的文化和制度建设，尊重和保障人的发展的平等选择。

普陀区委党校施镇平认为，我国城乡收入差距处于改革开放以来最严重的时段，城镇居民获得的年度社会保障各类补贴高于农村人均年度纯收入，产生日趋严重的经济和社会后果，亟须引起高度重视，溯源应对。城乡社会产生力发展水平、城乡二元结构、城乡人力资本、城乡公共资源配置失调是导致城乡收入差异扩大的重要因素。科学构建城乡收入分配新格局是实现社会主义公平正义的绕不开的题中之意。必须统筹城乡发展的公平与效率，加快农村经济发展，扩大农民收入来源，夯实农村和谐发展的基础。

上海师范大学高惠珠认为，人人拥有平等享有空间资源的权力。坚持城市空间正义有三个主要途径，一是用制度贯彻强、弱势群体的适度混合式居住，维护居住与就业的平衡；二是体现人人享有交通空间的正义性；三是注重公共绿地、公共活动场所、教育、卫生、文化、健康设施等公共服务产品在城市空间的公平配置，实现全民共享。这是实现绝大多数人的利益、防止社会贫富分化、促进社会和谐的重要措施。

市委党校袁新华认为，当前维护社会稳定的机制成本巨大，技术性减压不能治本，不能解决制度缺陷带来的社会压力，群体性事件防不胜防，局部地区政府和群众矛盾加大，社会公平正义得不到保证。必须探求经济唯一的政绩考核功能异化、政府部门和少数特权利益维护过度、动拆迁政策变化过大和应对群众诉求不当等问题产生的深层原因和科学对策。加大政府管理改革，严格控制政府权力无限扩大，杜绝权力滥用，变维稳为创稳，建立科学创稳的制度性社会减压方式，加大司法改革，扩大民众参与公共利益政策决策广度和社会管理的权益。

副会长吴解生认为，我国处于公有制为主体、多种所有制共同发展的社会主义初级阶段，社会公平正义的内涵与要求具有过渡型、相对性和多层次性。人们的社会公平正义要求是在现有的生产力所决定和容许范围内获取自由、平等的经济、政治和社会地位的诉求。对资本主义社会来讲，以等价交换为基础的公平就是区别对待。我国发展市场经济，不可回避、更需要正确理性对待资本主义发达国家处理社会公平的制度设计和做法经验。中共十六届四中全会以来，中国特色社会主义理论的发展已经开展了社会主义公平正义的理论与实践研究，人的生存发展权力的公平和分享发展成果的公平将越来越得到重视，要克服现阶段经济和社会双重转型的发展困难和制度障碍，是个长期复杂艰巨的任务，还需要不断从理论上予以重点突破、制度设计上的改革探索和实践上的开拓创新。

学会顾问、华东师大周尚文认为，追求公平正义是人的本性，也是社会发展的动力，中国传统文化发展和社会改革过程中，不乏有追求社会平等的言论、生动事例乃至革命运动。尽管有关平等观概念存在差异，但大力维护社会主义公平正义不容置疑，特别是当前市场经济发展条件下的不平等不要过度膨胀，要用更高层次的社会道德规范实现社会公平正义。

会长夏军指出，此次研讨是学会主动、及时和深入学习贯彻中共十七届五中全会精神的一个好机会，符合五中全会提出转变发展方式，调整经济结构，健全市场配置资源机制，加快调整国民收入分配格局，破除城乡二元结构，创新公共服务体系，促进社会主义公平正义，加快改革推进的大方向。对公平正义的理论认识有待进一步发展，随着改革开放，国际环境的变化，社会转型状况的改变，公平正义的理念会拓展新的视野，公平正义的实践定会达到新的高度。

（科社学会）

构建中国特色社会主义公平正义伦理学

——市社联、市哲学学会等联合举办学术研讨会

市社联、市哲学学会与中共普陀区委党校于2010年11月20日联合举办了“后改革时期与公平正义”学术研讨会，50余位专家、学者围绕后改革时期的特征、机遇与挑战，公平正义的内涵与地位，对中共十七届五中全会精神的解读等内容，展开热烈讨论。会议由市哲学学会会长陈章亮主持。中共普陀区委党校常务副校长蔡建勇致欢迎词，市社联党组书记、专职副主席沈国明莅临会议并讲话。

与会学者认为，中共十七届五中全会明确提出要更加注重保障和改善民生，促进社会公平正义，具有很强的现实意义。经历了改革开放30年，我们党对公平正义的认识有了进一步提升，明确公平正义是社会主义制度的本质要求，并把它与践行党的执政理念和党的历史任务有机联系起来，强调要尊重每一个人的合法权益，在自由、平等的前提下维护每个人全面发展的机会。我们当前讨论公平正义问题，不是要否定前30年改革方向和成就，而是基于社会主义制度的本质规定和人的全面发展的内在要求，以公平正义的观点更好地推进改革发展，使公平正义理念真正成为推动发展中国特色社会主义的内在动力和自觉的现实追求。另外，公平正义具有层次性，我们讲的公平正义不是否定合理差异的存在，恰恰是以对合理差异的肯定为前提的，公平正义不是平均主义。对社会主义而言，公平正义是社会主义制度的守护神和精神追求，表现在理念层面，它是一种道德理念；表现在现实层面，它是一种活生生的实践，要坚持公平正义的人民性，以人民性作为社会的轴心。

与会学者认为，公平是正义的伸张，正义是公平的保障和落实，是政治合法性的源泉。在后改革时代，促进社会公平正义，要更加注重以人为本，更加注重保障和改善民生，更加关注人的全面发展，特别要注意促进教育公平、机会公平、规则公平、分配公平等问题。公平正义的伸张有赖于制度安排的合理性和有效性，在解放和发展生产力的同时，应更加自觉推动生产关系和上层建筑的变革，积极稳妥地发展社会主义民主政治；在继续坚持发展是硬道理，“把蛋糕做大”的同时，更加注重“把蛋糕分好”，促进人的创造力的解放。此外还应着力解决好权力制约监督和资本治理问题，防止权力与资本的纠结、叠加和权钱交易发生。作为执政党和政府要坚持公共性理念，合理、有效配置公共资源，让人民共享改革发展成果。

城乡收入差距扩大问题和城市发展中的空间正义，是当前社会公平正义的重要方面。

与会学者指出，我国城乡收入差距处于改革开放以来最严重时段，城乡社会产生力发展水平、城乡二元结构、城乡人力资本、城乡公共资源配置失调是导致城乡收入差异扩大的重要因素。科学构建城乡收入分配新格局是实现社会主义公平正义的绕不开的话题，必须统筹城乡发展的公平与效率，加快农村经济发展，扩大农民收入来源，夯实农村和谐发展基础。此外，在全球化时代，城市发展中的空间正义是包含物理空间、经济社会空间和心理空间在内的有机系统，坚持空间正义要超越技术主义中心，回归以人为本；要建设“两型”社会，倡导合理消费；化解文化冲突，促进和谐。

与会学者还提出，对社会主义中国来说，公平正义不仅是形式上的公平，更重要的是实质上的公平，公平正义也不是华丽言辞，而应是活生生的实践过程；推进社会公平正义问题的解决，不可能依照西方自由主义的逻辑来进行，简单照搬照抄西方理论和做法，而应立足我国文化传统、现实国情和经济社会发展的实际需要，构建中国特色社会主义公平正义。

（滕振军）

公平正义是支撑人类社会大厦的重要支柱

——市伦理学会和社会学会联合主办研讨会

11月13日，由市伦理学会和市社会学学会联合主办的“公平正义与社会和谐”研讨会在社科会堂召开。近60位专家学者参加。

一、 为什么在讲和谐的同时，还必须讲公平正义？

上海财经大学徐大建认为，公平和正义是社会和谐的根本条件，而社会公平正义的现实标准正是社会的和谐。公平正义至少应当包含四个要素：功能或本质、形式原则、实质内容、实现机制。也就是说判定社会公平的标准就是社会和谐。

上海社科院陆晓文认为，公平、公正、以人为本是我国社会政策的核心理念。只有以追求社会公正与社会和谐发展为内涵的有意为之的政策体系才属于社会政策范畴。建构中国的社会政策，不仅需要政府端正其追求社会公平的价值观，也需要公众自觉地为追求社会公平承担社会责任，始终追求和宣示社会公平，并以此为原则指导和修正具体的社会政策执行过程。

二、 公平正义如何破题？

华师大叔修义认为，关键是如何从思想史上厘清一些基本观念，努力寻求一种具有中国特色的亦即符合我们的民族传统与具体国情，也适应世界潮流的公平正义观。近年来，学界对于西方的各种公平正义观研究得比较多，所以动辄就是罗尔斯、诺齐克如何如何，话语体系上更是翻译式的。而对于中国的传统，以及传统如何现代化的研究还远远不够。其中一个重要问题是：中国人的思维模式注重的是整体性，往往关注共同体以及统治层如何公正地对待所有的社会群体；而西方公平正义观的主流带有强烈的个体主义特征。要关注在当代中国，老百姓对公平正义如何理解，才能建立起符合时代潮流的公平正义的观念和“公平保障体系”。

市伦理学会会长朱贻庭详细探析了中国传统的“公正观”，认为中国传统的“公正”观有其独有的特质：(1)中国古人所讲的“公正”、“公平”一词，是“公”与“正”或“公”与“平”的复合。(2)讲“公正”要在于“公”；要实现“公平正义”，其前提在于统治者或执政者是否存有“公心”，这是中国传统“公正”观的特点，也是优点。(3)实现“公正”是天下人的向往，是人君执政合法性的根据。

上海师范大学周中之认为,“共建共享”是当代中国公平正义的出发点,体现在三个方面。(1)“共建共享”和谐社会是权利与义务的统一;(2)“共建共享”和谐社会是效率与公平的统一;(3)“共建共享”和谐社会是理想与现实的统一。

三、 公平正义如何实现?

复旦大学高国希认为,公正体现了社会主义的本质,因为公正涉及制度设计问题。华东理工大学郭强认为现代社会生活中存在的不公正,根本原因就在于资本逻辑的作用。正是由于资本逻辑和资本的制度化,尤其是一定领域内的资本和权力相结合,从而为资本的更大发展和扩张给力,使得我们的发展往往表现为不讲道理(或不伦理)的发展。

华东师范大学余玉花重点探讨了国民收入初次分配中的公平正义问题。她认为,在国民收入初次分配中,劳动、资本(企业)和财政(政府)三个方面之间进行分配。在三者之间的分配关系中政府具有绝对的分配权,资本(企业)具有相对的分配权,而劳动则处于分配权利缺失的状态。正是由于劳动者分配权的缺失,降低了劳动在分配中的地位。而同济大学的邵龙宝则认为,程序公正是分配正义的关键一环。

上海社科院陆晓禾则通过对“农二代”、“富二代”和“官二代”的比较,认为“二代”现象反映的是程序上、机会上的不公正,也反映了起点上、结果上的不公正。而“二代”阶层的形成反映了社会阶层和社会地位的固化和延续问题。这些不公正对和谐社会的建设是极为不利的。一个公平正义的和谐社会里,其中的每一个个体都应有上升的通道。上海大学胡申生对教育领域的公平正义问题进行了探讨。

市社会学学会原会长邓伟志认为,公平是旗帜,公平是号角,不平则鸣。当前,我国社会群体性事件的增幅越来越大,规模和裂度也越来越大,使得社会维稳的成本不断加大。公平正义问题之所以引起了人们的广泛关注,也是在人们不断反思我们之前在“效率与公平”之间关系的基础上而展开的进一步的思考。他认为,社会主义核心价值体系蕴含了公平正义理念,决定了公平正义的性质、特征和发展方向。他建议应把“公平正义”写入社会主义核心价值体系或核心价值观。

(苏令银)

中国模式

国际视野下的中国模式研究

——上海科社学会等举办研讨会

5月7日,上海科学社会主义学会等单位在市委党校联合举办"国际视野下的中国模式研究"专题研讨会,30多名学者参加研讨。

会长夏军在致辞中概括了当前关于中国模式的研究现状,指出中国模式具有实事求是、灵活创新的基本特征,中国模式反映了中国现代化进程中经济、政治、文化、社会和生态的综合发展动态,期望研讨活动能够持续推进中国模式的研究,对发展中国特色社会主义理论作出有益的探索。

南京政治学院上海分院孙力对用中国模式表达中国经验和特色表示质疑,指出中国的成功恰恰是摆脱了模式框框,与传统的格式化模式和权威化模式不同,当代中国追求的是与时俱进的改革模式和去中心化的"并存模式"。今天的社会主义运动,应该是各种模式并存、平等交往、相互学习、相互尊重、携手并进,不能用中国模式来阐述今天的中国。

学会副会长吴解生在发言中指出,邓小平同志在20世纪80年代有关中国模式的精辟论述,是中国共产党人对中国特色社会主义时代化的重要描述。中国模式包括了中国共产党人夺取政权和建设中国社会主义现代化两个历史阶段,模式发展的不同历史阶段具有不同的表现形式和特征,是一个跨越时空的、过程发展的概念。中国模式就是中国共产党人领导中国人民,用中国特色社会主义理论指导,独立自主,实现中国道路发展目标的实践形式。中国模式的正确诠释,只能是由中国人民在不断开放的实践中,对自身发展的历史选择和发展形式,做出科学的、本土化、中国化的丰富和发展。中国模式不等于中国经验,有别于中国特色,经验总结是模式发展的基础和前提,特色是决定模式存在的价值保证,中国模式不能脱离中国特色,中国模式不具有普世的替代性。

上海社科院马丽雅介绍了海外研究的情况,中国模式综合起来,一是中国模式是一个尚未统一的定义,有着多个不同视角的不同解读;二是中国模式的世界意义,包括了对发展中国家和发达国家的不同影响和不同作用;三是中国自身对未来的发展所面临的问题要有清醒的认识。

上海社科院谢忠文认为应重视国内外中国模式研究中的意识形态因素:国外有关中国模式研究带有强烈的意识形态争论,相反在国内,一些学者有关中国模式的去意识形态研究倾向却十分严重，必须引起我们警觉。

上海社科院徐觉哉在总结发言中指出，世界关注中国，角度不同，我们要采纳他们提出的科学发展的建议。中国特色社会主义具有个性化，毛泽东和邓小平关于中国社会主义的理论阐述充分体现了个性特征，既是继承发展，又有不同的框架和模式。小平理论对马克思主义经典特别是资本的深刻理解，以及对苏联模式的反思，勾勒出中国社会主义的特色，反映出中国发展的理论来源、实践依据、时代特征和民族特色。中国模式的概念既要有理论基础，又要有经验支撑，更要体现发展规律；中国模式的各个发展阶段的特征相互关联；中国模式就是用实际手段达到实际目的的社会主义实际运动。

（上海科学社会主义学会）

对“中国模式”的分析和解读要防止两种倾向

——市哲学学会举行专题学术座谈会

9月18日，市哲学学会举行“马克思主义视角：中国模式与划清四个重大界限”学术座谈会。来自复旦、华东师大、社科院、市委党校等单位的50余名哲学理论工作者与会。会长陈章亮主持。

一、“中国模式”有待进一步探索

一些学者在发言中谈到，“中国模式”在理论研究领域和舆论界的关注度不断升温，和当今国内外的社会大背景密切相关。一方面，国际金融危机的爆发给全人类敲响了警钟，至少说明西方发达国家社会发展的模式并非尽善尽美，相反，其不合理的矛盾因素是内在的；另一方面，社会主义中国60年发展，尤其是改革开放30年来所取得的巨大成就已经引起世界的瞩目，我们自身也有一个承前启后、总结经验、可持续发展的问题亟待研究与解决。

有学者认为，不管国际舆论如何评价，我们自身保持清醒的头脑十分重要。客观地分析，当今的中国社会还远没有达到形成模式的程度，不宜过早地从理论上框定，因为实践还在进一步向纵深发展，严峻的挑战和考验还在后头。有学者谈到，胡锦涛总书记近期在深圳经济特区建立30周年庆祝大会上的重要讲话中，希望经济特区“适应国内外形势新变化，按照国家发展新要求，顺应人民新期待，面向现代化、面向世界、面向未来，继续解放思想，坚持改革开放，努力当好推动科学发展、促进社会和谐的排头兵，在改革开放和社会主义现代化建设中取得新进展，实现新突破，迈上新台阶。”这一段论述包含着“新变化、新要求、新期待”和“新进展、新突破、新台阶”这“六个新”，寓意深刻且深远。经济特区有待为中国特色社会主义事业继续闯关探路，中国的改革开放和经济、政治、文化、社会建设有待继续实践与发展。

有学者指出，提“中国模式”现在恐怕不成熟。理念研究要揭示并切中中国当今的社会现实，中国的发展有一个自律性问题。中国的崛起和发展，不可能重走西方发达国家崛起的老路，一是资源与环境不允许，譬如地球的资源与环境不可能承受人口众多的中国和印度按照美国现代生活及消费方式生活的压力，况且世界上还有众多的发展中国家；二是中国的社会制度不允许中国通过战争掠夺等方式实现现代化。尽管“中国模式”尚在探索中，但可以预期的是，中国的发展一定会超越西方现有的模式，走出一条既有自身特色，又符合时代发展潮流的新路，如果走通这条路，中国的成功实践就必将包含着巨大的世界历史意义。

二、 划清“四个重大界限”事关当今中国的发展方向与坐标

与会者指出，中共十七届四中全会提出，要自觉划清马克思主义同反马克思主义的界限等“四个重大界限”，即“自觉划清马克思主义同反马克思主义的界限，社会主义公有制为主体、多种所有制经济共同发展的基本经济制度同私有化和单一公有制的界限，中国特色社会主义民主同西方资本主义民主的界限，社会主义思想文化同封建主义、资本主义腐朽思想文化的界限”，非常重要和及时。划清“四个重大界限”与“中国模式”的研究具有内在的关联性。有学者谈到，时下一些对“中国模式”、“中国经验”、“中国道路”的分析与解读，存在两种倾向：一种是以西方工业文明和价值观念为立足点和参照系，认为中国的发展必须走西方现代化的道路，只有遵循西方的一套“普世价值”才能成功；另一种则把中国现阶段的发展视作中国传统文化价值的轮回与复归，两种倾向表现各异，但有一个共同的特征，那就是马克思主义的立场、观点及方法的背离与缺失。有学者认为，划清“四个重大界限”，关键在于树立并牢固确立当代中国共产党人的马克思主义观，在科学发展和社会和谐的新实践中推进马克思主义的中国化、时代化和大众化。只有自觉划清“四个重大界限”，用发展着的马克思主义指导实践，才能正确把握中国特色社会主义发展方向与坐标。

三、 引领社会思潮的关键在于因势利导

一些学者指出，做好自觉划清“四个重大界限”的工作，有一个用主流意识形态引领社会思潮的问题。随着改革的深化、开放的扩大和社会主义市场经济的深入，社会思潮的多元和多样是必然的社会现象，也是社会进步的表现。有学者指出，怎样看待社会思潮，需要诉诸辩证的眼光，不能一味否定。社会思潮往往反映出社会大众的意愿与百姓的心声。运用社会主义核心价值体系引领社会思潮，不是单向度的，而是双向互动的。主流意识形态要善于从群众意愿和社会舆论中汲取有益的东西，沟通民意、广集民智、因势利导。也有学者认为，在当今社会，主流意识形态在引领社会思潮上尚须下功夫，要有效防止引领的乏力，被边缘化和弱化的现象。有学者指出，要不断增强忧患意识，坚持和维护主流意识形态的主导地位，牢牢掌握并主动运用好话语权，在思想文化领域不断克服信仰、信任和信用危机，最大限度地增进社会共识，增强人民大众的心理认同、文化认同与价值认同。对此，马克思主义哲学要提供世界观、价值观与方法论的有力支撑。

（李家珉）

政治、法律、社会、行政

ZHENG ZHI FA LÜ SHE HUI XING ZHENG

“非政府组织与社会建设”研讨会综述

一、非政府组织在中国发展势头强劲总量已逾40万，其运作方式文化价值取向异于传统的西方发展模式

2010年，复旦大学和伦敦经济学院在沪主办了“非政府组织与社会建设”研讨会。中英两国的三十余位专家学者和非政府组织的实务工作者，从不同的理论视角和专业领域，就非政府组织与社会建设议题展开了深入的讨论，现将主要观点综述如下：

与会专家提出，非政府组织在中国总量已逾40万，种类也趋于丰富，涉及教育、科技、文化、卫生、环保、公益、慈善事业等方方面面。主要有四种类型：一是政策导向型，即把自己的使命与职责定位于影响国家发展与政府决策，此类以环保和绿色组织为代表。二是服务导向型，即主要职责是为社会提供服务，如各种慈善组织、康复服务等。三是协调型，即通过组织的活动，来促进人们的沟通和合作，如各种体育、文化类的俱乐部。四是利益代表型，即代表社会上某一群体的特殊利益的，以妇女组织、宗教组织为代表。根据这种分类方式，目前中国的非政府组织的基本功能都集中于提供服务与福利，而政策影响、利益代表的功能仍然没有得到充分的发育。服务型的非政府组织是不可或缺的，但是，只有进一步进入政治参与的范畴，非政府组织才能有长远的发展。

非政府组织在中国成长的两条路径。一是“政府发起、民间运作”的发展路径。如浦东新区阳光慈善救助服务社的前身是一家收容遣送机构。这类组织往往人力资源充沛、组织机构庞大，部分工作者同时是政府工作人员。它们对政府更有依赖性，能够获得更多的体制内资源，如政府购买服务时的倾向性、税收优惠和财政补贴等。二是“民间发起、民间运作”的发展路径，这类组织多由政府的社会项目及调研计划产生，或者通过“工商注册——民非注册”的路径获得非政府组织合法性地位。其特点是工作人员数量较少、机构扁平化，通过“社社合作”的方式共享人、财、物资源，对政府的依赖度不强，相对较为独立。

与会专家谈到，中国非政府组织的工作方式和价值取向都受到中国传统文化的影响。比如，温州瑞安市塘下镇的一个村委会在为村民建造老年公寓时，因为涉及迁坟而遇到来自村民的阻力，最后依靠村落中的家族领袖稳定了村民的情绪，并成功说服村民将坟地迁到一块“风水宝地”。在这个过程中，家族领袖和村民对于“风水”之说的坚信不疑帮助村委会完成了迁坟工作。可见，中国非政府组织的发展不能完全照搬西方经验、接受西方话语，要使中国的传统文化、智慧、信仰，起到更加积极的作用。

二、非政府组织通过救助弱势群体构建新颖的公共服务职能范式、其独特的工作路径促使政府角色从“划桨手”变为“掌舵人”

与会专家提出，目前中国的非政府组织在社会服务领域的发展比较快，尤其对弱势群体的救助在近两年来表现尤为突出，表现为一种自发的公益行为。如在“5·12”汶川大地震后，灾区现场就出现了许多志愿者、非政府组织的身影；在北京，有红枫妇女心理咨询中心，专门关注农家女、打工妹的身心健康；在上海的各个社区里，非政府组织的成员们也正在为独居老人提供专业的护理服务……甚至模糊三部门界限的社会企业在中国也悄然出现，仿照孟加拉“乡村银行”的概念，这些社会企业以小额信贷为主营业务，通过向中低收入和贫困群体发放无抵押担保要求的小额贷款扶助弱势群体。非政府组织不仅仅通过自身的专业能力直接帮助了弱势群体，促进了社会的公平正义和资源的再分配，更通过这种“善”意的传达，推进了社会群体间的融合与和谐。

与会的一位街道负责人表示，从政府的角度观察，引入非政府组织为社区提供公共服务，对促进政府职能转变主要起到两方面的作用：一是政府的主体性质发生了改变，引入非政府组织后，政府从公共服务的提供者转变为公共服务质量的仲裁者，从而能够更加客观、公正地进行评价和监督。二是引入第三方的服务后，也直接把政府的一部分社会职能剥离出来由社会来承接，政府可以更加专注于其行政职能、财政职能的履行与完善。同时非政府组织提供的专业化的服务，也能更好地满足服务对象的需求。政府通过将部分公共服务职能外包的方式，提高了工作效率和服务质量，从“划桨手”转变为“掌舵人”，这对转变政府职能、建设服务型政府起到了积极的推动作用。

三、步履维艰的非政府组织虽为增强公民自主权力意识铺设了新通道，但培育可持续发展的非政府组织亟须完善本土化的法律法规制度

与会专家指出，从非政府组织内部来看，未来发展仍然受到人力资源、组织管理能力、自我发展能力等方面问题的制约。从人力资源角度来看，目前我国的社工专业人才仍然存在短缺，不少社工专业的学生仍然觉得从事一线社会服务工作是不入流的，同英美相比，仍然存在职业歧视，这直接造成了社工人才供给的短缺。从组织管理来看，中国非政府组织的机构定位、职能都比较模糊，且内部缺乏明确的组织管理制度，在财务管理、项目决策等方面都没有明确的制度规范，这也使得内部的组织结构缺乏稳定性，这也是造成人才流失的一个重要原因。从自我发展能力来看，一方面非政府组织从事社会服务的专业能力没有发育成熟，有能力承接政府职能的社会组织比较少，制约了自身的发展；另一方面，非政府组织目前整合利用体制内外资源的能力仍然比较弱，多数仍然依赖政府的扶持，缺乏可持续的自我发展能力。

与会专家提出，在外部来看，造成非政府组织发展瓶颈的主要原因有：一是制度原因，目前非政府组织相关的法律法规、相关政策仍然并不完善。政府对非政府组织仍然倾向运用对事业单位的管理方法，而不是用法律法规进行指导和规范，在非政府组织登记、获得政府购买服务、税收优惠和财务补贴等方面的制度要素还不完备，这也直接影响了非政

府组织能否获得合法性地位、能否有效发挥社会作用、能否完成自身的发展。二是公共领域的缺失。一方面,虽然社会存在"溢出社会供给"的需求,但是真正能够让民众参与,社会发育自我服务、自我治理能力的公共空间仍然不明确;另一方面,能够整合非政府组织资源的公共平台也尚未形成,大部分非政府组织都依靠各自的能力争取项目、完成项目,政府在购买公共服务如果没有公益平台的基础,就无法达到公益创投、公开招标的效用最大化,而非政府组织之间也无法通过合作和资源共享达成"双赢"。三是非政府组织进入社会基层的过程中存在着困难。在街道社区层面,非政府组织的进入将和基层社会组织产生竞争,而后者往往是由政府或者街道培育的,同时对基层情况也相对比较熟悉,这无形中就提升了基层社区服务的准入门槛。另外,在进入基层的过程中,非政府组织还必须注意培养和基层群众之间的信任感,在保持自身专业性和独立性的同时,要融入基层社会,处理好和基层组织、基层群众之间的关系,这对目前发育不成熟的非政府组织而言,也具有一定的挑战。

与会专家补充,政府在处理与非政府组织的关系中,也会遇到一个抉择:在制定非政府组织相关政策时,必须在"培育政策"与"开放政策"中进行权衡。在培育政策的框架内,政府可以对非政府组织进行扶持,为公民参与社会治理提供条件,在这种框架下,公民参与率虽然会有所提高,但最后仍然表现为政府成功塑型社会,强化的仍然是政府权力;在开放政策框架下,政府是不作为的,公民的行动取决于自身的选择,是真正体现公民权利的。因此政府在这两种政策取向中进行抉择时,应该充分考虑到未来社会的发展方向,如果是希望增强公民的自主意识和自治能力,那么就要采用"开放政策",并容忍社会依赖自身能力发展时的低速与低效率。

加强和改进党的建设和统一战线

——市统战理论研究会举行研讨会

1月21日，市统战理论研究会举行“加强和改进党的建设与统一战线”专题研讨会。120余人参加。中共上海市委常委、统战部部长、市统战理论研究会会长杨晓渡出席会议并讲话。

会议由市社会主义学院副院长、研究会副会长兼秘书长张颖主持。市人大常委会副主任、民盟上海市委主委、副会长郑惠强作研究会2009年工作报告。杨晓渡部长为获得“纪念新中国成立60周年”征文优秀组织奖的上师大统战理论研究中心、浦东新区统战理论研究分会、民盟市委统战理论研究小组、民建市委统战理论小组颁发奖状。市社联党组织副书记桑玉成作总结发言。

会上，多位专家学者围绕会议主题作了交流发言。

华东师范大学齐卫平作题为“党的建设新要求与统一战线的新任务”的发言，他指出从中共十六届四中全会提出“科学执政”理念，到中共十七届四中全会提出“党的建设科学化”，表现了将“科学”这一价值取向融入到党的建设。党内民主建设需要外部的监督，需要人民群众广泛参与。努力使党的影响力覆盖全社会，是十七届四中全会阐述的一个重要思想。

上海大学邓伟志在“党内民主与社会民主”的发言中分析了党内民主与社会民主的关系。他指出，党内民主与社会民主是互相渗透、相互推动的，并提出了八点建议来推动党内民主与社会民主的共识和共振：一是要加强协商民主；二是要进一步做好选举民主；三是要注意尊重少数；四是要搞好民意测验；五是要重视新闻监督的作用；六是民主党派要进一步推进自身的民主进程；七是社会组织的民主进程应该迈出比民主党派更大的步子；八是要营造良好的民主生态环境。

市社会工作党委书记施南昌在题为“上海‘两新’组织(指新经济组织和新社会组织)党建工作的实践和探索”的发言中介绍了“两新”组织党建工作的特点：上级党组织与“两新”组织无行政隶属性；党员对党组织在工作生活上无依附性；“两新”组织和党员具有较高的流变性；党的组织活动的基本业余性；党务工作基本属志愿性；党组织工作的服务性。他指出上海“两新组织”在逐步扩大党的组织和工作覆盖、不断创新党建工作方式方法、建立健全“两新”组织党建工作体系、加强党建工作队伍和人才队伍的建设、不断提高党建工作有效性、积极营造“两新”组织党建工作良好的社会环境方面进行了卓有成效的实践探索，取得了初步成效。

台盟上海市委专职副主委高美琴作了题为“加强民主党派的监督作用，推进社会主义民主政治进程”的发言。她说，新时期各民主党派的民主监督作用得到进一步发挥，但仍存在一定的薄弱环节，因此要进一步健全民主党派的监督机制，发挥党内监督与民主监督的合力。具体要做好以下几个方面：第一，建立健全民主党派民主监督的机制，使其规范化、制度化、程序化，并真正落到实处。第二，要加强党内监督与党外监督的合力，从而提升民主监督的效果。第三，畅通知情渠道，建立健全民主议政机制。第四，进一步加强民主党派自身建设，培育正确的政党意识，增强民主监督的能力，重视民主监督工作。

中共宝山区委统战部常务副部长刘发林在题为“积极探索新形势下培养选拔党外干部的新载体”的发言中介绍了宝山“上海党外代表人士挂职锻炼基地”成立以来开展的工作及取得的经验。

（市统战理论研究会）

建设学习型政党

——市中共党史学会举行研讨会

中共十七届四中全会明确提出了“建设马克思主义学习型政党”的重大而紧迫的战略任务。为了加强对建设学习型政党的深刻认识，3 月 13 日，市中共党史学会组织学会部分资深专家举行“建设学习型政党”的专题讨论会。会长张云主持会议，40 余位专家学者出席。

孙道同回顾了党的历史，认为党无论是在革命战争年代还是在社会主义建设时期，都十分重视理论学习，这是我们党取得革命和建设不断胜利的重要的经验。目前党中央强调建设学习型政党，是形势发展和实现我们的奋斗目标的要求。他认为，建设学习型政党关键在于领导干部的理论学习，建设高素质的干部队伍，提高全党的马克思主义水平和科学水平。只有结合实际加强理论学习，才能有效把握党的建设规律和社会发展的规律。他认为要特别重视提高基层党的干部的理论水平，加强党的基层组织的科学化水平，并提出主要的途径：一是要把历史上行之有效的办法与当下的创新高效相结合起来，注重工作的方式方法；二是扩大基层党组织的覆盖力；三是要适应新时代、新情况、新挑战。他还引用了列宁和马克思的经典学说，主张要将学习与实践相结合，在工作实践中学习探索，创立学习型党支部和学习型基层党组织。并且就什么是学习型党组织及如何建设学习型党组织提出了自己的设想。

方开淇认为领导干部要重视提高马克思主义理论研究水平。他分析了党在执政后所经历的三次中国社会转型中面临的种种挑战，总结了当今社会在进行理论工作中遇到的各种困难，得出的启示是：领导干部要向群众学习，向实践学习；向理论学习，学习马克思主义的中国化；要利用互联网，学习现代化的科学知识，否则难以适应转型期党的工作的需要。

有的专家提出，当前有许多理论问题需要进一步搞清楚，如究竟怎样理解“中国特色社会主义理论体系”、“社会主义核心价值体系”等理论问题，呼吁要认识这些理论问题的本质，要真学、真懂、真用。大家还结合当今党风廉政问题，认识到我们长久以来世界观建设的力量薄弱，使理想信念走向迷失。旧的思维模式已经不能解决新时代的新问题，必须要加强理论学习，重新审视当代中国的社会主义社会。

专家们一致认为，历史和现实都已证明，崇尚学习的民族最有希望，善于学习的国家最有力量，而不断学习的政党才能永葆先进。建设马克思主义学习型政党，对于我们站在新的历史起点上,进一步加强和改进党的建设,具有重要的时代意义。要完成肩负的历史任务,必须加快建设学习型政党,通过强化学习来提高党员素质,增强党的凝聚力、战斗力、感召力和吸引力。

（闫乐乐）

居委会自治家园与城市社区重塑

——市社区发展研究会等召开研讨会

4月11日，市社区发展研究会、市民政局等联合召开“居委会自治家园与城市社区重塑”研讨会。主要观点综述如下：

市委副秘书长姚海同指出，社区建设要特别注重政府的行政管理与基层社会自治的良好互动。推进社会自治，要在党组织的领导下，推动共同参与的自治格局，形成政府与社会有效衔接和互动的机制；社区建设要注重提升社会发展的综合水平，不断提高人口发展指标、生活水平指标、公共服务指标、社会和谐指标，要特别关注和解决社会和谐稳定问题，基层党组织要在解决这些问题中有作为，不能游离此外。

市民政局局长马伊里介绍了民政部门推进“居委会自治家园”项目的立项背景和目标设想。十几年来，各级党和政府都在积极考虑、加大投入，但政府的重视和投入似乎并没有使居委会的自治能力提升，居委会的职业化、行政化依然较强，而法律赋予的自治功能尚未能很好体现，该项目旨在实践层面梳理、总结和试图回答这个问题。通过该项目的实施推进，达到了三个方面的效果：激发了学者研究兴趣，让学者看到了在这个领域很大的研究空间；激活了基层社区自治建设的积极性，并获得了专业的辅导；同时，政府部门也获得了很多有意义的成果。项目的初步成果将对社会开放，希望这个项目能充分展示中国的社会创新，能更好地宣传具有中国特色的民主社会；希望该项目能与“世博人家”项目互为补充，“世博人家”展示的是私人空间，“居委会自治家园”展示的是公共空间，展示的是中国人如何享受公共空间。通过对世博会的贡献，来同步提升上海的社区建设和管理工作。

研究会常务副会长徐中振指出，该项目构建和确立了社会发展、社区建设的公共性领域，突破了传统上公共性、社会性领域之外基本上就是行政性领域的尴尬情况，激活了各类社区组织，并发挥其在类似于公益环保、保护古村落、参与解决社区问题等社会事务、社会管理方面的独特功能。

（市社区发展研究会）

科学发展观与思维方式的变革

——市哲学学会等举办研讨会

5月30日，市哲学学会与上海政法学院联合举办"科学发展观与思维方式的变革"学术研讨会。上海政法学院副院长关保英致辞；市哲学学会会长陈章亮主持，来自本市高校、社科院、市委党校、中国浦东干部学院等单位的近50名哲学理论工作者参加。

与会者指出，思维方式变革的深刻动因存在于社会经济生活的发展变化之中。时下有"三后时代"之说，即"后工业化时代"、"后苏联社会主义时代"和"后金融危机时代"。当今中国社会正处在新的大变化之中。在以经济建设为中心、注重社会生产力发展的基础上，越来越重视公平、正义、民主、法制和社会的和谐，要诉诸哲学层面的思考，从哲学方法论和辩证思维的视角探究思维方式的变革。

有学者谈到，当今思维方式的变革可以从不同的侧面加以体现。例如从物质文明和精神文明"两手抓"发展到科学的系统思维观，这体现为科学发展观关注的五个纬度，即经济、政治、文化、社会和生态，更加强调辩证综合、整体把握。要防止认识的两个误区：一是把社会发展的一切都简单片面地归结为生产力；二是把生态环境视为生产力发展和社会发展的外在因素。又如在政治思维上，从统治思维向治理思维转变，治理思维更注重柔性、上下沟通与民意表达，其核心是权力与权利的关系，关键在于要使权力真正代表权利，权利有效监督权力。再如，从绝对的求同向和而不同转变，和谐社会的境界是和而不同，有宽松的氛围，让不同的观点与意见交流、交融、交锋，给趋同思维一个合度的边界，多提倡求异思维、反向思维，舍此就不可能有积极性与创造性的有效发挥。也有学者认为，客观事物往往十分复杂，对其的辩证综合与整体把握固然重要，但这种综合不能离开分析，在对事物的整体把握过程中，必须要有对其部分与细节的精确分析与把握。

有学者指出，科学发展观的提出和践行，使得思维方式发生着新的可喜变化。这体现为：一是从物本观向人本观转化；二是从片面的发展观走向社会全面发展观。这位学者提醒，要处理好精英与平民、效率与公平、权力与权利（益）等关系。

有学者认为，科学发展观对于思维方式变革的核心理念是以人为本。另有学者由此指出，尊重每个人的权力、公平与幸福，是社会不断进步的表现，现实社会生活中还存在着不少现象，所反映出来的是民本思想和意识，并不是人本思想和意识，理论界应从深层次做出廓清与阐述。

有学者分析认为，在国家与个人、义与利、一元与多元诸种关系中，中国传统思维方式强调前者，而西方文化传统则注重后者。中西文化传统在思维方式上的差异，也是我们在发掘传统思想文化资源中必须加以注意的问题，而关键在于与时俱进、综合创新。

与会学者指出，思维方式是认识世界与改造世界的工具，思维方式变革是以理论变革为前台的，它总是在幕后，是一种隐性的逻辑支持，其本身没有“道”的意义，而选择什么样的思维方式则有一个“道”的问题了，思维方式的这一特征，应该在理论研究中予以充分的注意。

（李家珉）

社会主义核心价值体系

——市统战理论研究会等举办研讨会

由市统战理论研究会、民盟上海市委、市社会主义学院等举办的“社会主义核心价值体系”研讨会于5月28日举行。60余人参加。

会议由市社会主义学院副院长、市统战理论研究会副会长张颖主持。市人大常委会副主任、民盟上海市委主委、市统战理论研究会副会长郑惠强，市委统战部副部长吴捷出席会议并讲话。与会者围绕主题作了交流发言。

郑惠强指出，当前形势下民主党派树立和践行核心价值体系具有重要意义，是不断巩固多党合作共同思想政治基础的必然要求；是继续做好政治交接的必然要求；是进一步提高参政党履职能力的必然要求。

华东师范大学章义和认为，维系一个民族长期发展和存在的，往往是人们内心的价值沉淀。任何一个社会都会出于自己的需要，提出自己的核心价值体系。“社会主义核心价值体系”是建设和谐社会的根本。在经济全球化的条件下，构建社会主义和谐社会包括内部和谐和外部和谐两个方面，是两方面的有机统一，这种内外的交流需要在核心价值体系的建设上既要坚持本民族价值观的独特性，又要以某种各民族公认和接受的价值观为基础和前提。费孝通先生总结出了“各美其美，美人之美，美美与共，天下大同”的十六字箴言，对于在价值体系的建设上把民族性和全球性协调统一起来，具有很深刻的启示意义。建立社会主义核心价值体系的目的，说得简单一点就是要建立一个和谐的社会，而“文化自觉”正是实现和谐社会的基本手段。从这一点上，既可以感受到民盟前辈的高瞻远瞩，又可以体会建立社会主义核心价值体系的文化意义。

市社会主义学院杨爱珍在谈及如何坚持马克思主义指导思想时认为，首先，中国的传统文化能够接受并融合马克思主义，这是马克思主义能够成功在中国传播的基本条件。其次，马克思主义对中国传统文化的改造，这是马克思主义在中国传播的必要条件。再次，中国传统文化对马克思主义也有副作用，这是马克思主义中国化的重要条件，这方面的教训是深刻的。坚持马克思主义，并不是恢宏激昂的口号，也不是一场政治秀，应该是一种文明的实践。这种实践需要持之以恒，需要方法、需要好的途径。

上海社科院法学所殷啸虎论证了统一战线是实现中国特色社会主义共同理想的重要制度保障。中国特色社会主义共同理想的实现需要通过一定的制度和组织形式来凝聚人心、汇聚力量，而统一战线这种制度与组织形式不仅体现和反映了中国特色社会主义共同理想的基本要求,而且与中国特色社会主义共同理想有着共同的内涵与价值追求,并且为这种共同理想的实现提供了重要的制度保障。社会主义共同理想集中体现了全国人民的根本利益,具有广泛性与包容性,而统一战线正可以为这种广泛性与包容性的实现提供相应的制度和机制保障,使这种广泛性与包容性在统一战线的框架之下得到充分的体现。

在论及社会主义核心价值体系的认同基础时,市统战理论研究会理事蒋连华指出:在当代中国,国家所具有的自然地理概念、文化概念、政治概念的三个层次,对情感主体(或社会人)的影响及其产生的对祖国故土家园的热爱之情、对祖国人民及其文化的热爱之情、对国家的热爱之情,构成了当代中国爱国主义多层次、多因子的交互作用系统,为社会主义核心价值体系的构建提供了重要的认同基础。

上海大学秦钠认为,每一个历史时代特有的普遍精神实质,体现了时代发展的潮流与方向,是激励一个民族和国家发展的动力。根据一个国家与民族的时代精神内涵以及它在社会变迁过程中所发挥的作用大小,可以透视其国民的理性程度与成熟水平。因此,时代精神往往成为衡量一个国家和社会文明进步程度的重要标尺。时代精神与社会变迁、社会进步和发展密切相关,具有动态性。目前,我国改革开放和经济社会发展实践中孕育而成的时代精神,应当全面体现时代精神的基本要素,具有丰富的内涵、鲜明的特征和独特的本质。其核心是改革创新,特征是与时俱进,本质是以人为本,其表现是竞争与合作意识、开放意识、民主意识、法制意识与和谐精神。在社会主义市场经济发展过程中,传统的思想观念经受检验,新生的思想观念竞相表现,各种思想观念相互碰撞,思想观念变革和发展的程度空前活跃与激烈。在当代中国社会变迁过程中,以改革创新为核心的时代精神在适应时代和实践的发展要求中形成,又必须适应时代的新变化和实践的新发展而进一步加以完善。唯有这样,中国社会的时代精神才能真正与时俱进,构成中华民族大步迈向现代人类文明的强大精神动力和坚固的精神支柱,不断引领和激励中华民族走向当今世界人类文明的前列。

上海社科院思想文化研究中心马驰认为,《中国人民政治协商会议共同纲领》,体现了中国各党、各派、各种爱国社会阶层利益的“最大公约数”。这个“最大公约数”至少包含了中国以往一切旧政府所不曾有过的种种社会价值诉求,如人民为本、劳动光荣、公平正义、团结进步、和谐自由。这些价值诉求是自辛亥革命以来无数仁人志士所苦苦追求的,也是新中国爱国统一战线的政治基础。社会主义核心价值体系的构建,也应当寻找能够被全社会普遍接受的价值体系。

(顾文浩)

当前中国社会转型期进程中社会差异及其整合

——上海科社学会等举办研讨会

6月23日,上海科学社会主义学会、市社会学学会与华东师大联合举办“当前中国社会转型期进程中社会差异及其整合”理论研讨会。40多位有关单位领导和学者以及部分媒体参加了研讨会。

中共上海市委宣传部副部长潘世伟和市社联党组书记沈国明、副书记桑玉成分别到会祝贺并发言。潘世伟在发言中指出,研讨会有分量,能够多学科从经济、政治、社会多方面不同角度和还原事物本来面目,问题分析全面科学。面对社会差异的现实,面对改革开放的新形势、新要求,学界要在坚持弘扬社会主义价值观主旋律的前提下,承担更多的社会责任和历史使命,以常人的眼光和超越时代的独特解释,以推进改革开放的深入发展,为构建和谐社会,做一些更为深入、准确和科学的研究。沈国明在发言中指出,研讨主题是个重大课题,当前处在转型期的社会矛盾突出,各方利益博弈激烈,许多问题同时困惑着政府、学界和法律界,社会科学界必须发挥应有作用,努力为化解和缓和社会矛盾以及为政府决策、为社会稳定发展出谋划策。桑玉成在致词中充分肯定多学会联合举办理论研讨会的引领意义,今后社联将在跨学会开展学术活动方面予以大力支持。同时对社会差异的形成和如何加强整合提出了自己的看法。他认为,任何社会都存在差异,我国社会发展转型期,利益分化加剧导致社会矛盾冲突增多,贫富差距使社会问题更加严重。城乡二元结构的扩大化,不但使政府管理成本提高,压力增大,同时也被推到矛盾的焦点,要努力通过制度调整来遏制和缓解矛盾的发展。

市社会学会会长邓伟志在主题发言中,对当前学界有关社会差异研究的动态作了简明的阐述,从贫富差异的形成以及对泛市场化的存在的分析中,要求各方反思研究,从指导发展的思想和政府的公共服务体系建设中,找到破解问题的对策。

市社会学学会副会长卢汉龙,科社学会副会长孙力,华师大文军、郝宇青,上海财经大学张彦,市委党校马西恒等围绕主题,分别从马克思主义关于社会差异的理论探源、国内外社会差异实际问题的剖析以及应对差异扩大的整合措施陈述了观点和立论依据。市科社学会副会长郭定平和复旦大学刘欣分别对六位学者的发言作了点评。

在公正、平等的问题上,有学者认为,马克思提出共产主义社会要消除城乡、工农和脑体三大差别,中国进入社会主义初级阶段以后,在消除贫困方面取得了显著成效,但是也付出了巨大代价。在社会转型期,差异是社会结构的常态,对此,社会不同群体的主观判断有不同的感受。公众期盼的公正是一个社会过程，要努力克服市场发展造成的不平等以及资源再分配造成的差异，在制定社会政策过程中，必须充分把握政策结果的公正、资源配置的均衡和社会关系的平等。也有学者认为，社会差异包括了财富分配的悬殊。确立正确的财富观，须依据马克思关于劳动和资本的关系的论述。劳动是创造财富的源泉，资本不直接创造财富，是财富创造的倍增器。要合理提高劳动在分配中的比例。同时，资本在运作"钱生钱"的过程中充满了风险，要加强监督。这样社会才会稳定。

对于如何消解城乡二元结构，有学者提出，现代化文明以城市文明为标志，社会高度分化，特别是城乡的分化，以牺牲农村的整体发展换来城市的发展，社会主义初级阶段也无法绕过这个关。这也是认识消解城乡二元结构的基础，要积极通过逐步缩小城乡生活差别、提供城乡平等的公共服务、推进城乡一体化。承担公共服务使命的政府，要加快步伐，积极建构支撑公共服务的财政机制和服务型政策制定的机制。

有学者认为，全球化过程中，社会转型体现了分化—整合—再分化—再整合的发展特点，各领域的分化结果，最终促使社会结构逐步定型。传统社会整合的基础是从外到内、从一元到多元、从刚性到弹性、从机械到有机。分化对社会稳定的影响主要是：瓦解社会规范和交换规则，并改变社会群体地位的排序。转型期要重视为实现新的整合创造条件，政府要重视社会分化和变动，提高有效整合的能力，主动弥补整合交接存在的空白，避免经济快速发展的同时产生周期性振荡和结构性障碍。

对于目前广受关注的社会群体事件，有学者认为此类事件增多是社会差异加大的结果，深层次的因素是价值观的危机，改革必须提高意识形态的解释力，体现社会制度的公正性，增强政府公共服务能力。

在政府与市场的关系问题上，有学者认为，邓小平提出保持社会分配的合理差距，对产生内在动力和提高效率有一定作用。但当前市场还没有充分发育成熟，分配权力得不到有效监督和制约。政府必须还权予市场和社会，推动企业转变发展方式，必须提高整合经济建设和社会建设政策的能力。

会长夏军指出，我们不能回避社会差异和矛盾，马克思主义理论从来就一直认为社会差异是社会发展的动力，社会主义初级阶段不是要扩大差别和消灭差异，而是要将差别控制在适合的程度，保持其适度的张力，体现社会公平，保持社会充满活力，促进社会和谐，推进社会进步。我们要充分整合理论研究的各种资源，在客观科学分析的基础上，提出积极可行的应对之策，在社会转型的关键时刻，承担起学者和学界应有的社会责任。

（吴解生）

城市化进程中的二元社会结构问题

——市政治学会等举办研讨会

6月14日，市政治学会与上海财经大学公共与管理学院联合举办“城市化进程中的二元社会结构问题”专题研讨会，来自沪上各高校的30余位学者与会。市社联党组副书记、市政治学会会长桑玉成出席会议并作总结发言。

一、二元社会结构产生的原因

同济大学周敏凯和南京政治学院上海分院孙力认为原二元结构（即城乡二元结构）问题是历史发展到一定阶段的产物，是工业化过程中必然出现的，是现代化在带给人类高速发展的同时，不可避免地带来的城乡分化。上海金融学院的杨秋菊强调了社会隔离政策，即户籍制度及捆绑其上的社会福利和高度控制的社会结社，对二元社会结构形成的影响力。

复旦大学的唐亚林则重点强调了当代中国的复合型二元结构的存在，即原有的城乡二元差别基础上（在一定意义也表现为市民与农民二元差别）又产生了本地人口（原住民）与外来人口差别之现象，而这给当地政府与社会提出了一些客观上需要解决的问题。他认为，市场力量的结果是形成这种新型复合二元结构的重要原因。

二、二元社会结构所带来的社会治理问题

唐亚林认为外来人口的导入给当地政府与社会提出了一些客观上需要解决的问题，如外来人口的子女上学、疾病预防与公共医疗卫生、社会治安与管理、因房屋租赁而产生的居住、债务与环境卫生等问题，这些问题直接影响着特大城市新农村建设问题，尤其影响着外来人口多于本地人口的自然村落的改造问题。同济大学程名望则认为，二元经济的实质是贫穷问题，是效率问题，也是公平问题。

上海师范大学商红日从城乡一体化的未来走势上来看城乡二元分化的恶果：中国现代化在城市—农村二元分割状态下，将呈现农村发展外动力大于内动力的趋势，这种趋势的发展将带来政治蜕化等一系列严峻问题，进而将带来城市社会和农村社会的“二元空洞化”，最终实现的城乡一体化是“空洞”的一体化。

南京政治学院上海分院曹伟丽从政治认同的角度进行分析，认为二元社会结构问题已然带来严重的公民认同危机。

三、 二元社会结构的治理对策

对于如何有效解决二元社会结构问题，与会学者观点纷呈。

华东师范大学吴志华认为，中国的问题是独特的，因此，在谈问题的时候，仅仅有理论分析和实证调研是不够的，还应该加上一个思考的视角，即经验基础上的感悟。历史上农民有多次创举：家庭联产承包责任制、离土进行职业转换——乡镇企业的崛起、离乡开始农民进城。那么，面对今天的双重二元社会结构，农民是否还能完成再一次的创举？

唐亚林指出，新型复合二元结构的特点表现在仅仅靠行政的堵和疏，不能从源头上解决问题，这种新型复合二元结构将作为一种常态与城乡二元结构一起交织贯穿在自然村落改造的始终。因此，在复合型二元结构下，城乡治理的大方向应该从城乡分治走向城乡一体化。他从战略模式建构、策略方法建构、制度机制建构等方面全面论述了复合型二元结构的治理问题。商红日指出，通过平等公民身份制度的确立和实现，为社会注入内在动力，是解决中国城乡一体化发展的根本策略。

程名望还提出了发展小城镇的基本思路。

围绕着户籍制度改革的难点问题，与会专家在自由发言阶段进行了深入而热切的研讨。复旦大学的浦兴祖认为尽管户籍制度的控制并没有完全取消，但是相比于从前，户籍制度已有很大的松动；户籍制度进一步改革的难点是户籍制度本身的问题还是户籍制度背后的地区利益问题，值得进一步探讨。上海财经大学的曾纪茂用经济学的已有研究成果佐证了浦兴祖的看法，国际比较表明，当代中国城乡之间的二元对立并未很严重，主要问题是地区差异问题。

（赵萍丽）

以人为本与中国社会主义现代化建设

——中国人学学会、市马克思主义研究会等举办研讨会

为深入理解和贯彻落实科学发展观，推动中国人学理论研究和中国社会主义现代化建设事业的全面发展，由中国人学学会、中共上海市委党校、上海市马克思主义研究会联合主办的“以人为本与中国社会主义现代化建设”学术研讨会暨中国人学学会第十二届学术年会于8月28日至30日在上海市委党校举行。中国红十字会会长、中国人学学会名誉会长彭佩云、中国人学学会会长陈志尚、上海市委党校常务副校长吕贵、上海市委党校副校长杨俊一等出席了会议，来自全国高校、科研院所及党校系统的近百位专家学者参加了会议。

一、“以人为本”的理论来源、科学内涵和当代价值

自2003年中共十六届三中全会正式提出“以人为本”以来，这一理论得到了全国人民的赞成和拥护。陈志尚认为，之所以如此，一是“以人为本”这个概念源自2 500年前的《管子》，是民本思想的又一种表达，属于中华文化精华，有很强的人民性和民族特色，容易为广大人民所理解和接受。二是中共中央立足当代现实，对“以人为本”做了新的科学解释。中共十七大报告的阐述表达了党对人民地位的高度尊重，党和人民关系的正确规定，集中体现了人民的根本利益和意志。三是“以人为本”贯彻在行动中产生了极好的社会效果。

不可否认，对“以人为本”还存在不同的理解甚至曲解，为此，复旦大学余源培提出准确理解“以人为本”必须划清四条界限。第一，坚持以人为本，要扬弃“满足人的需要应该有生存、发展、享受三个层次”的错误观点。不能把享受定为最高层次，要努力做到生存需要要保证，享受需要要适度，发展需要要引导，这才是人的全面发展。第二，坚持以人为本，要反对以权为本。如果人民没有民主权利，这个以人为本是空话。第三，坚持以人为本，要超越以财富为本。归根结底，财富只是手段，而不是目的。第四，以人为本，不能简单等同于以经济人为本。在市场经济条件下，不能完全排除经济人，但是一定要处理好经济人、道德人和自由人之间的关系。

还有学者把对以人为本的理解与上海世博会联系起来，中共中央党校崔自铎认为，上海世博会“城市，让生活更美好”的主题就鲜明地体现了“以人为本”的理念，上海世博会的成功、成就、辉煌、创新展示了人民的伟大创造，让我们感受到满足广大人民群众日益增长的物质文化需要，以及提升广大人民群众素质和能力的重要性。构建社会主义核心价值

体系，核心就是要坚持以人为本的原则，克服以钱为本，以个人为本，以资本为本等错误理念。

二、 以人为本与社会主义现代化建设

如何在社会主义现代化建设中，贯彻落实以人为本的原则，与会学者纷纷提出自己的理解。复旦大学陈学明认为：一是在进行经济建设过程中，不能把经济发展本身作为目的而只能看作是为人的利益服务的手段。二是在引导人们奔小康的过程当中，不能只引导人们一味地去追求物质享受，而应当把“以人为本”正确地理解成以满足人的整体需求为本，从而应当致力于人的全面发展。三是在处理资本与劳动，也就是死劳动与活劳动的关系的过程中，应当把人的劳动放在资本之上，可以把以人为本具体化为以劳动为本。四是在推进生态文明的过程中，不能像西方的无政府主义、浪漫主义、后现代主义那样笼统的反对人类中心主义、而主张生态中心主义。

关于如何在军队建设中，贯彻以人为本的原则，国防大学黄书进和防化指挥工程学院张维祥认为，第一，从党和国家的利益考虑，军队坚持“以人为本”就是要坚持以最广大人民的根本利益为目的，这就决定了军队的使命和性质。第二，要充分尊重和发挥广大官兵主体地位，在国防现代化建设的过程中，调动广大官兵积极性，而要调动广大官兵的积极性，就必须承认官兵也是公民，也有自己的利益，这就需要处理好国防建设和国家建设的关系。

三、 以人为本与人道主义

从发展观来讲以人为本学术界已经形成共识，但在历史观上能不能讲以人为本，或者说以人为本仅仅是价值认识和价值判断还是世界观、历史观和价值观的统一的观点上，与会学者尚有不同的看法。围绕以人为本与人道主义的关系，与会学者展开深入讨论。北京大学黄楠森认为，以人为本是价值观，不能是历史观。价值观与历史观的区别是非常明显的，历史观是关于整个人类社会及其发展的根本观点，而价值观作为指导人类社会的实践活动的价值取向的观点，可以说是历史观的一个方面，但两者绝不能混为一谈。当然两者的关系是十分密切的，两者是互相制约的，但历史观显然更加根本。教育部社科中心田心铭也认为，以人为本不是作为世界观、历史观的人道主义。马克思创立自己新世界观的思想历程，是离开黑格尔走向费尔巴哈，又超越费尔巴哈的人本主义的唯物主义，走向历史唯物主义的过程。不超越作为世界观、历史观的人道主义，就没有历史唯物主义。作为科学发展观核心的以人为本，是历史唯物主义基本原理的表达和运用，同作为世界观、历史观的人道主义是根本对立的。

首都师范大学王锐生不同意马克思的历史观不包括任何人道的观点。他认为，马克思的理论本身所固有人道性和革命性两个方面的特征。不能认为作为历史观的理论，它只有社会规则的内容，而没有价值的内容和人道的内容。在马克思的理论中，他的人道性和革命性是有区别的，人道性是超越时代的，它的根基在于马克思所讲的人类本性。革命性是带有时代性，是暂时的，不是永恒的。马克思的理论是人道性和革命性的统一。这个

理论给社会主义这样一个论证:一方面,人道性论证社会主义这种社会形态的合理性,另一方面,革命性论证了社会主义必然性。但马克思理论的两个特点,到后来被割裂了。一部分人强调了革命和专政,时至今日,马克思的理论中人道性应受到更多的重视。所以把马克思的历史观和价值观割裂开,认为马克思的历史观不包含任何人道的成分很难理解。

中共上海市委党校黄力之则从当代中国的现实出发,对人道主义与以人为本的关系进行考察并指出:第一,以人为本,作为科学发展观的核心提出来,它就是要解决发展这样一个价值观的问题。党和国家的任何文件并没有以此取代马克思主义唯物史观的表述。第二,以人为本,用人道主义、人本主义都可以解释,但是中共十七大报告的解释就是全心全意为人民服务,这是党的根本宗旨,党的根本宗旨是要实现、维护发展广大人民的根本利益,所以要以人民来解释这个问题。以人为本和以人民为本是紧密联系而又有区别的两个概念,因为人民是一个政治概念,以人民为本只能是程序性的概念,而以人为本却是终极性的概念,但离开了这个程序,终极目标也无法达到。

四、 人学研究的对象、路径及方法

当代中国人学研究面临前所未有的机遇,也存在一些挑战,如何推进当代中国的人学研究,与会学者纷纷提出自己的思考。上海社科院童世骏指出,中国之所以能够取得如此巨大的成就,与人的精神因素是分不开的,人学研究应该给予应有的关注。中央党校韩庆祥也指出,研究以人为本,必须关注当代中国人的精神世界的重大变化,重建当代中国人的精神世界是当代中国必须解决的重大课题,中央提出构建社会主义核心价值体系的实质就是要重建当代中国人的精神世界,因此,我们不能仅仅从政治形态或者学理层面来把握和研究核心价值体系的内容及其内在逻辑,还需要从大众维度,从重建精神世界这个高度来把握它,关键是要研究社会主义核心价值的形态,即全民价值观念的问题。

北京大学丰子义指出,第一,人学应该与现实问题结合起来。人学不关注社会生活,社会生活也必然会冷落人学。人学研究要有所作为,不能自说自话,成为一种道义上的评价,而应该直面现实,即对现实问题发出进行人学解读。第二,人学应该加强与其他学科的沟通与合作。要实现跨学科的发展,不能光停留在哲学的圈子里面,也要注意别的学科的研究成果。第三,人学应该加强与有关部门的合作。这种合作不仅是形式上,更主要的是实质性的,如承担一些课题。这样研究成果人学能给有关部门提供服务,也能提高人学的研究水平,并扩大影响。

中共上海市委党校王建国指出,思维方式不仅是人学的一个重要研究对象,也是研究人学各种基本问题的一种方法。中国人民大学郝立新指出,目前而言,人学研究指导性的方法是一种分析方法,从而在一定程度上造成人的主体性和客观性、社会性与自然性、物质性与精神性等方面的对立和割裂。所以,从总体的方法来解读人的本质、人的存在、人的发展这样一些基本的问题非常重要。

(陈方刘)

扩大公民有序政治参与

——四学会联合召开专题理论研讨会

市人民政协理论研究会、市政治学会、市社会学学会和市法学会分别于 7 月 21 日、8 月 12 日联合召开“扩大公民有序政治参与”理论研讨会。市政协秘书长、市政协理论研究会会长陈海刚，市政协理论研究会副会长兼秘书长徐海鹰，市政治学会副会长浦兴祖、秘书长周敏凯，市社会学学会常务副会长卢汉龙、秘书长潘大渭，市法学会专职副会长陈金鑫、秘书长施基雄，市政府法制办副主任刘平，以及本市多所高校、科研院所的专家学者出席会议。研讨会主要观点综述如下。

一、 公民有序政治参与的内涵

刘平认为，公众参与在国际上比较流行的提法是“协商式民主”，它是以克服目前代议制民主制度愈来愈脱离实际、远离人民等弊端为目的，逐步发展起来的。但这种民众的直接民主，不是以否定和替代间接民主为目标，并不转移决策权，而只是对代议制的补充和优化。它本身也是一种民意的表达，对决策者起到积极的影响作用，甚至决定作用，但仍然没有决定权。我们对政府重大行政决策，要求“公众参与、专家论证、政府决定”，是比较准确地体现了这样的关系。

浦兴祖认为，扩大公民有序政治参与，是中共十六大开始提出，中共十七大反复强调。政治参与要扩大，但是扩大的政治参与必须是有序的。只有有序的政治参与才能真正成为民主政治发展的动力，推动民主政治健康发展。因为民主政治本身就是有序的政治，是程序的政治。

二、 公民有序政治参与是民主政治发展的重要内容

卢汉龙认为，对中国来说，社会本身就发育不足，很多社会公共事务是靠政府和政治系统去处理的，群众一般处在“看客”和“搭车”的状态，所以有一种理论认为中国社会是早熟的，什么事情都用政治系统来解决，社会系统发育不强。这也反映出我们现在很多公众或公民，他们的政治参与能力不够，民主习惯也不足。根据美国提出的西方公共参与的理论，最著名的就是把公共参与分为“三个层面”和“八个台阶”。第一个层面是道理上的参与，第二个层面是象征性参与，第三个层面是实质性参与。我们现在公众对社会事务的参与，仍然停留在第一、二层面之间。

复旦大学肖存良认为,改革开放引入市场经济制度后,中国人越来越进入了一种常态的社会,跟国际社会的发展开始有了许多相同的地方,因此在转型过程中,政府职能的转变和社会体制的改革都会成为一种对社会参与或政治参与的培养和培育的过程。

与会学者认为,西方在应对公民政治参与热潮、建构政治参与秩序的过程中建立了代议制民主和普选制,通过议会吸纳民意,将体制外的无序政治参与变成体制内的政治参与。我国自社会主义市场经济体制建立以来,提出了扩大公民有序政治参与的概念。如果我国公民的有序政治参与不能建构起来,我国的政治体系和人民民主就面临难以巩固的现实问题。

三、 人民政协是有序政治参与的重要平台

中共上海市委党校袁峰认为,对于扩大公民政治参与而言,社会组织具有双重性。一旦社会组织的发展未能制度化地整合入合法的公共领域,有时候也有可能成为对原有政治参与秩序的挑战。对于发展中国家而言,如何将公民社会中的各类社会组织发展出来的信任网络整合进公共政治生活而不威胁到现有政治秩序的生存与延续,是一个难题。人民政协作为一个重要的政治协调机制,以其特殊的政治定位为其处理这一难题提供了有利条件。一旦参加政协即意味着在政治生活中获得有资格的地位保障,这对于社会组织而言也是具有相当吸引力的。作为非国家权力机关的政协,对国家政治秩序的稳定起到了一定作用,避免了在政治参与急剧扩大后政治体系适应能力的不足。政协又是公民中的精英参与,有组织的公民参与,所以政协确实是社会主义的民主形式。

肖存良认为,政党从整合社会秩序的角度考虑,政治协商就不仅是机制问题,而且是战略问题,它应该促成两个协商,一是促成社会各力量之间的协商,二是促成政党和所有社会政治力量之间的协商。从这个意义上说,中国政治协商最关键的问题不在机制,而在于各个能够承载起组织社会一方力量的主体的成长。目前我国社会转型处于非稳态之中,真正的民间领袖是存在的,但是没有被纳入政治协商的视野。不能造成官方民间领袖与民间领袖的分离。要让民间领袖"和而不同",把民间领袖选为政协委员但又有独立形态等等,通过这种方式来解决政治协商的代表性问题。

上海社科院刘杰认为,人民政协尽管是公民有序政治参与比较重要的渠道,但其作用发挥也存在一定的限度。随着改革开放以来社会结构和政治价值的巨大变化,政协传统的精英定位日益凸显出三方面不适应性:一是在群体高度分化、政治价值日趋模糊的现实下,统一战线对象(政治精英)的身份界限日益模糊,不再能够按照传统认定标准来加以判断;二是无党派人士队伍急剧扩大,越来越多的精英人士更愿意选择无党派身份,而目前政协的政治安排中无党派仍然是一个少数群体,难以适应大量具有代表性和影响力的无党派人士的政治参与要求;三是社会组织成为潜在的新兴政治力量。要适应这一变化,人民政协须切实发挥政治参与的渠道和平台作用,需要给予政治精英、社会群体、普通公民不同方式的保障和满足。

复旦大学胡守钧认为,要加强政协和社会团体的关系,包括业已形成的正式社会团体和还未形成或者正在形成过程中的社会团体。政协如果不和社会团体相联系,将变成无

源之水。政协在这方面可以多做文章，和社会团体例如工会甚至农民工群体多打交道。

华东政法大学朱应平认为，从现实来看，人民政协制度虽然有了很大的发展，但至今没有制定相应的法律来保障其运作。目前此项制度完全靠中共中央的相关文件和中国人民政治协商会议及其地方政协组织发布的章程和有关规定，虽然有“软法”的优势，但缺乏“硬法”的保障。

华东师大王向民认为，中国政治制度结构已经很成熟，故要在功能转化或开发功能上实现现有结构的增容。作为一种社会代表性制度安排，人民政协制度必须放置到与人大制度的比较视野中。

四、 提高社会组织化程度，推进公民有序政治参与

复旦大学臧志军认为，我国社会组织发育程度仍然很低。大量的社会利益群体没有实现组织化，其政治参与不得不以偶然、无序、以及个别的方式进行。结果不仅这些群体的法定政治参与权利得不到切实的落实，其政治参与难以做到有序，处于顶端的党政一体化执政结构也不得不以直接面对社会无数原子化的存在，其执政效能的提高自然受到极大的制约。我们应该走出思想认识上的误区，正确看待社会利益群体的分化、集团化，以及以集团的方式表达自身的利益，让利益群体以集团活动的方式表述自己的需求。只有将不同的人群组织起来，让他们选派代表进行政治参与，才可能实现有序。社会一旦被充分地组织起来，就可以将目前那些表现为社会与政府之间的对抗的问题回归于社会，显露出其一种社会利益与另一种社会利益对抗的实质，随之政府可以抽身事外，不再成为矛盾双方中的一方和矛盾的焦点。

华东师大郝宇青认为，对于新社会阶层的认识存在一个误区，即不把弱势群体看作是新社会阶层，因而，在思考所谓新社会阶层政治参与的时候，就很少把他们纳入到我们的视野之中，也没有为他们的政治参与做出制度性的安排。政治吸纳过程中的身份歧视、财产歧视，在客观上造成了弱势群体政治参与的缺失。而且，恰恰是因为他们政治参与的缺失，反而使得他们成为影响社会稳定的重要因素。

胡守钧认为，目前，中央对于公民有序政治参与问题非常重视。中国改革开放 30 年来，民众的主体意识、公民意识不断提高，已经慢慢摆脱了从前的臣民意识。而作为公民，就应当对公权力发挥影响。中国目前已经进入到了还社会于民的阶段，中国的改革开放是以还市场于民开始的，而到如今，把社会还给老百姓，简单说来就是，把工会还给工人，把商会还给老板，把学会还给学者，把同乡会还给老乡等，这点非常重要。所以要加强社会建设，加强社会团体建设是中国未来五年或者十年内的重点，然后才轮到政治改革的问题。

（市人民政协理论研究会）

依法发挥宗教在和谐社会建设中的作用

——市宗教学会、市统一战线理论研究会、市法治研究会联合举办研讨会

10月21日，市宗教学会、市统一战线理论研究会、市法治研究会联合举行“依法发挥宗教在和谐社会建设中的作用”专题研讨会。研讨会以“如何发挥宗教在构建和谐社会建设中的作用”为核心主题，循着宗教社会学，宗教法学两个交错的维度，依据前期调研成果，从实证的层面展开探讨。

顾村镇党委副书记、课题调研组组长陈继渭介绍了课题开展情况。近年来，随着本市的开发建设，位于宝山区中西部的顾村镇人口大量导入，超过16万的常住人口中只有6.2万户籍人口，流动人口的增加不可避免地使得信教群众的实际情况愈加复杂。在此背景下，成立了“如何发挥宗教在构建和谐社会建设中的作用”课题小组，聘请市民宗委、区民宗办、高校各领域专家为顾问，深入调研，整合信息资源，由镇统战科负责最后研究报告的拟定。通过一系列调研，发现在现实生活中，宗教对于构建和谐社会的意义重大。依法管理，保护合法，打击非法，广大民众是依靠的力量，基层工作者更要提高处理复杂宗教事务的能力。

调研报告对如何依法发挥宗教在构建和谐社会建设中的作用，提出如下建议：(1)依法规范个人宗教行为，做到权利义务相一致。(2)依法规范宗教团体事务，打击非法宗教活动。加大宣传宗教好的理念和宗教团体的慈善义举，化解宗教团体之间、信教者与非信教群众之间的矛盾冲突。(3)鼓励宗教团体从事慈善事业、社会事业。积极扶持合法爱国的宗教团体，由这些团体带动信教群众积极参与到社会的各项建设中去，引导群众进行正常的宗教活动，取缔非法活动，从而依法发挥宗教在构建和谐社会中的作用。(4)完善相应法律法规。对于基层工作者而言，在实际工作中，现实情况复杂难以辨识，许多理论上可以实践的措施，在最终落实到现实层面时，由于相关法律法规的不完善和空白，很难把握实践。

来自不同领域的专家学者相继发言。市民族宗教事务委员会的尹都指出，随着社会整体对于宗教认识的逐渐转变，宗教事务的“服务”与“管理”孰重孰轻，对宗教基层工作者而言，应是一个需要全面考虑的问题。以了解民众的具体情况为基础，在满足普遍广大民众普遍需求的层面上来提供服务；对于那些有损于他人，有损于和谐社会的具体事物则施以管理。市宗教学会秘书长葛壮肯定了此次顾村镇调研工作的重要性，并就宝山区穆斯

林人数的增长与区内临时礼拜点的相关问题谈了看法。市基督教青年会吴建荣总干事以青年会的社会服务经验为例提出，无论怎样形态的社会，宗教都可以为构建和谐社会发挥积极的作用，事实上，宗教许多好的价值观在实践过程中，早已褪去其宗教背景，真正地融入到整个社会的价值体系中，发挥积极作用了。政府如何从“管”、“堵”转变为“引导”，给有宗教背景的社会团体多一些空间服务于社会，协调好服务与管理的关系，将有益于宗教发挥正面的积极作用。闸北区民宗办的王智琦也就政府部门如何充分发挥宗教的积极作用提出应注重培养宗教人才，培养优秀的宗教领袖，同时，也要普及一般信徒的宗教知识，引导他们合法展开信仰活动。市依法治市办包志勤认为顾村镇的个案具有创新意义，在实践层面和试验层面弥补了当前情况下政策的缺失。法律法规建设的完善是一个长期的过程，目前只有在既有的法律框架下有度、有序、有效地坚持，才能在实践中减少不稳定因素，没有积极有效的宗教文化生活是不利于构建和谐社会的。市民宗委周文华指出应该认识到宗教的文化性，中国文化的“和”“合”精神，事实上更有利于宗教的文化性在社会层面的展开。多讲些普遍性，少讲特殊性，社会公共层面其他涉及信仰的部分也应完善相关法律内容，不要把所有问题都化约为宗教问题。太平禅寺的住持智慧法师则介绍了该寺在参与社会公共服务事务、社会慈善事业的同时回避宗教身份背景的实践经验与取得的效果，由此表明宗教是可以在构建和谐社会中发挥积极作用的。

市宗教学会会长晏可佳指出顾村镇基层工作颇具创新性，且卓有成效。当前最大的困难在于宗教生活、社会生活的复杂多元。城市中边缘人群、流动人群的数量不断增加，由于他们游离于主流社会之外，行动方式往往出人意料，因此，顾村镇的案例实践是否可以在其他地区予以复制需要考虑。市统一战线研究会副秘书长王庆洲认为该研究报告是成功成熟的，且具有启发性，但也可以在一些细节部分予以更好的改善，比如问卷调查中增加有关“依法”方面的内容等阐述了自己的见解。

（张　靓）

执法·规范·公正

——市工商行政管理学会举办研讨会

11月10日，由市工商行政管理学会举办的“执法·规范·公正”理论研讨会在上海市社科会堂召开，60余人围绕着“让公平正义在规范执法中充分彰显”的中心议题进行了深入的探讨。复旦大学法学院朱淑娣、上海师范大学法政学院何精华作了点评和学术讲演。

一、 规范执法行为 提高执法效果

当前作为行政行为主要构成部分的行政执法行为侵犯公民合法权益的事件屡有发生。崇明工商学会姚启辉结合工商行政管理行政执法的实践认为，执法者的不正确执法动机是产生上述情况的主要原因，提出了通过矫正执法动机来规范执法行为。奉贤工商学会潘小飞提出了“工商行政管理行政执法办案的证明标准”这个命题，以法律事实与客观事实的辩证关系入手，分析证明标准产生的逻辑起点，并从与刑事、民事诉讼证明标准的比较中，得出工商执法办案应当采用“高度盖然性”作为证明标准的结论。朱淑娣强调，依法行政的目的之一是为实现程序正义和实体正义。而如何使程序公正与行政效率有机契合，则是一个现实的问题。它是立法者在程序设计、行政执法人员在程序操作过程中所要实现的价值目标。嘉定工商学会王延枫、晁殿峰提出了工商行政执法办案效能提升的若干机制，即:案前评估和案后回顾机制、重点复杂案件指导督办机制、案件流程约束性管理机制、积案定期清理机制。朱淑娣也就这个问题提出了看法，认为程序上的公正需要投入时间成本和机会成本，至于如何把握公正与效率的最优化关系，她建议在条件许可的情况下，行政执法效率应服从于规范的要求和公正的考量。

二、 增强风险意识 强化执法监督

行政执法的风险防范与管理是行政机关在新时期面临的一项新课题，对于提升行政机关的社会公信力具有重要的意义。宝山工商学会梁文东认为，在行政执法中风险是客观存在的，如何控制执法风险，必须协调好执法三要素，即:法律法规、执法者和执法对象。如何防范和规范风险，关键是要构建信任机制。化解执法者与执法对象之间的不信任关系，首先要增强执法者和执法对象对法律的信任感；其次执法者要增强公仆意识、服务意识，树立把权力当作责任和义务的观念，在内部建立健全失信惩罚机制、责任追究和赔偿

制度等；再次要全面落实政务公开制度，做到执法公开透明，还人民群众以知情权、接受人民群众的监督。金山工商学会黄忠良提出开展执法风险防范管理首先要善于识别执法各环节中存在的风险点；其次要着眼于风险控制；再次要学会规避风险。由金关明指导、诸勤芳等领衔的工商金山分局课题组向大会递交了《关于工商行政管理机关构建依法行政评价体系的初探》的课题报告。报告认为：为充分发挥评价体系的评判、预测和激励功能，应积极遵循客观公正、公开透明、科学合理等评价原则，提出了建立依法行政评价体系的一系列政策建议，包括：整合评价主体资源，实现考核主体的多元性；优化评价程序制度，确保考核评价的公开性；注重评价结果适用，提高考核评价的有效性；设置分级指标体系，体现考评标准的科学性等。奉贤工商学会潘志刚、陈洪林就如何加强工商行政处罚监督问题作了发言，并从“注重制度加科技，规范自由裁量权”和“公开处罚内容，公布处罚结果”等方面，提出了强化监督措施的建议。就此，何精华在发言中回应，对具体行政执法行为的监督，是确保行政执法目标切实落实的重要手段，也是恪守政府良心的底线和保证。“完善说理性文书，引用并借鉴判例制度，建立案件第三人回访制度”等建议较有新意，可以在实践中进一步加以探索并完善。

本次理论研讨会共收到论文 62 篇，经评审，对其中 20 余位优秀者给予了奖励。

（市工商行政管理学会）

长三角地区一体化过程中的政府创新与区域治理

——市政治学会等举办研讨会

11月20日，上海市政治学会、江苏省政治学会、浙江省政治学会、复旦大学长三角研究院共同主办“长三角地区一体化过程中的政府创新与区域治理”学术研讨会，来自两省一市政治学会的会长、复旦大学等高校和科研院所的30余名学者参会，会议讨论的主题为“长三角地区一体化过程中的政府创新和区域治理”，与会学者围绕区域公共服务均等化、区域公共治理、地方政府创新等内容展开讨论，对长三角一体化过程提出了许多建设性意见。

上海市社联党组副书记、上海市政治学会会长桑玉成致开幕词。

上半场研讨会由江苏省行政学会会长汪锡奎主持。华东政法大学的彭彦强分析了地方政府的竞争与合作对资源配置的影响，指出长三角地方政府合作中的不足，提出构建长江三角洲区域委员会、加强合作协议以及联合兴办开发区等深化地方政府合作的政策建议。上海财经大学马祖琦基于对“行政区经济”现象的本质分析，认为应该摆脱“行政区块”和“功能区块”强行嵌套的弊端，建议将政府的部分公共管理与公共服务职能转由服务区来承接。复旦大学王川兰应用统计方法对长三角区域公共服务的提供情况进行了定量分析，测定当前长三角区域公共服务均等化的程度，认为长三角的公共服务差距趋于减小，长三角一体化是促进公共服务均等化的主要动因之一。复旦大学朱春奎讨论了区域创新体系的问题，分别从垂直型、水平型府际合作与公私合作等三个维度，探讨了长三角区域创新体系的治理现状与存在问题，并提出了相应的政策建议。

复旦大学长三角研究院副院长任远对以上发言依次进行点评，同时也提出他的思考，他认为长三角一体化需要突破政府机制本身的壁垒，转向于扩大市场资本、社会团体的力量，政府是一体化的动力还是一体化的反动力，这个问题也值得思考。随后，现场的专家、学者围绕讨论中提到的“公共服务均等化的标准”等问题展开了热烈的讨论。

下半场的学术报告由上海市政治学会秘书长、同济大学周敏凯主持。南京大学的苗红娜分析了长三角一体化过程中的劳资冲突及其治理的问题；南通大学的臧乃康分析了区域公共治理中政治协调的缘起、逻辑、内涵及其实现路径。

浙江海洋学院黄建钢对下半场主题发言进行点评。他提出“立体一体化”的概念，认为长三角城市和城镇群规划应该以公共服务为核心进行立体化规划。

自由发言阶段，桑玉成和汪锡奎均发了言。浙江省政治学会会长蓝蔚青作会议总结。

（市政治学会）

从整个党的运行来设计反腐倡廉体系

——上海廉政研究会、市监察学会联合主办研讨会

12 月 29 日至 30 日，上海廉政研究会、市监察学会联合主办首届“浦江清风”反腐倡廉制度建设研讨会。中纪委、直辖市和长三角地区有关领导以及北京、上海地区的有关专家、学者 150 余人应邀参加。市委常委、市纪委书记、上海廉政研究会会长董君舒出席会议并讲话。

董君舒指出，上海正在着力推进“制度加科技”防治腐败，要把制约权力作为推进“制度加科技”的根本出发点，完善权力运行制约和监督机制，保证权力沿着制度化和法制化的轨道运行。增强权力配置的科学性，对决策权、执行权和监督权进行科学分解和合理配置，使每一项权力边界更加清晰、权限更加明确；增强权力行使的透明度，在权限设置时注重内容公开，在权力动作时注重流程公开，并通过网络技术，推进网上信息公开；规范权力运作的程序化，把权力运行的全过程在计算机信息系统中进行流程再造，细化和固化各个环节。要把有效管用作为推进“制度加科技”的基本着力点。通过加强制度本身的科学合理、系统配套，提高制度执行的刚性约束和有效管用，保证反腐倡廉制度行得通、做得到、管得住、用得好。重点围绕工程建设、土地出让、政府采购、产权交易、行政审批、政府投资、组织人事等涉及管权、管人、管钱、管物的领域，大力推进“制度加科技”防治腐败。要把信息技术作为推进“制度加科技”的重要支撑点。对权力进行科学分解和合理配置，对流程进行重新梳理和优化，把各项流程固化于信息系统内部，最大限度地减少人为因素干扰，维护制度的严肃性和公正性。在实践中，进一步加大推广应用“制度加科技”的力度和广度，努力在功能上进一步提升，在领域上进一步拓展，在层级上进一步深化。

本届“浦江清风”研讨会围绕“以制度建设为重点，努力提高上海反腐倡廉制度建设的科学化水平”这个主题，分设“让权力在阳光下运行”、“让资源在市场中配置”、“让资金在网上监管”、“让‘廉洁办博’在制度中实现”、“让制度在推进中深化”等五个专题展开研讨。20 多个政府部门、国有企业等单位的领导介绍了反腐倡廉制度建设经验与思考，10 多位专家学者围绕制度建设作了专题发言。

在专题发言中，有专家对上海继续推进反腐倡廉制度建设提出如下建议：

一是推进上海在反腐倡廉体系的顶层设计。既要鼓励探索创新，也要进行总体设计。要从党的整体发展思路来设计反腐倡廉体系。

二是期待上海在用人问题上有个大的推进。第一是对用人权监督问题。实际上加强

对干部产生的监督是和授权相联系的。一种是民主授权的，由民主选举产生，并进行监督；另一种是行政授权和行政监督。这两种授权和监督在逻辑关系上梳理清楚是非常重要的。第二是党管干部的问题，党管干部天经地义，关键是科学管理。党管干部应该是管政策，管方向，管人才，而不是管到具体人头。要提供更多的人才，让老百姓在这些人才中去选择，用人管住了，才有向上负责和向下负责的一致性。

三是建立健全防止利益冲突机制。利益冲突是产生腐败的重要根源，防止利益冲突正成为构建惩防体系的重要举措。公职人员必须正确处理好利益关系，不能让私利破坏公共政策和行政行为的公正性和客观性。反腐的真正目的应在于切断公权与私利的不正当联系，实现和维护公共责任和利益。而防止利益冲突的思路，则侧重于从利益一方来压缩腐败空间并阻断以权谋私通道。利益冲突虽然不是现实的腐败行为，但其已具备腐败的基本条件。不管发生哪种类型的利益冲突行为，相关部门都不应该视为一般性违纪违规行为处理。当前，一应建立职权冻结机制，二应强化惩处机制，三应健全诚信管理机制，四应建立专门的理论管理机构，保证其行为选择的正当性和合理性。

（王振华）

深化行政管理体制改革

——市行政管理学会等举办座谈会

市行政管理学会和市机构编制委员会办公室于 12 月 25 日举办了《编制管理研究》杂志创刊 20 周年纪念活动暨“深化行政管理体制改革”座谈会。100 余人参加。活动由上海市委组织部副部长、市机构编制办主任、学会常务副会长王瑜主持。中央编办副主任、中国行政管理学会副会长、《编制管理研究》杂志编委会主任吴知论出席会议并讲话，市政府秘书长、市行政管理学会会长姜平致辞。

会议还邀请了五位本市行政管理学界知名专家和学者进行研讨发言。

复旦大学国际关系与公共事务学院常务副院长林尚立发言的主题是“政府改革与政府质量”。他指出，今天的政府改革不仅涉及规模问题，也不仅涉及职能增和减的问题，而是涉及职能重组、服务形态、治理形态等多方面的问题，中国政府改革已进入了质量分析的阶段。政府质量主要包含四个维度：人，即公务员；组织，包括职能、机构、体制、程序等方面；产品，包括政策、法规、公共物品等；服务，指面向社会提供的公共服务。在现在的政府质量建设中，我们主要在服务方面进行推进，而另外三个方面改进力度不够。政府改革的路径应该从人开始，树立公务员的服务观念和道德意识，建设依法行政、尽职尽责、高度职业化的公务员队伍，进而进行组织机构的建设，再着力打造一流的产品和服务。

上海交通大学国际与公共事务学院院长胡伟主要围绕我国行政体制存在的问题及改革方向作了发言。他认为，中国现有体制的优点和缺点都很明显，优点是政府能力很强，善于集中力量办大事，具有很高的效率，但也存在几个问题：一是对政府权力的制约比较缺失，二是责任体系还没有建立，三是政府职能上有所偏颇。针对这样的情况，在政府改革的过程中，应该在兼顾效能取向的同时，加强宪政取向的落实和深化。一方面，要加强政府权力约束，主要应该在政府信息公开、加强问责、舆论监督、司法监督等几个方向上推进；另一方面，要行政伦理建设，引导社会舆论，加强对公务员的教育和培训。

华东师范大学公共管理学院院长吴志华围绕“我国行政管理体制改革的主题、困难和难题”作了发言。他认为，我们历次行政体制改革主要围绕四个主题进行，一是解决机构臃肿、行政资源浪费等行政顽疾，二是适应经济体制改革进程，三是理顺行政管理体制，四是建设服务型政府。以往的改革取得了很多成效，但还存在很多难题需要解决：一是财政资源浪费的问题越来越突出，二是经济建设型政府的现状制约了政府职能的转变，三是现行的财务体制制约了服务性政府建设，四是由于利益相关性，改革内动力不足。对于如何解决这些难题，吴志华讲了以下几点思路：一是完善财务制度，抑制财政资源浪费的问题；二是按照服务型政府的要求，转变、调整政府职能；三是通过利益补偿机制，激发体制内部改革的动力。

市委党校行政学教研部主任陈奇星发言的主题是“推进上海政府职能转变与行政管理体制改革”。他认为，上海在“十一五”期间的行政体制改革不断深化，取得很大成效，接下来在“十二五”期间，上海行政管理体制改革主要应该围绕四个方面进行。一是加快政府职能转变，具体应该从界定各级政府的职能分工、加快政企分开、深化审批制度改革等方面着手；二是推进政府机构改革，应按照政策、执行、监督相互制约的要求，完善运行机制；三是改进政府管理方式，推进依法行政，应进一步树立以人为本的服务意识，推进政府信息公开，加强培训，完善综合执法体制；四是加强政府行政效能，加强问责制，建立政府评估指标体系，完善政府评价的方式。

市委研究室副主任李琪的发言主要围绕“十二五”时期政府管理创新问题。他提出包容性政府的概念，认为应着手建立包容型政府，包括管理与治理的包容、效率与质量的包容、服务市场与服务社会的包容、服务劳动与服务资本的包容、刚性执行与柔性疏导的包容等五个方面。接下来，上海行政改革、行政创新要做几件事情。一是推进三大服务，即为创新转型服务、为改善民生服务、为城市安全服务；二是建设三个考核指标体系，即效能指标、民生改善指标、环境改善指标；三是注重双重提高，即行政法制水平提高、行政人员素质提高。

（肖彦赫）

中国政治体制改革:道路、经验与前景

——市政治学会召开学术年会

上海市政治学会 2010 年年会暨“中国政治体制改革:道路、经验与前景”学术研讨会于 12 月 25 日在复旦大学召开。

市政治学会理事会秘书长周敏凯主持开幕式,复旦大学国际关系与公共事务学院常务副院长林尚立致辞。上海社联党组副书记、市政治学会会长桑玉成作了学会 2010 年工作报告。120 余名学者参加。

研讨会分为主题和专题研讨两部分。主题研讨围绕“中国共产党的领导制度改革”展开,由复旦大学陈明明主持。周敏凯、胡土贵、陈道银以及郝娜分别从 30 年党的领导制度改革的路径转换、党中央领导体制、政党去国家化与三代领导人“政改”话语这四个方面进行了探析。甘峰和吴志华对以上发言进行了总结和评论。

专题研讨由六个专场组成。第一专场由尤俊意主持,围绕“政治建设与政治发展”主题,由魏青松、孙培军、黄杰以及袁峰分别就党的先进性建设、党内民主与人民民主、中国政治发展目标模式和公职人员财产公示制度作了发言。程竹汝和李辉作了总结和评论。

第二专场主题为“民主理论与实践”,由曹沛霖主持,翟桂萍、董毅、浦兴祖分别从民主制度适应社会的逻辑、民主与腐败的关系以及邓小平的政治体制改革思想三个方面作了主题发言。唐敏和袁峰作了评论。曹沛霖进行了总结。

第三专场由孙荣主持,主题是“政治传统与现代化”。刘守刚、孙磊、李辉和弓联兵分别就国家财型财政、中国宪政的文化基础、地方虚假繁荣与地方人大的边际创新四个方面进行了发言。杨建党和胡土贵作评论。

第四专场主题是“网络政治及其治理”,浦兴祖主持,吴晗璐谈了在网络社会中政治社会化的积极因素和消极因素,并提出了利用网络推动政治社会化的应然方案。葛传红从政治意识形态的角度进行了演讲,指出邓小平改革之所以能够取得成功就是因为构建了以利益为导向的市场经济过渡。所以,中国政治改革中的意识形态出现了逐步的转型。汤啸天从社会现实中存在的问题出发,指出目前社会中矛盾突出,而解决这些矛盾的关键在于提高政党的执政能力建设,才能够真正维护社会的稳定。许丽娟以“金财工程”为例,指出在政府信息管理系统中的政府内部监督是通过信息监督机制的不断完善而完成的。王向民、刘顺发分别从不同的角度进行了点评,指出政治体制改革是个渐进的过程,如何实现政治体制的有效改革是关键。

第五专场主题是“民主与治理”，唐亚林主持，甘峰作了“21世纪政府的范式：民主化运作还是企业化运作”的发言，指出政府的企业化运作是一种剥离了价值体系的方法论体系，而一个民主政体范式的政府应该是扩大公共物品的供给，使民众从社会资本中受益。曾纪茂从微观的角度对我国县级纪检委的体制改革进行了探讨，回顾了改革的历史和目前存在的弊端和问题。

沈瑞英和罗峰进行点评，指出纪检委体制改革的过程中应该关注整个政治体制改革的背景。此外，政府运作模式中，政府在购买公共物品和提供方面如何做到是一个精明的买者，民主化运作和企业化运作是不是截然对立的两极，两位评论人认为两者应该是相互促进的。自由讨论中，邱柏生指出，在纪检委的监督过程中，应该注意这种体制内部的监督对政党自身扩张的意义何在。他觉得仅靠体制内的监督还是难以有效地运作，必须结合外部监督。有些学者指出政党执政的目的到底是什么？是执政为民还是为民执政？这是截然不同的。甘峰对西方的新公共管理提出质疑，没有制度保证的经济改革是不可靠的。曾纪茂认为司法体系本身完善是必要的，但是不可把这个体系的完善看作是所有体系完善。

第六专场主题是“国家建设与社会成长”，吴志华主持。汪庆华作了 The“state of the state” in China 的主题发言，指出目前中国研究中的范式有两种，主要是中央层面的国家和地方层面的研究。唐敏通过定量分析的方法对中国中产阶级进行了重新的界定，并指出中国中产阶级的特征，其在政治行动中并不具备政治代理人的角色。吴其良作了“公推直选程序：问题与变革”的主题发言，指出在公推直选过程中存在的诸多问题，并提出了在变革中的要求和配套措施的建设。熊易寒和陈道银作评论。

桑玉成对会议进行了总结，他指出，本次会议从内容和形式上看都相当的丰满。特别是每场专题的发言和评论结束后，与会学者都进行了互动，这给了年轻学者很大的发挥空间，一改以往指定性发言的惯例，富有新意。

（刘乐明　李学楠　苏哲伦）

比较视野下的共产党执政与社会主义现代化

——上海科社学会等举办研讨会

11月27日，由上海科学社会主义学会与复旦大学国际关系与公共事务学院联合主办的上海市社会科学界第八届(2010年)学术年会暨“比较视野下的共产党执政与社会主义现代化”学术研讨会在复旦大学召开。百余位专家学者、高校学生参加。现分析和梳理各方观点如下。

一、 共产党主导社会主义现代化进程

复旦大学林尚立认为，中共对现代国家形式的设想和实践经历了从建立阶级的国家(工农共和国)到建立人民的国家(统一战线国家、人民共和国)、建立社会主义国家(以公有制为主题)、建立法治国家(依法处理政党、国家与社会间关系)最后到构建现代国家(以中共十七大提出社会建设为标志)长时期的探索过程。这一长时间的探索、试验过程正是共产党影响、设计、主导国家成长的具体体现。与此同时，经过了革命和建设的奋斗历程，中国共产党为有效的国家成长积累了多方面资源。

南京政治学院上海分院孙力认为，在实践中，中国经济制度的变革触及了中国社会最基本的层面。社会主义市场经济体制的确立，一方面突破了诸多经典作家的论述和苏联模式的束缚；一方面，又与西方经济制度区分开来，突出了社会主义属性。政治制度的变革使现代中国迈入了全新的政治发展历程。依法治国把政治特别是党的领导逐步置于法律的轨道上运行，这意味着中共逐渐摆脱了传统社会主义的政治模式。

二、 现代化进程中共产党的执政难点

复旦大学陈明明认为，改革开放前30年主流意识形态以一种悖论式的方式解释和干预中国的国家建设进程：一方面以高度集权的方式建立起现代官僚体制，另一方面又以“大民主”的方式对这个体制进行破坏；一方面以公有化的方式把社会编组进国家工业化的目标之中，悬置公民的政治自主权，另一方面又对官僚制国家机器压抑人民主权的现象展开频繁的攻击；一方面以政治动员的方式推动中国经济的发展，废除经济社会权利的不平等，另一方面又以公社制和单位制的方式限制个人的财产权利和身份变换的自由权利。到文化大革命行将结束之时，“实践的意识形态”已经千疮百孔，意识形态的生产、营销、管理和评估系统都发生了重大问题，这反过来又严重影响到意识形态的世界观和方法论，突

出的表现是“信仰危机”——生存意义和终极价值受到质疑，从而导致“纯粹的意识形态”陷入困境。

改革开放后，随着国家工作中心由阶级斗争向经济建设的转移、政治调控战略由一元统治向多中心治理的转变，政党意识形态出现了很大的变化，最明显的变化是策略层面，信仰层面在与时俱进的口号下也缓慢地进行了调整，认识层面则相对稳定。然而，由于信仰层面、认识层面与策略层面的彼此脱节，意识形态面临的困难不是减少，而是增加了。从根本上说，是社会经济条件发生了深刻的变化，这一变化反映在政治上就是党对国家与社会的治理方式由革命动员取向向依法执政取向的变革，党本身由革命党向执政党的转型。改革开放后，随着市场经济的引入，国家与社会的分离，社会自主性的发育和利益结构的分化，主流意识形态的中心符号和象征便与现实发生了尖锐的冲突。

复旦大学郑长忠认为，随着改革开放政策的推进，中国政治经历了从单位化政治向疏离化政治的转换，中国共产党的基层党组织出现“边缘化”的发展困局。上海市委党校的刘宗洪认为，权力的高度集中是后发国家在被压缩了的现代化时空背景下，实施赶超型发展战略的必然选择。中国共产党作为社会主义现代化的领导者自然要聚集起强大的政治权力，但由此也引发了严重的腐败问题。华东政法大学的张明军认为现代化不仅指经济现代化，而是一个涵盖了政治、经济、文化等层面的全面的进步过程。由此推之，政治现代化是全面、彻底实现社会主义现代化的题中之义，其中必然包括政党政治现代化。而从世界范围内政党政治的发展情况来看，政党政治现代化必然包含着实行竞争性政党制度。

复旦大学赵华胜认为苏共改革是在其遭遇全面执政危机情况下不得不如此的必然选择。20 世纪八九十年代的苏联，由于和资本主义国家冷战，苏共的对内政策被对外政策绑架，国内的政治经济建设都要服务于与西方国家斗争的需要。总体来看，改革前整个苏联社会呈现出一种虚幻的政治景象，而这正是共产党遭遇全面执政危机的明显例证。

三、 政党发展与社会主义现代化

清华大学陈明凡认为越南共产党已经在民主化改革方面迈出了有力的步伐，并形成了一定的经验。面对世界民主化浪潮的冲击和警示，面对苏联东欧和中国在改革中发生的两种反向的历史巨变，越共认为必须适应时代潮流进行改革，并把政治改革放在重要地位，但决不走民主社会主义道路，决不照搬西方政治模式，而是把马克思列宁主义基本原理同越南实际相结合，走适合本国国情的社会主义政治发展道路。具体来看，越南民主化改革有以下几个特点：第一，以向国会放权推动党政切实分开；第二，以差额选举增强政党选举的有效竞争；第三，以质询制加强对越共的有效政治监督；第四，以党内信息公开和批评与自我批评真正贯彻党的群众路线。可以看出，越南在政治体制改革上做了一些大胆和有益的尝试，目前来看，越共推行的民主化改革收到了良好效果，在国内外赢得了一致好评。越共的民主化改革经验对于其他共产党国家的政治体制改革无疑具有重要参考价值和借鉴意义。

有学者认为，基于此，共产党在推行民主化改革的过程中，既要坚持党的领导又要有党际监督，完善中国特色的政党制度；既要反对三权分立，又要有权力制衡，在利益分明的基础上达到监督和被监督者权力相当；既要反对多党竞争，又要推行公推直选，引入官员个体间竞争。

（刘彦虎）

理论经济、综合经济、产业经济

LI LUN JING JI ZONG HE JING JI CHAN YE JING JI

分析特大型城市住房问题：房价高、上升快

——市房产经济学会承办全国住房保障工作交流会

1月12日至13日，全国直辖市和部分城市住房保障工作交流会在沪召开。会议由中国房地产研究会、上海市住房保障和房屋管理局主办，上海市房产经济学会承办。会议交流各地2009年在住房保障管理工作和保障性住房建设的成果、经验；分析各地在推进住房保障工作中存在的重点和难点问题，尤其是特大型城市住房保障的特殊问题，并提出相应的对策、思路；研讨2010年和"十二五"规划在住房保障方面的总体思路、工作重点及对策措施。上海市房产经济学会会长庞元主持会议。上海市人民政府副秘书长尹弘代表市政府在会上致辞。

中国房地产研究会会长、人口资源环境委员会副主任刘志峰着重谈了关于完善住房保障工作的几个问题。一是关于住房保障对象确定问题。核心看居民购房支付能力，要根据各地不同的社会经济发展水平来确定。二是保障住房建设标准问题。即住得下、分得开；面积小、功能全；既要讲人均收入水平，又要注意家庭人员结构。三是住房保障实现方式问题。要坚持方式要简化、操作要容易原则。建议把各种名目繁多的保障住房名称归结为保障性产权房和保障性租赁房两种。四是建立保障住房的长远投融资机制问题，并提出了一些探索性的新的思路。

国家住房和城乡建设部住房保障司司长侯淅珉在讲话中，首先分析了特大型城市住房问题的特点，房价高，上升快，并已成为当前社会中的突出问题；外来人口集聚，住房供需矛盾突出；旧住宅区改造任务重，情况复杂。其次，总结了特大型城市解决住房保障工作方面的经验，即制定了建设保障住房的规划、目标；在健全住房保障工作创新方面作了有效的探索；强化了基础管理工作等。再次，对2010年的住房保障工作提出了建议。一是继续按照国务院、各城市市委、市政府的部署，抓落实，促规范，上台阶，重点解决扩大保障对象问题。二是研究解决中低收入，外来人口的住房问题，基本形成中低收入家庭、外来人口家庭的住房保障体系。三是坚持抓好基础性研究工作。

北京、天津、重庆、深圳、大连、青岛、宁波、厦门等城市十一位同志作了交流发言。住房和城乡建设部、中国房地产研究会、各城市有关住房保障方面单位和部门40多人参加了会议。

（市房产经济学会）

当前经济形势分析

——市经济学会和上海股份制与证券研究会等举办学术报告会

3月26日，市经济学会和上海股份制与证券研究会等联合举办高层次学术报告会。全国政协副主席、民革中央副主席厉无畏应邀作“当前经济形势分析”报告。会议由社联党组书记沈国明主持，近200位专家学者和企业界人士出席。报告主要内容如下：

一、关于世界经济

厉无畏对整个世界经济还会继续探底的观点持否定态度，他认为，去年全球经济增长－0.1%，今年将有3.1%增长。发达经济体去年收缩3.4%，今年将有1.3%增长。新兴经济体，去年增长缓慢，下降2%以下，但今年将有5%以上的增长。认为去年全球都在采取措施调整结构，实现经济创新。美国经济已开始恢复，维持在科技创新上的投入占GDP 3%以上，达到历史最高水平，重点保持在新能源、生物经济、新材料和物联网等领域的领先地位。日本经济也在好转，特别海外经济保持良好的发展态势。日本在原有的科技计划基础上开启第三阶段计划，重点发展新材料、电子等产业。欧盟投入1千多亿欧元发展能源、环保技术，发展绿色经济。除了科技创新，各国还在重视创意产业的发展。他还列举了上世纪30年代大萧条、70年代石油危机、90年代东南亚金融风暴以及这次世界金融危机中美国、日本、韩国、俄国、德国、新加坡等发展文化创意产业走出困境的事例。

二、关于中国经济

厉无畏指出，自2008年以来，中央出台了一系列拯救经济发展的计划，重点目标是保增长、扩内需、惠民生、调结构。这些计划包括4万个亿投资、十大产业主要是制造业的振兴计划以及后来出台的文化产业振兴计划，同时实施了积极的财政政策和宽松的货币政策。这些计划、措施，保证了经济较快地回升和发展。

从拉动经济的出口、投资和消费看，困难的是出口，去年比前年下降13.9%，把整个经济拉低了3.9个百分点。全社会固定资产投资增加了30.1%，为整个经济贡献了8个百分点。在消费方面，政府采取了结构性减征税、给农民补贴、家电下乡、以旧换新等一系列促消费措施，社会消费有较大提高，首次超过经济增长，全社会消费品零售总额增长16.9%，为经济增长提供了4.6个百分点。在惠民生方面，调整分配结构，城乡居民收入的增长也超过经济增长。城镇居民人均增收9.8%，农村居民人均增收8.5%，总体上实现了收入增长与经济增长同步，改变了前几年城乡居民收入增长滞后的现象。

厉无畏强调，在调结构、扩内需过程中也存在规划不配套和风险等问题。规划不配套表现在：大规模投资下去后出现产能过剩的现象。不仅传统产业钢铁、水泥过剩，而且新兴产业如汽车、乙烯等也过剩。风险问题表现在：各地方政府都在搞融资平台，融资欠债超过 6 万亿。融资如果投资了有效益的项目，过几年还可还债，但不少项目是公共设施产品，使地方政府欠债累累，而且还有可能刺激通货膨胀。

去年我国完成了经济增长保 8 的任务。今年是最复杂的一年。今年，我国要保持适度宽松的货币政策，这个“度”如何把握，很多是两难的问题。

三、 关于新一轮经济发展

厉无畏提出，能源技术要研究突破，不断推广节能技术，核能要发展，太阳能、风能要改造电网，降低成本。生物技术涉及面很广，基因工程对人类生命、健康、生存环境意义重大，转基因食品尚有争论，需要慎重。金融危机中，我国的创意产业逆势而上。去年，动漫游戏上升 97%，比前年翻了一倍。去年全国经济增长 8.7%，文化产业增长 17%。文化产业在 GDP 中的比重，北京已占 12%，上海占 7.7%，深圳也超过 7%。他列举深圳、上海、重庆等地发展创意设计和策划产业的具体实例，特别强调了创意产业发展的重要性和良好的发展前景。

厉无畏还对绿色经济、低碳经济和循环经济的关系，通货膨胀的预期等问题作了阐述。他指出，绿色经济、低碳经济、循环经济，三者都以节能减排、保护环境为主要内容，但又有区别。绿色经济是针对农业砍树种地、破坏环境的“黄色革命”以及污染水、空气的“工业革命”形成的“黑色经济”而言的，低碳经济是针对大量使用化学能源、带来污染的高碳经济而言，循环经济是针对过去“投入—生产—排污”的高消耗、高污染的生产模式而言，强调再利用、低投入、低排放、无害处。我们应提倡向绿色发展、推广低碳技术、构建循环经济。

对于通胀问题，他指出，通胀预期有两方面含义，一是通胀控制在一定水平内，二是管理上对通胀要有心理准备。目前我国产能过剩，未出现总需求超过总供给的情况，而且资金流向多渠道，所以目前不会出现恶性通胀。他强调，要促进民间投资，多扶持中小企业，鼓励创新，增强市场活力和经济发展的后劲。

（周庠怡）

“两会”热点问题及经济形势

——市生态经济学会举办报告会

3 月 31 日，市生态经济学会于上海社科院举办了“两会”热点问题及经济形势报告会。

学会会长、全国人大代表王荣华向与会者传达了今年两会的重要精神。他认为，2010 年两会的重要议题有两个，即应对金融危机和启动“十二五”规划。两会呈现出团结鼓劲、关注民生、公开透明、朴实高效四大特点。今年的两会最受关注的是调整经济结构、转变发展方式，以及关注民生两大议题；对于上海而言，更应加上世博会这一热点话题。王荣华还特别指出，两会也特别关注生态环境的保护与可持续发展问题，强调要统筹处理好开发自然资源和保护生态环境的关系，大力推进资源节约型、环境友好型社会建设。

全国政协委员、上海社科院房地产与城市发展研究中心主任张泓铭认为，房价涨速远高于房租涨速，就表明有泡沫；央企的责任定位是要担负国家功能，专责与国家安全、国家命脉相关的产业，而非房地产业。他主张征收物业税，因为物业税有财富再分配、稳定城市财政和调节房价三大功能。张泓铭认为，国务院对房价问题高度重视，《政府工作报告》专门提到房地产，主题词是“平稳健康发展”。实现“平稳”要抓住两个重点——坚决遏制部分城市房价过快上涨，和满足人民群众基本住房需求。至于对 2010 年上海楼市的走向，他认为支撑房价上涨和抑制房价的因素同时存在，今年将以平稳为主要特征。

（市生态经济学会）

事业单位养老保险改革

——市劳动和保障学会举办学术研讨会

4月3日,“事业单位养老保险改革”学术研讨会在华东师范大学举行。研讨会由市劳动和保障学会主办,来自学会和华师大、上海交大等高校的专家教授、青年学者出席。

与会人员分别围绕事业单位养老保险改革的背景、必要性,待遇水平的高低、出现的问题、改革的具体措施以及教师养老保险制度改革进行了发言与热烈讨论。

学会副会长郭士征针对本市的情况指出,上海市事业单位养老保险改革存在两方面的问题,一是目前事业单位养老金与企业计发办法不同,要改为相同的计发办法困难较大;二是个人账户未起到应有作用,因为目前的政策使得越晚退休的人得到的养老金反而越低。这两方面的问题造成了事业单位早退休人员与晚退休人员之间以及事业单位与企业、公务员系统之间的矛盾。此外,事业单位养老保险改革与工资改革等联系在一起,增加了改革的复杂性与难度。

《中国劳动保障报》华东站戴律国认为,改革不会降低现有事业单位养老金待遇水平,形成事业单位与企业之间养老金待遇水平差距的原因是事业单位与企业实行不同的工资管理制度。他认为,目前养老保险缴费的责任分担不合理,养老保险基金应采取16%的缴费比例,单位和个人各承担8%;在个人账户空账运行的情况下,养老保险基金统账结合只是一种模式,最终要走向现收现付制,且国家要承担基金支付的最终责任。

华东理工大学龚秀全认为,缴费基数低、个人账户不可持续以及大部分企业未建立补充养老保险等是造成企业养老金待遇水平低的原因。他提出养老保险的理想改革模式是普享式养老金与个人账户养老金相结合,且事业单位养老保险改革应建立在以下三个基础之上:一是养老金水平与绩效工资相结合;二是机关公务员养老保险应与事业单位养老保险改革同时进行了;三是必须要明确职业年金的筹资渠道,否则会造成更大的不公平。

上海交通大学张熠运用卡尔多改善理论,认为职业年金是实现制度补偿的一种方式,职业年金应采取单位与个人责任共担的缴费方式,对职业年金个人缴费实行税前列支的税收优惠政策;事业单位养老保险改革应与职业年金补偿机制同时进行,改革还应留下接口,以便未来将机关养老保险纳入改革范围。

上海金融学院宋明岷所作的“教师养老保险制度改革”报告就高校建立职业年金制度的可行性进行了分析,认为高校建立职业年金制度将进一步扩大不同事业单位人员之间的收入差距。

华东师范大学曹艳春所作的“我国教师养老金计划构想”报告提出我国教师养老保险责任应由单位、个人和政府共担，形成基础养老金、个人账户养老金和职业年金多支柱模式。

（市劳动和社会保障学会）

促进本市职工整体素质提升

——市工运研究会举办学术研讨会

4月26日，市工运研究会召开“立足于提高自主创新能力，促进本市职工队伍整体素质提升”学术研讨会，市总工会相关负责人出席。

与会者认为，职工群众是推动上海“调结构、转方式”的主力军，提升职工队伍素质对上海加快经济发展方式转变至关重要。从当前本市职工队伍素质面临的问题和挑战看，主要表现为：专业技术人才在总量、结构、总体素质方面，还不能完全适应上海“调结构、转方式”的需要，特别是高层次、高技能、复合型、创新型人才供需缺口较大；专业技术人才队伍的年龄梯次、知识结构、行业分布等不尽合理，加快培育与上海产业发展相匹配的高素质、高技能、创新型职工队伍已迫在眉睫。

与会者提出了如下应对的办法：

(1) 在发展战略上，要突出“以人为本”的理念和学习型社会的建设要求，进一步明确本市人力资源发展的中长期目标，确立包括职业培训总量、专业技术人才与高技能人才提升比例等在内的量化指标；要与上海产业结构调整的布局和步骤相衔接，统筹规划各类人才的引进、培训和提升目标，全面开展以核心能力和关键技术为主的职工素质教育。

(2) 在政策引导上，要进一步加大职工教育培训的财政投入，通过政府购买服务和培训成果等方式，完善职工培训目录，降低职工接受职业教育培训的成本，扩大职业培训在一线职工、农民工中的受惠面；通过完善各工种的工资指导线、扩充职工技能竞赛项目等途径，从政策上进一步引导和鼓励职工技能提升、技术创新。

(3) 在制度保障上，要建立完善包括职工科技创新人才培养选拔、职工科技创新成果转化、职工科技创新激励机制等在内的一整套群众性技术创新推进制度，以机制增动力，以制度促创新，为一线创新人才、技术人才的脱颖而出提供制度保证。同时，必须进一步依法强化职工教育经费的足额提取和合理使用，监督企业落实职工教育经费规定，确保用于一线职工培训的经费比例。

(4) 在资源整合上，要充分利用包括大专院校、社会培训机构、工会素质工程培训基地等在内的各类教育培训资源和现代网络技术，形成多层次、广覆盖、互动型的教育培训网络和职工技术创新交流平台，更好地满足广大职工多层次、多样化的发展需求，更好地促进职工创新成果转化为现实生产力。

（市工运研究会）

深层次的经济改革目标:土地制度

——市经济学会举办报告会

7月8日,市经济学会与上海社科院、德国卢森堡基金会联合举办社科院新智库论坛之五十四暨经济学会第三季度高层次学术报告会。市社联党组书记沈国明、上海社科院常务副院长左学金、上海社科院信息所张新华、美国三一学院经济系终身教授文贯中先后演讲。100多人出席会议。

一、 中国城市发展战略的问题

左学金提出,1980年国务院召开城市规划会议,明确我国城市发展战略是控制大城市的规模,合理发展中型城市,积极发展小城市。但是小城镇的发展一直到20世纪90年代效果并不理想。从本世纪开始,我国强调"大中小城市协调发展"、"积极稳妥推进城市化进程"的新思路。但是大城市对户籍迁移限制非常严格。城乡分割的体制还非常明显。

张新华认为,中国社会主义的工业化,属赶超型现代化,目标是要解决10多亿中贫困人口的问题,关键是城市化和城乡的整合,这是人类历史上最壮观的一次转型。

左学金指出,十二五期间,城镇建设重点在郊区新城,我们应该有想象力,要解放思想,发展高密度的商务区。低密度的重要原因是土地太便宜,造成了土地的滥用。因此,要提高对征地农民的补偿,实现按土地的市场价对农民进行补偿。

关于城市建设和管理问题,张新华指出,中国的城市化包含着挑战:一是依托全球化力量而发生城市化和由此出现的社会、经济、环境等不均衡问题和不可持续的生存危机;二是移民对城市的诉求,这个诉求不妥善处理就会引起社会的不安甚至动乱。

沈国明认为,在城市建设和管理方面,要破除城乡二元结构,解决体制分轨、空间分离、财政分灶、社会管理分治的情况,加紧推进城乡一体化进程。这包括:改变严格户籍制度下的社会管理,人可以自由迁徙;完善城市居民基层组织的功能;培植社会自治能力,化解社会矛盾;社区管理法治化;社会治安综合治理;社会公共服务均等化;法制建设要加强,要随着城市化进程不断完善。

二、 应该考虑深层次制度改革

沈国明认为,城市化过程中土地征用的主要问题有四个,第一,核心问题是农民土地权益;第二,征地要符合公共利益;第三,土地换保障;第四,依法行政和土地财政。

左学金指出，户籍不过是个象征，关键是户籍背后有很多制度障碍。如果户籍改了，后面的东西不改，公共卫生服务、中小学教育、社会保障、社会救助等，仍然城乡有别，结果还是白改。要消除这些制度障碍，第一要改革地方政府考核制度；第二要改革土地制度，让农民有更公平的补偿；第三要推行户籍公共服务一体化；第四要进一步改革社会保障。

文贯中提出，党的十五大报告说要发挥要素市场配置资源的基础功能。要素就是劳动、土地和资本。但是事实上土地完全不能进行市场交易而由政府一家垄断收购，垄断拍卖。去年中央工作会议，又强调发挥要素市场的配置资源的基础作用。他认为，土地制度是中国深层次矛盾当中的一个结合点，如果这个结合点能够突破，相信中国下一轮发展肯定有一个飞跃。

（周庠怡）

“同城效应”：长三角城市群经济发展的机遇与挑战

——市经济学会等举办专题研讨会

7月30日，市经济学会与上海市人民政府发展研究中心、上海发展战略研究所、上海财经大学财经研究所和《科学发展》杂志联合举办，由上海财经大学区域经济研究中心、长三角城市群经济空间数据中心承办的“同城化时代长三角城市群经济发展的机遇与挑战”研讨会，在上海财经大学召开。近20位专家学者在会上作了演讲，近60位本市及外省市专家学者出席。

与会者认为，今年5月24日，国务院正式批准实施长三角区域规划。这是进一步提升长三角地区整体实力和国际竞争力的重大决策部署，是深入实施区域发展总体战略、促进全国经济平稳较快发展的又一重要举措，这无疑给长三角区域以上海为核心的城市群发展带来了新的机遇和新的挑战。

东南大学经济管理学院院长徐康宁认为，《规划》明确长三角地区发展的战略定位是：亚太地区重要的国际门户、全球重要的现代服务业和先进制造业中心、具有较强国际竞争力的世界级城市群。这对吸引国际生产要素和信息进入中国，提升上海核心地位引领国内产品和要素走向世界，带动国家参与全球竞争具有重要意义。长三角城市群发展潜力巨大，但离世界级水平还有很大差距，存在不少问题。

与会者认为，近年来，随着长三角地区高速公路、高速铁路、跨江跨海大桥等基础设施建设的日趋完善，城市群空间布局结构已基本形成，“同城效应”日渐明显，并且加速了长三角城市群一体化步伐。上海市人民政府发展研究中心主任、市经济学会会长周振华指出，早在去年，韩正市长就提出要组织有关课题研究。如今长三角区域经济发展进入了一个新的时期，有许多问题需要探讨。华师大中国现代城市研究中心主任宁越敏认为，同城化是区域经济一体化和城市群建设过程中的一个重要阶段，是区域城市间经济与社会发展到一定程度的必然趋势。浙江大学区域与城市发展研究中心执行主任陈建军说，中国城市化道路就是城市集群、同城化的过程，同城化包括基础设施、公共服务、产业布局、城市功能、城市意识等方面的一体化。

上海社科院人力资源研究中心主任王振指出，长三角区域同城化的发展正迎来一个全新的发展时代，表现出新的趋势和特点：一是日常流动性人群流量激增，流速加快；二是上海产业布局将突破行政区域界限，出现企业总部主导下的多种类型的产业分工与空间配置；三是常住人口跨地域就业、跨城居住常态化，形成一种新型的双向人口流动常态。

长三角区域同城化趋势将对上海的发展产生很大的影响，主要表现在交通出行的同城化：商业、文化的繁华与基础设施配套的压力；产业布局的同城化：总部、商务集聚发展与产业空心化的压力；通勤就业的同城化：稳定就业的新渠道与社会保险的压力；人口居住的同城化：房价的二元化与新城集聚人口竞争的压力。

上海社科院科研处权衡认为，在“后危机时代”，我国经济将出现一系列新现象。他分析了区域经济收敛的客观趋势和可能性因素后指出，宏观区域经济增长会进一步出现加快收敛的可能，“俱乐部收敛”特征和事实会进一步加强，“俱乐部”之间也会出现从扩散到收敛，东部地区的梯度推移会继续，西部地区反梯度隆起会成为一个亮点，区域经济发展的收敛性和扩散性将同时存在。

与会者认为，要推动区域经济的迅速发展，加快区域城市群同城化进程，有许多问题还需要进一步深入研讨。上海市人民政府发展研究中心副主任、经济学会副会长朱金海在总结时提出了今后需要进一步深入研讨的问题，主要有：同城化的概念、同城化的范围、同城化中人流到底如何流动、同城化后的社会资源如何配置、产业特别是制造业怎么调整、服务业如何布局、未来的城市格局、同城化的目标及途径等。

（周庠怡）

在城乡一体化发展进程中的机遇和定位

——市供销合作经济研究会召开研讨会

11月5日,市供销合作经济研究会召开深化供销社体制改革专题研讨会。近40人出席。

会长唐兆琪在发言中指出:国务院40号文件强调供销合作社要加快网络建设,强化专业合作、行业协会和农村综合这三项服务。这就需要推进供销合作社体制的改革和创新。

秘书长王伟星从供销合作社文化的内涵和特点切入,揭示了合作社的企业性和社团性的双重性质,这种性质在文化上表现为一种自愿互助、民主公平、服务、关爱和参与的精神,在行为上体现为以服务社会,服务成员为己任。建设供销合作社文化是培育供销合作社软实力不可或缺的环节之一。有利于普及供销合作社的共同价值观,同时,以合作社的文化理念关照社会上的部分弱势群体,可以扩大合作社的影响力,提高公众对合作社的参与度。

城区供销合作社具有商业能级优势。这包括市场集聚优势、资源辐射优势和资产动作优势。如何充分发挥这些优势,提高核心竞争力,卢湾和杨浦两家供销社从各自的实际出发,从务实到务虚,从理念到实际对供销社的改革与发展进行了实践与探索。卢湾区供销合作社在发言中强调了以城乡一体为发展目标。提出了"发展新产业,建设新社区,培育新农村,树立新风尚,建立新体制"五新目标。而杨浦区供销合作社则紧紧抓住区域经济发展的强劲势头,找准供销社资源优势的定位,走出了在上世纪90年代市场大潮的冲击下业务经营的低潮期。将发展主业,提升企业核心竞争力作为供销社的首要任务,并以资产开发和菜市场经营分别作为核心业务和培育业务构成自己的主业。保证在发展核心业务的同时,也不断增强供销社为社区服务的理念。

崇明供销社在《努力探索以市场化带动代表作化发展之路》的发言中,提出了小规模高成本已成为当前专业合作社不可忽视的发展瓶颈,要破解这一难题必须准确定位市场化与合作化的关系。这是一个既具有理论高度又富有实践意义的课题,引起了与会同志的兴趣。

副会长,市供销合作社总副主任沈少华指出,当前供销合作社的发展正处于一个重要而敏感的时期,表现为企业之间发展的不平衡和要求改革的愿望与体制性束缚之间的矛盾,同时,上海市供销合作社还面临着如何在上海加快建设"四个中心",发展城乡一体的进程中寻找自身的机遇和定位。

(市供销合作经济研究会)

当前中国与世界经济形势

——市世界经济学会召开会员代表大会暨学术讨论会

12月10日，市世界经济学会举行第六届会员代表大会暨学术讨论会。上海社联党组书记、专职副主席沈国明出席并讲话。

会议审议通过了第五届学会工作报告及财务报告，修改了学会章程，选举了新的理事会成员并形成了新的领导班子。会议选举张幼文任会长，华民、潘英丽、丁剑平、孙海鸣、黄泽民、唐小杰为副会长，徐明棋任秘书长。

讨论会围绕"当前中国与世界经济形势"这一话题展开。张幼文作了题为"中国国际地位的提升与对外经济发展战略选择"的发言。他指出近年来特别是金融危机后中国国际地位有了较大提升。中国发展面临的外部环境也在发生变化。在这种新情况下，中国需要新的对外经济发展战略，主要体现在从开放战略到全球战略的升级、积极参与国际经济体制建设、开放战略从优惠政策向体制规范的转型、贸易投资结构从单向朝双向的发展、中心城市功能化提升与区域间分工的深化。只有进行适当的战略修正，才能使得中国适应新的发展形势，取得更好的发展。

复旦大学华民在"中国通货膨胀的成因及其治理"的发言中指出，货币供应量不受约束地增加是通货膨胀的必要条件，当货币发行过量时，如果涌入资产领域，就造成资产泡沫，如果涌入商品领域，就造成通货膨胀。就中国而言，由于中国的流动性已经趋于紧缩，并无货币超发推动通胀的因素。造成中国通货膨胀的因素主要是以下几个：产业结构升级与结构调整促使成本推进型的通货膨胀产生，美联储进行量化宽松政策时采取紧缩政策使得国外流动性输入、以往积累的流动性从资产领域向刚性需求商品领域流动。要应对通胀，需要增加产能、回归固定汇率、改革税制、变经济政策目标以充分就业为首要目标、以市场为基础鼓励企业家创新。

上海交通大学潘英丽的围绕"国际货币变局中的人民币国际化问题"，从当前国际货币体系变化中分析了人民币国际化问题。上海财经大学丁剑平分析了中国最近实施的货币政策的效果以及面临的内外约束问题，认为中国目前的货币政策调整面临着两难的境地。华东师范大学黄泽民在题为"失去的十年与日元汇率无关"的发言认为，日本经济增长停滞的原因在于日本国内的产业发展空间消耗殆尽，而不是因为日元对于美元的急剧升值。上海社科院徐明棋分析了美国量化宽松政策对于中国与世界经济的影响，认为在美国定量宽松量化政策之下，世界范围内的资产价格以及大宗商品的价格将会在长期内有较大幅度的增长，但是由于缺乏革命性的产业创新，新产业发展较为缓慢，因此世界经济总体仍然会维持较低的增长。

（朱　斌）

上海现代服务业的发展战略

——市企业发展促进研究会等召开研讨会

12月10日，市企业发展促进研究会与上海商学院联合召开“转变经济发展方式，促进服务业发展”研讨会。研究会副会长方名山在“上海现代服务业发展战略”的主题报告中，就我国服务业发展水平、上海服务业发展战略等问题进行阐述。

一、 目前我国服务业发展水平

1980年我国服务业增加值占GDP的比重为22%，到2000年持续上升到约占38%，2000年之后增长缓慢，目前约占41%。我国服务业结构变化情况，以2006年与1997年对比，服务业行业构成的占比中，比重上升最快的5个行业是房地产业由5.5%上升到11.4%，增加5.9个百分点；交通运输、仓储和邮政业由11.7%上升到14.7%，增加3个百分点；教育增加2.1个百分点；信息传输、计算机服务和软件业增加1.5个百分点；科学研究、技术服务和地质勘查增加1.3个百分点。

二、 上海服务业发展战略

一是上海现代服务业发展的现状和环境。从总量规模、服务结构、服务创新、国际化程度、就业比重和空间布局看，都有巨大发展、优化、提升的空间。二是上海服务业发展总体思路。指导思想应是扩大服务业规模，提高服务业比重；优化服务业内部结构，提升服务业水平；坚持二三产业融合发展，提升服务业能级，联动长三角增强服务业辐射力；扩大对外开放，增强服务业竞争力。发展主要目标，服务业增加值超1百亿元，从业人员占比重达60%以上，服务业利用外资占70%以上，服务业进出口额占比重20%，总量占全国比重25%。三是上海服务业发展重点领域是：金融服务业、航运服务业、商贸业、现代物流业、信息服务业、房地产业、会展旅游业、文化及创意产业、专业服务业、生产性服务业、居民服务业、教育培训业、医疗保健服务业、体育服务业。四是优化服务业布局，培育上海服务业发展载体。可通过分类指标形成区域差别化的布局导向；围绕“四个中心”发展目标，着力打造战略性、功能性的现代服务业发展载体，如现代服务业集聚区、创意产业园区和文化产业区、生产性服务业功能区、物流园区和基地、信息服务业园区等，逐步形成“上海服务业发展重点区域”，既体现国际大都市繁荣与繁华，又体现人民安居乐业，在全市范围内形成特色鲜明、层次分明的商业布局。五是推进上海服务业发展的重点举措。主要有：扩大对内对外开放，增强服务业辐射力和国际化水平；引入信息技术以及先进经营理念，推动服务业创新；加强要素市场体系建设，形成具有较强影响力的定价中心；大力促进制造业和服务业融合发展，提高资源配置能力；加快推进服务领域深化改革，形成多种所有制企业共同发展的竞争格局；大力实施品牌战略，提升服务业国际竞争力；形成灵活人才引进、培养和保障机制，增强服务业发展的智力支持；完善公共服务，营造有利于服务业发展的政策环境。

（市企业发展促进研究会）

人力资本张力的理论研究和实践思考

——市劳动和社会保障学会举办研讨会

市劳动和社会保障学会举办的“人力资本张力的理论研究和实践思考”研讨会于12月2日举办,20余人参加。

该研讨会是在学会今年重点课题《新时期人力资本张力的理论研究》成果的基础上召开的,旨在通过对人力资本张力理论的研究,为上海“十二五”规划期间人力资源战略发展提供依据。

会上,课题组组长、学会所属人力资源专业委员会主任、华东理工大学黄维德作主题发言。提出了如下几个观点:第一,当前科技和知识膨胀以及产业提升和转型频率加快、国际化程度不断提高,决定了新时期人力资本张力的三大特点。第二,影响宏观人力资本张力的因素包括政府、产业结构、制度、经济形势和人口等诸多方面。第三,人力资本内外部张力与经济增长两者必须相辅相成,才能形成对经济增长的总体张力。

针对上海目前第三次产业结构转型时期中,人力资本内部张力形成不够强劲、持续性不足,形成外部张力的条件不完善,人力资本结构与产业结构调整后的平台不相适应等问题,黄维德提出了开发上海人力资本张力的对策意见:

(1) 上海的经济增长方式须由依靠物质资本的增长模式逐渐向依靠人力资本的增长模式转变,加大总体人力资本投资,通过人力资本引进实现人才集聚;大力积累人力资本,特别是符合产业转型要求、适应新产业平台的信息技术、金融保险等高质量人力资本,形成强有力的人力资本张力,为新产业平台源源不断地提供人才。

(2) 上海政府在确保学历教育投资的基础上,要大幅增加对继续教育和职业教育(培训)的投资总量和投资力度,力争将继续教育占教育总投资的比重由低于5%提升到10%。同时要引导整个继续教育结构的重心从学历教育向开发性培训转移,使继续教育和职业教育(培训)内容与产业结构转型方向保持一致,以保证内部张力形成的持续性。

来自实际工作部门的同志也进行了发言。上海江南长兴造船有限责任公司人力资源部袁飞鹏结合公司自身的人力资源状况指出,如何完善国有企业的考核机制,留住国有企业的核心人才,从而充分积累人力资本,充分发挥人力资本的作用是国有企业人力资源工作的核心问题。上海贝尔阿尔卡特股份有限公司人事部陈建良认为,新时期人才的发展应更注重人才对新技术、新技能的掌握;更注重人才在实践中的应用能力;更注重人才来源的多元化。充分发挥人力资本的创造性与创新性。

(江盈莹)

JIN RONG CAI SHUI KUAI JI SHEN JI QI TA JING JI

危机后的选择

——上海金融与法律研究院等举行学术研讨

1月16日，上海金融与法律研究院与《经济观察报》报社、《经济社会体制比较》杂志社联合举办“危机后的选择”学术研讨会，来自政府、企业界和学术界等近200多人参加会议。

一、 中国经济现阶段形势判断和“奇迹”反思

上海金融与法律研究院高利民认为，中国经济必须要转换治理机制。过去30年的经济成果是基于人治基础上的合约型治理机制而取得的，中国经济表现的超强部分来自未来现金流的折现，随着时间的推移，这种合约治理的成本和收益在发生逆转，现有机制对创新的承载能力不足，债务融资能力减弱，因此，中国经济的治理机制必须朝法治的方向转变。

中国社会科学院荣誉学部委员赵人伟认为我国的渐进式改革遭遇着五大挑战：第一，收入差距过大；第二，要素价格双轨制导致了严重的寻租活动；第三，市场化不足和市场化过度的矛盾；第四，体制转型和城市化过程中出现的“双重二元结构”现象；第五，壮大中产阶级的难题。其解决之道需要坚持走体制改革的道路。

二、 中国经济的机遇及增长动力

一般而言，经济危机最大的正向效应是淘汰落后的产能，长江商学院周春生指出中国24个工业行业中的21个存在产能过剩，包括钢铁、造船，甚至包括所谓的新能源行业，这样的结果主要是由多年来投资主导型增长所带来的，而危机中政府的救市措施又将这种过剩继续保持下去了。复旦大学经济学院石磊指出，面对中国现在的产业格局，低碳经济之路是中国的机遇。

中银国际首席经济学家曹远征认为城市化不仅可以带动投资，消耗部分产能，同时也可以带动消费，能对经济稳定发挥重要作用，所以以城市为中心重塑中国经济增长的机制是比较好的选择。但有学者认为，迄今为止我国的城市化都是行政性的城市化，因此城市化率的上升却伴随着居民消费在GDP中比重下降的事实，更由于我国过去推进城市化过程中存在很多阻碍就业的体制性的因素，其带来的就业效应是所观察的国家中最低的，所以，中国未来的城市化必须要市场化、契约化。

经济危机后外需萎缩，因此扩大内需成为了必须之选。有专家指出，中国的内需不足，其实特指居民消费需求的不足，根源在于居民收入过低而不是储蓄率过高；周春生指出合理的消费需求是经济增长真正的原动力，因此也要鼓励与收入相匹配的适度消费观念。具体落实到政策制定上，认为应倚重发展农村金融、提高农民收入来有效促进整个内需，同时大力提高劳动收入，减少对劳动所得的课税。

三、 社会民生与经济发展成果分享

易居房地产研究院张永岳指出在目前经济增长严重依赖房地产的畸形模式下，很难让广大民众分享经济发展成果；也有学者指出目前中国建设用地资源分配制度面临系统性重构的问题，现行的土地储备制度和土地招拍挂制度并不利于房地产行业的健康发展。复旦大学住房政策中心陈杰分析了“地王”频出的原因，其中银企串谋、政企合谋、国企拍地是其中的重要因素，因此，要抑制“地王”的出现，需要硬化国企约束、加强对地方政府和银行的监督。上海证券交易所研究中心陆一辨析了三组房地产的基本概念，指出政府降低建设项目自有资金比例是2009年房产市场疯狂的最重要原因，考虑到社会民生问题，未来政府保障性住房政策应该偏重于提供大量廉租房而非经济适用房。

医疗问题在任何国家都是难题，尤其在我国，有观点认为正是由于医疗等保障体系的缺位，广大居民会谨慎性高储蓄，从而抑制消费阻碍经济发展。去年我国实施了新医改，上海交通大学张录法认为本次新医改重点要解决的是看病绝对难、看病绝对贵的问题，有利于普通百姓享受基本的医疗服务，但解决看病相对难、相对贵的问题则需要更深层次的改革。

四、 国际金融新体系与中国金融面临的问题与挑战

中国社会科学院世界经济与政治研究所张明指出，中国应该积极参加国际货币体制改革规则的制定，同时通过区域性的合作推进人民币国际化。中国有着巨大的外汇储备，能持续充当人民币不断升值中的卖方，这是推进人民币国际化的巨大优势。

中欧陆家嘴国际金融研究院朱小川提出了我国金融监管的几大注意点：首先是国际金融监管国际标准适用性和标准本土化的问题，因为金融发展阶段不一样，需要提出适合国情的标准；其次是金融监管有效性，由于金融监管和金融活力之间的矛盾，上海要成为国际金融中心只能在实践中摸索适宜的监管模式；再次，要切实保护好投资者和消费者权益。

北京大学施建淮指出，虽然我国实行非常严格的资本管制制度，但根据估计，约有1 000多亿热钱通过经常项目流入国内，带来的冲击有可能是推动资本市场的泡沫化，央行应对这种流动性的常规方法是通过发行央票和提高准备金比率进行冲销，但经过多年累积，这种手段基本已经达到极限。未来中国应对热钱的有效途径还是人民币真正双向波动。

五、 政府转型、政府绩效与公共治理

中国人民大学公共政策研究院毛寿龙认为，中国近 30 年的经济发展，得益于中国内部稳定的政治结构。首先，政治改革启动确保了改革开放政策的延续性。其次，政治上没有剧烈的改革，确保渐进改革的成功。再次，有限的政治改革使得传统的政治模式恢复了活力。但是从目前来看，这样的行政体制也出现了一些亟待改进的新问题，主要表现在：第一，行政管理体制改革没有突破口，总体上缺乏一个宏观的蓝图。第二，一些陈旧的制度已经影响了经济和社会的发展，使得两者之间不能够相互兼容。他同时指出，目前行政体制改革出现了一个很有意思的现象，那就是地方政府在这方面的积极性比较大，如公车改革、绩效考核等等。地方政府对行政管理体制改革的积极性，最为主要的因素就是为了解决它所要面对的问题，因此，这种改革虽然是零散的，但是星火一旦燎原，也会形成很可观的局面。就像 30 年前的改革，就是起源于安徽小岗村的实践。

（上海金融与法律研究院）

后金融危机背景下的会计学

——市会计学会举办学术年会

市会计学会于5月27日召开上海市会计学会学术年会。会议主题为“后金融危机背景下——学术成果展示、课题应用推介”。其中学术交流归纳如下：

新工联(集团)林小镛介绍“集团公司资金运行的创新模型”，通过提升企业资金的运行效率来进一步巩固企业的资金链，真正凸显“现金为王”。课题提出了“零存款”这一虚拟理论，并将其作为衡量企业资金运行状态的最高标准。通过建立“零存款”的数学模型，并与实务中的各种操作模型进行对比，从理论上提出了各种优化实际操作模型的思路和方法。同时，充分利用银行等金融机构提供的金融服务措施，如“法人透支”账户等。

电力工作委员会课题组介绍研究成果“资产全寿命周期评价方法的研究”课题。实施资产全寿命周期管理是国际上资产密集型企业的必然选择。随着社会快速发展，传统的资产管理方式存在的很多问题，如设备寿命短、使用效率低、技改投入大、维护成本高等逐渐显现。必须加快转变管理理念，创新管理方式，统筹处理好资产可靠性，周期成本关系，实现资产的全过程、精益化管理。

上海科学院穆家乐介绍了“科研事业单位适用企业会计准则研究”；浦发集团颜立群介绍了“资产证券化在浦东市政资产领域的探索”等。

（市会计学会）

金融危机后的世界经济:重大变化与发展趋势

——市世界经济学会等召开研讨会

10月27日,市世界经济学会、上海社科院世界经济研究所联合召开“金融危机后的世界经济:重大变化与发展趋势”研讨会。来自全国世界经济领域的数十位专家学者参加讨论。

中国世界经济学会副会长,上海市世界经济学会会长张幼文致开幕词。他认为,金融危机的影响包括七个方面:一是发达国家经济遭受重创,危机影响深远;二是危机凸显实体经济的重要性;三是危机后全球通货膨胀趋势恐难避免;四是二战后国际货币体系受到质疑;五是世界贸易体系受到冲击;六是危机影响发达国家跨国公司投资方向;七是美元持续贬值将引起世界货币革命。张幼文认为,世界经济的结构变化和中国国际地位的提升是危机后世界经济研究值得关注的重大问题,主要体现在四个方面:一是世界经济的增长结构发生变化,新兴经济体占世界经济的增量存量比重都将发生重大变化;二是世界经济的决策机制发生变化,全球治理问题逐渐显现;三是世界产业结构发生变化;四是全球金融体制发生变化。

与会学者围绕金融危机后世界经济格局、国际金融格局演变、产业结构调整态势以及国际贸易投资新动向等主题展开讨论。主要观点如下:

一、 危机后世界经济格局:正在发生结构性变化,新兴经济体地位迅速上升

对于金融危机后世界经济格局的新变化,上海社科院世经所金芳认为金融危机对于世界经济格局的冲击表现在三个方面:一是以美欧为首的全球创新体系遭到了巨大的冲击;二是全球化的原有体制遭到重大冲击;三是对发达国家主导世界经济地理形态和功能性关系的冲击。在这三大冲击下,世界经济增长格局、金融格局、贸易格局、投资格局、生产格局、协调治理格局都出现了新的变化:增长重心进一步向新兴经济体转移、增长极更为多元;金融领域欧美银行业遭到重创,亚洲及新兴经济体银行地位迅速上升,国际外汇储备开始多样化;国际贸易领域新兴市场地位上升显著,逆全球化势头迅猛;国际投资领域,新兴经济体成为资本流出重要来源地,跨国并购大幅上升,主权财富基金超过对冲基金;国际生产格局进一步往新兴经济体倾斜;经济协调格局发生变化,全球治理存在困境。

二、 危机后国际金融格局:美元霸权依旧,国际金融监管知易行难

与会学者认为,目前的格局仍然是美元占据国际货币储备主要成分地位,人民币国际化与超主权货币的实现还任重道远。对于危机后金融监管体系的改革,上海社科院世经

所孙立行认为这次金融危机所暴露出来的金融监管的问题十分严重，首先，从监管理念上，把市场与监管绝对地对立起来，认为最少的监管就是最好的监管；其次，在监管实践上，存在着四个方面问题：一是信息不对称，包括衍生品信息披露不充分、金融机构巨型化、金融衍生品创新的复杂化和高杠杆化、外部评级的透明性与公正性缺失；二是金融监管措施跟不上金融创新步伐；三是缺乏对系统性风险的宏观审慎监管；四就是缺乏有效金融监管协调机制。他还分析了美国出台的金融监管新法案，指出此次金融危机由多种因素促成，仅靠美国一国的金融监管改革难以消除金融业的系统性风险。全球金融监管体系需要维护各国监管的独立性，鼓励差异化。

三、 危机后的世界产业结构：调整艰难进行中

西南财经大学刘崇仪认为这次危机是虚拟经济严重脱离实体经济过度发展，同时整个经济周期还处于经济长波周期的下降期。由于新兴产业还没有发展起来，欧美发达国家只好通过刺激金融业与房地产业发展来带动经济增长。欧美产业转移导致就业增加非常困难。经济危机导致大国实力对比发生变化，或许会导致霸权转移，新兴大国在崛起过程中可能会遭遇前所未有的阻力。辽宁大学曲文轶认为未来的出路在于人的消费观念的更新，节约型的循环经济的实现。上海社科院李安方认为由于实体经济所占比重较高，新兴经济体产业在危机中受到的冲击较小。金融危机后，新兴国家自身调整存在四个方面的基本趋势：一是新兴国家调整了原先以服务业为产业升级的战略，发展重心开始向实体经济转移；二是新兴国家大力投入科技创新；三是各个新兴国家开始有意识地调整原有的产业结构，使之更加均衡；四是新兴大国力图在产业发展上加强区域合作，希望形成发展合力。尽管存在着这些趋势，调整也面临着严峻挑战：在国际层面上，新兴产业面临发达国家直接竞争；在国内层面上，新产业对传统产业的挤出造成了就业压力。

四、 危机后的国际贸易与国际投资：贸易发展呈现新动向，新兴经济体对外投资增加

辽宁大学刘洪钟认为，金融危机之后，东亚地区对于欧美的出口呈现疲软的态势，但是地区内贸易增长非常快，中国、韩国等对于新兴经济体的出口迅速恢复并快速增加，南南贸易的相互依赖在增大。就出口结构来看，南南贸易仍然多半停留在中间产品的出口，整个东亚地区对于发达国家市场的最终依赖还比较显著，东亚经济是否能够与欧美真正脱钩，还有待时间的检验。浙江大学宋玉华认为新兴经济体对外投资将改变世界经济版图。在对外投资领域，新兴经济体迅速崛起，开始占据国际对外投资的半壁江山，逐渐改变国际资本流动的格局，对整个世界经济发展将会产生深远影响。上海社科院赵蓓文从理论上回顾了金融危机对国际直接投资的影响，并提出在金融危机之后，当应激性的政策过去之后，新兴发展中国家投资政策要注重投资促进和投资监管并存，并进一步推动技术进步和结构提升。

（朱　斌）

新形势下金融违法犯罪应对机制

——上海金融法制研究会等举办研讨会

11月18日，上海金融法制研究会与中共上海金融纪律检查工作委员会、上海市立法研究所等联合举办"新形势下金融违法犯罪应对机制"研讨会。市人大法制委员会主任张凌、浦东新区检察院检察长陈宝富到会致词，市金融纪工委书记石琦作总结发言；研究会会长倪维尧主持大会，名誉会长李国光、毛应梁到会讲话，研究会学术委员会主任李克渊宣布获奖论文名单。来自本市金融、政法系统和高校的领导、专家、实务工作者近200人出席会议。这次大会征集了近百篇论文，并在之前分别召开了四个小型专题研讨会。

大会上，十多位专家、学者作了专题发言和点评，提出了一系列有应用价值的观点。

一、 对新形势下金融违法犯罪新情况保持高度警惕

与会专家分析了次贷危机发生以来的金融领域违法犯罪现象，指出存在以下特点：第一，在一些金融新业务领域发生了新型违法犯罪，如非法期货、内幕交易，以及利用第三方支付平台进行洗钱、盗窃、诈骗等；而传统领域违法犯罪也发生新变化，如非法集资频发、信用卡犯罪较集中于套现等。第二，利用高科技、智能化实施金融违法犯罪，如借助信息网络、通讯工具等进行金融欺诈，破坏性大、隐蔽性强、受害面广。第三，涉众金融犯罪上升，社会稳定问题凸显，如以委托理财名义的非法吸收公众存款、非法出售非上市公司股权、利用电话银行诈骗等活动，个案都涉及成百上千的群众。第四，犯罪呈国际化趋势，如一些境内外违法犯罪分子相互勾结，实施信用证、票据诈骗，给取证、追赃带来困难。

分析其背景和原因：一是受国际金融危机的冲击，部分中小企业在资金上发生阶段性困难，又受融资渠道的限制，给了非法集资等行为有可乘之机；二是近年我国经济与金融市场快速发展，机构与个人的财富大幅增加，有强烈的理财需求，一些高风险、甚至欺诈性质的违法违规金融活动乘虚而入；三是在上海国际金融中心建设过程中，金融机构有着金融创新的积极性，但制度建设不到位，监管及内控未及时跟上，存在一定的漏洞。

二、 加强对新型金融违法犯罪的刑事规制

关于犯罪主体问题，有专家提出信用卡犯罪主体应增加单位犯罪，将单位纳入伪造货币罪主体也是必要的等观点。另外，还讨论了刑民界限、犯罪认定以及此罪与彼罪的区别问题等。

三、 强化对金融违法犯罪的预防

与会者提出了强化预防金融违法犯罪的各项措施，有专家强调健全刑事立法的重要性，有专家讨论了金融机构防范操作风险的意义，认为要加强法制宣传，制定防范对策。还有不少专家建议要疏通投融资渠道，加大公开合法金融市场建设，满足经济发展的需要，不给金融违法犯罪留空子，维护金融安全。

（上海金融法制研究会）

语文、教育、文化、新闻

YU WEN JIAO YU WEN HUA XIN WEN

文化产业语境下的民俗文化创新

——市民俗文化学会召开研讨会

7月8日，市民俗文化学会召开“民俗与文化创意”研讨会。围绕“民俗与文化创意”这一主题，与会者从不同的角度阐述观点并展开互动交流。

上海交通大学刘士林提出，民俗文化学界要以更积极的姿态深度介入到日趋火爆的民俗文化产业规划和运作中，以理性的学术研究与客观的价值立场捍卫中国民俗文化的纯洁与真实，在同各种伪民俗的坚决斗争中收回和巩固自己的话语权。同时要努力推动民俗文化学的学科转型以及与相关学科的互动与交流。

同济大学李浈认为，传统建筑工艺所体现的思维方式、价值观念和营造行为准则，所流传的匠歌、匠诀，所经历的营造过程等，是全面认识建筑遗产价值的基础。随着传统工匠生存的社会行业环境的恶化，工匠队伍锐减；随着现代交通的发达带来的技术传播和工艺模仿的加速，工艺技能评判标准的模糊，导致工艺的地域差别在减少，原创性渐行渐远；审美情趣变异，保存价值也大打折扣……加上整体上缺乏行之有效的措施和策略，原真性的建筑工艺面临失传的严重危险。国外一些经济学家运用经济学的原理、方法和模型来评估文化遗产的经济价值，研究探讨维护文化遗产的成本和潜在的经济效益，帮助政府制定合理的经济政策，于是出现了“遗产经济学”的提法。在我国，对文化遗产的经济价值在近年才得到重视。但由于传统的将文化价值和经济价值对立的习惯性思维尚在，加上保护理念、手段等也在摸索之中，盲目招商引资或片面强调短期见效等，终致以原真性的破坏为代价的经济行为屡见不鲜，并为之付出了沉重的代价。加上中式建筑在许多方面与西方的理念、方式等有难以相融之处，多种问题交织在一起，亟待解决。从这个意义上讲，我国急需“遗产经济学”的研究。

江南大学鲍懿喜以成都宽窄巷子和杭州清河坊的保护和重建为例，阐释了历史文化街区的民俗场所精神。她认为，历史文化街区的场所精神表达了场所独特的特质，它不仅具有建筑实体的形式，而且还具有精神上的意义。历史文化街区在恢复原有的场所精神时，要在保留街区历史风貌、传统商市氛围和民俗文化的基础上结合现代生活进行有创意的建设，创造出传统与现代相融的公共环境和体验空间，建立起人与历史街区的联系，从而传递出历史文化街区特有的场所精神，使人获得归属感和认同感。

（仲富兰）

《红楼梦》与当代大众文化

——上海古典文学学会召开学术讨论会

10 月 26 日，上海古典文学学会召开“《红楼梦》与当代大众文化”学术讨论会暨古典文学学会年会。来自上海高校、出版社、社科院及作协的专家学者 40 余人济济一堂，展开了热烈的讨论。

学会秘书长高克勤主持。会长黄霖指出，讨论《红楼梦》与当代大众文化的问题，其实质是要讨论中国古典文学与当代大众文化的关系问题，也就是古典文学与当代文化的建设问题。

资深红学专家陈诏指出现在即使从事新闻、文化等工作的年轻人，能全部读完《红楼梦》的也很少，建议出版方可以做一些名著导读类读物。东华大学杨彬认为“浅阅读”是将精英文化与大众文化节相结合的有效方式。学者参与此类读物的写作可起到防止大众文化转向低俗的作用。上海古籍出版社社长王兴康表示，该社对红学研究著作、普及读物都有出版兴趣，并有相当的出版积累，尤其是普及读物，每隔几年就会推出新品，以适应不断变化的大众口味。

除了关注出版媒介外，与会学者对名著通过电视传媒进入大众文化的问题也做了深入探讨。原《明清小说研究》编辑部主任张蕊青指出“刘心武说《红楼》”现象是向学界发起的一项挑战。她认为传媒只是传播手段，不代表高雅低俗，引领大众文化的学者应具有社会责任感、人文关怀及丰富的思想感情。复旦大学陈维昭认为，普及介绍名著，不能随便讲故事，提出新说应建立在对各种版本深入研究的基础上。上海财大李桂奎充分肯定了电视剧改编名著的传播学意义，同时也强调改编应“忠于原著”。如电视剧《红楼梦》的大结局过于浅白，还不如原著有悬念的结局。

关于大众文化对《红楼梦》研究的冲击以及红学自身的发展，学者们也作了深入思考。复旦大学罗书华认为精英文化与大众文化应该是相通的，在某种意义上，教授也是大众的一员，所以有关《红楼梦》，可以做版本文献研究，可以做索引派的考证，也可以做普及读物以适合大众的“浅阅读”。张蕊则强调，红学研究本身是阳春白雪，需要相应的文学修养与根底。《红楼梦研究辑刊》编委萧凤芝亦赞同张说，并呼吁红学界应互相团结，互相欣赏，不分派系，没有倾向。

随着讨论的深入，与会专家亦对中国古典文学总体的大众化问题发表了见解。上海社科院文学研究所夏咸淳指出普及的目的是为了帮助读者更好地理解原著，并以此为阶梯阅读原著。普及不能以赚钱为主旨，而应具责任心，改编者对原著首先要反复阅读、熟谙于心，才能抓住其宗旨、基本精神和特征，否则就有粗制滥造之嫌。上海辞书出版社祝振玉则提出普及的第一步是要传播，要推向大众，只要推广传统文化的真谛未变，形式可以不拘。对于大众文化传播中的商业成分，也要有宽容心。对于大众化中出现的弊端，比如对某些作品的误读等，他认为会随着全社会对传统文化认识水平的整体提高而得到修正。

通过此次会议，大家明确了古典文学研究与当代文化建设的密切关系，并表示在未来的工作、研究中会继续关注此命题，以不断丰富其内涵。

（市古典文学学会）

重视上海本土非物质文化遗产资源的挖掘和利用

——上海炎黄文化研究会召开第8届炎黄论坛

11月8日，上海炎黄文化研究会召开第8届炎黄论坛，上海社科院文学所蔡丰明主讲《从上海本土非物质文化遗产资源看中华传统文化的魅力》，内容如下：

近年来，上海在国家非物质文化遗产保护工作的推动下，已经挖掘出了一大批具有鲜明地方特色的非物质文化遗产资源，2006年度与2008年度两批已有33项被列为国家级非物质文化遗产代表作名录，加上今年批准的目前已达50项。如何能够更好地增强创新意识，以使上海本土非物质文化遗产在今后上海文化发展中更好地显示出它的独特价值，更好地利用这些本土非物质文化遗产来呈现与展示现代人的文化审美需求，是一个非常值得重视的问题。

一、 多方位挖掘展示价值

上海本土民俗文化与非物质文化遗产不但具有很高的历史认知价值，而且也具有极高的艺术审美价值，在以下几个领域中具有极为广阔的利用空间：

（1）会展领域：对文化遗产与自然遗产的观赏，不仅是专业的、职业的、精英人士的需求，也应是一种全民性的社会需求。一部分民间文化的精品，如松江顾绣是上海非物质文化遗产中的一朵瑰丽奇葩，它是一种以名画为蓝本的“画绣”，技法精湛、形式典雅、艺术性极高。其他诸如竹刻、剪纸、面塑、农民画等也都具有很高的艺术性和观赏性。将这些非物质文化遗产形式引入上海的各种文化会展，并配以各种图片、音像与多媒体演示，对于表现上海文化的丰富内涵，反映上海本土文化的艺术性与生动性具有十分重要的作用。

（2）演艺领域：在上海的传统非物质文化遗产中，有相当一部分是以音乐、舞蹈、说唱、戏剧等表演性民间艺术的形式而得以表现的，它们不但体现了民间艺术活泼、生动的风格，而且还富有鲜明的地方个性。例如从明清时期直至今日仍在上海各地十分流行的民间音乐——江南丝竹，以及在节庆、庙会、灯会等场合中表演的一种自娱性民间舞蹈活动——上海浦东三林的舞龙。其他如沪剧、越剧、评弹、锣鼓书、打莲湘、花篮灯舞、手狮舞等，经过一定的整合与改编，完全可以成为今后上海文化发展中的重要表现形式，为上海文化增添不少的亮点。

（3）工艺品领域：据调查，上海的民俗手工艺品的品种、类型以及制作技艺极为丰富，例如草编、南汇灶画等等。其中以上海浦东地区古称“[illegible]绣”的三林刺绣，以及绘画技法源

自古老江南民间艺术的金山农民画为代表，近年来，尤其受到了国际艺术界以及大量游客的广泛喜爱，其市场效应的开发不容小视。

二、 建立开放性展示空间

对于本土民俗文化与非物质文化遗产的展示，必须从更为宏观与开放的空间架构上考虑，具体表现在：

(1) 各民俗旅游景区中的民俗文化与非物质文化遗产展示。本市目前已开发了不少民俗旅游景区，这些景区中蕴藏着较为丰富的民俗文化与非物质文化遗产资源，与原生态的形式一样具有历史认识价值与艺术审美价值。尤其是青浦朱家角、七宝老街、枫泾农民画村、南汇新场古镇等上海城市周边地区，民俗文化蕴藏量特别丰富，那里在吸引各方友人游览观光的同时，也很好地展示了上海本土民俗文化与非物质文化遗产的特色。

(2) 各家庭收藏馆、陈列馆中的民俗文化与非物质文化遗产展示。上海是民间收藏的重地，素有“民间收藏半壁江山”的美誉。上海市区原拥有各种形式的民间收藏馆与陈列馆100多家，这些具有浓厚民俗文化色彩，承载了社会、文化、历史、艺术等多方面价值，是宣扬民族文化和民俗风情的重要窗口，也是最直观的上海城市生活、历史的记录。但现在大多因经济原因濒临绝境，这不得不从环境、体制等方面寻找原因。

(3) 各社区、街道中的民俗文化与非物质文化遗产展示。近年来，上海各个社区与街道里弄在民俗文化与非物质文化遗产的保护与传承方面已经取得了很大成绩，并形成了许多民俗文化表演团队，例如浦东三林社区的舞龙、南码头街道的南风扁鼓、奉贤柘林镇的滚灯、长宁北新泾街道的荡湖船队、花伞队、嫁妆队、响铃队等等，它们是一道以活态形式展现、张扬上海本土民俗文化的风景线，充分地体现了以上海本地居民为代表的广大民众的文化特色与精神风貌。

当前上海应当充分利用世博场馆文化展示创新的优势，结合自身的特点开发各种具有时代特色与都市风情的民俗文化表现形式，使大量原生态民俗文化资源更好地转化为深受现代民众喜爱的文化产品。

（灯　明）

高等教育发展的理念、政策与发展模式

——市高等教学会召开高教所所长、规划处处长沙龙

11 月 5 日，上海市高教学会第六届高教所所长、规划处处长沙龙在上海外贸学院召开，30 多所高校的高教所所长、规划处处长出席，会议围绕上海市教育十二五规划制定及实施，从高等教育发展的理念、政策及发展模式等方面展开了热烈的研讨。

与会的高教研究者认为，上海教育十二五规划提出了很好的教育培养理念，即“为了每一个学生终身发展”的理念，但在改革创新传统的教育理念和方法等方面还存在很大的问题。中国从幼儿园、小学开始，一直到大学，都实行灌输式教育，多年来没有大的改进。中国高等教育的教学方法比较呆板，把所有学生都培养成一个模样，压制了学生的个性。这种教学方法难以培养出学生的创造性。在中国高校，启发式、讨论式的教学方法一直难以真正推广，大家还是习惯于灌输式教学。教学方法之所以一潭死水，就是因为受制于落后的教育思想观念。

而目前本科教育质量评估存在的问题较多，主要有：评估太多太滥，缺乏总体设计；教育评估体系、方法单一，拉不开差距；评估造假，敷衍了事。教育目标模糊，因此需要系统再造、价值重建、目标重塑、模式重构、评价重立等。所以教学方法改革也需要有先进的教育思想为先导。

与会者指出，在贯彻实施十二五发展规划时，重点要处理好继承与创新的关系、制定与实施的关系、个别和全局的关系和本土化和国际化的关系等四大关系。

（市高教学会）

国际问题、港澳台问题

GUO JI WEN TI GANG AO TAI WEN TI

“峰会外交”与国际机制

——市国际关系学会与解放日报国际部等举办专题研讨

4 月 20 日，上海市国际关系学会与解放日报国际部合作，结合 4 月中旬先后召开的“核峰会”与“金砖四国峰会”，就“峰会外交”作专题讨论。与会者有苏长和、张家哲、朱杰进、刘宏松、赵国军、伍福佐、孙溯源等。

与会者认为，“峰会外交”已成为我国外交的重头戏之一，不管我国自己的意愿如何，我国已被推到国际舞台的中央，做好“峰会外交”议题的研究，既是国际问题学术界的职责，又为国际问题学科发展增添了新的活力。

尽管“峰会外交”有制度化趋势，但人们对“峰会外交”认识依然存在分歧。有人认为“峰会”看上去很灵，比较低层级的外交会议更容易对问题议题提出解决方案，但能否落到实处令人怀疑。有人断言“峰会外交”象征意义大于实际价值。会议发言者认为，这些看法，可能由于不了解“峰会机制”。因为“峰会外交”并不仅是“峰会”本身，而是还包括“峰会”前的一系列部长级会议和协调人会议，为“峰会”做预案准备。在“峰会”前，有关各国的相关政府部门实际上都已行动起来，由专业性同行之间开展动态协商，达成国际共识和共同标准的预案，供“峰会”决议作参考。所以在“峰会”前，会议结果实际上已经过有关国家、有关政府部门官员的多次反复磋商，已有相当高程度的共识。“峰会”成果，表面看是首脑间的共识，实际上是国家间的共识，这是“峰会”成果能得到落实的重要原因。“峰会”成果有的需要在有关国家内部得到落实，由于在“峰会”准备过程中，有关政府部门事实已参与相关工作，所以“峰会机制”发挥了促进有关国家实施的作用。

与会者认为“峰会”机制弥补了条约性国际机制的不足，对解决国际难题、对解决新出现的突出问题，具有重要作用，反映了当代国际关系民主化的进展，体现了协商民主，为全球治理开辟了协商型全球共同治理新途径。第二次世界大战结束以来建立的霸权型全球治理，至今面临的挑战越来越多，越来越大，美国及其盟国在许多方面都力不从心，而新兴经济体上升的势头和显示的能力日益令人注目，通过协商实现全球共同治理已成为对各国都有益的选择。或许体现国际关系民主化的制度型全球共同治理的建立尚有待时日，但协商型全球共同治理事实上已逐渐被各国所接受。

与会者指出，中国是国际机制的参与者、建设者、改革者，应该积极参与“峰会外交”，学会设置“峰会外交”议题，促使其他国家自动跟进，对推进协商型全球共同治理可以发挥重要作用，也有助于我国摆脱某些传统国际机制的困境，有助于用外围机制建设来弥补欧美国家主导的核心机制的不足。这方面有待于国际问题学术界作出更大的投入。

（胜　荣）

上海学者热议吉尔吉斯斯坦政变

——市欧洲学会等举办专题研讨

4月26日，上海欧洲学会与市社科院欧亚所联合举行学术活动，围绕当前吉尔吉斯斯坦政局动荡的根源、近期吉内政外交的发展态势及其与俄、美、中、欧和上海合作组织等国际力量的关系走向等热点问题进行了交流讨论，10余位专家学者出席会议。

有学者认为，今年4月初爆发的吉政变的根源与2005年吉“郁金香革命”的根源几乎差不多，一是吉经济发展停滞不前、收入差距扩大，民众对政府极其不满；二是吉原总统巴基耶夫“一言堂”、任人唯亲、贪污腐败，与其他政治精英已形成决裂与内斗；三是吉国内政治受外部势力影响较大；四是“三股势力”在幕后浑水摸鱼、推波助澜。吉总统演讲集会上的“开枪事件”就可能是“三股势力”所为。吉政变的背景是俄罗斯在前苏联地区与西方势力的竞争中开始由守转攻，此次事件虽然不一定是俄罗斯策划，但应该是得到了俄罗斯的支持。

也有学者提出，欧洲主流学者不认为吉事件是一次革命，因为政治与经济机构没有发生实质性变化，更不是一场颜色革命，因新近开始掌权的人员都是在前苏联体系下培养出来的政治精英，较难受西方影响。但也有一部分学者认为这是欧盟等相关组织在吉及中亚进一步扩大民主的一次良好机会。欧洲方面认为，吉事件的主要原因是吉存在强烈的政治特权，这种政治特权又滋生了经济特权，但经济特权产生的收益在统治精英中发生了分配不公的严重问题，从而导致了此次吉政变事件。

有学者指出，吉事件的前景尚不完全明朗，吉临时政府的立场并不明确，它并不一定反美。临时政府中的领导人关系并不稳定，这些人在对美关系上可能会出现分歧，还可能因南北矛盾在国内问题上出现分歧。

学者们注意到，欧盟在吉事件发生后反应较为迅速，但欧盟干预中亚与吉的资源比较有限。欧盟提出要为吉提供援助，但这种援助需要与民主法治改革挂钩。事件发生后，欧盟实际上承认了吉临时政府。但吉在欧盟中亚战略中并不占有非常重要的地位，欧盟认为在能源上哈萨克斯坦与土库曼斯坦更有价值，而在安全利益上乌兹别克斯坦更为重要。欧盟对中亚战略的大方向基本上是跟随美国的。比较令欧盟担心的是美国在吉的马纳斯基地的命运，因为欧盟担心法国在乌兹别克斯坦的军事基地、德国在塔吉克斯坦的军事基地的命运会受到马纳斯基地前途的连锁性影响。

（欧洲学会）

东亚国际关系的今昔风云

——市科学普及研究会等举办论坛

12月17日，上海科学普及研究会和中共闸北区委宣传部联合主办“东亚国际关系的今昔风云”高端论坛。会议由会长武克全主持，中共闸北区委宣传部长张锡平致辞。来自各区县、基层的宣传干部、党校教师等200余人参加。

复旦大学国际问题研究院常务副院长、复旦大学美国研究中心主任沈丁立作了“中国的海洋利益和国际海上安全”专题演讲。他说，随着中国国家发展，我国走向海洋已势不可挡。随之而来有两个重大问题：一，正确理解我国的海洋利益。二，妥善平衡国际社会的海洋利益。这两者包含合作与矛盾的关系。各国首先需要解决海洋疆界如何划分。东亚地区在这方面存在诸多争议。在中日、中国与朝鲜半岛、韩日之间都存留着海上疆域重叠以及因此引起的利益纠纷。在东海方面，我国与日本目前在钓鱼岛归属和东海大陆架区的海上划界问题上，存在严重分歧。在南海归属上，中国与部分东盟成员也存在海上领土与权益争议。当前还有外力卷入的趋势，形势趋于复杂。

尽管如此，包括我国在内的各国都具有保护公海航行自由的共同体认，问题是各国的海上疆域应该如何确定以及公海从何开始。各相关国家的历史依据、当代国际法处理原则等，都提供了解决纷争的一些基础。沈教授在演讲中分析了上述矛盾并提供了缓解分歧的一些思路。

上海社会科学普及研究会副会长葛剑雄作“从疆域到领土——中国边疆形势的历史背景”专题演讲。他认为，中国古代没有世界的概念，只有天下观，认为中国居于天下之中，而“普天之下，莫非王土”，在中国以外就是四裔。古人认为，对中国以外的地方并非不能占有，而是因为属蛮荒之地，当地人尚未开化，不值得加以教化；或者路途遥远，人口稀少，统治成本太高。因而，只有疆域的概念，即由中国的统治者确定本国与藩属国的疆域，也有权进行调整和改变。只要不受到外来威胁，对本国的边疆不必加以治理。在受到威胁或侵略时，也可以在权衡利弊后主动放弃。由于生产力落后，克服地理障碍的能力很差，古代中国对高山、丛林、海岛、海洋、沙漠、无人区、不宜生存地区，往往不加经营，甚至听任外人占领。因而一些由中国最早发现并命名的地方，却没有行使延续性的管辖，造成今天的领土争端，或者形成被外国占据的既成事实。

上海交通大学环太平洋研究中心主任王少普就“中日美关系与东亚安全”问题作了专题演讲。他说，在经济全球化与世界多极化浪潮的冲击下，以美国为中心的世界秩序正在发生重要变化，这些变化对中日美关系与东亚安全将产生以下几个方面的影响：一是人类对自然界的过度索取，使人类与自然界矛盾的积累达到了爆发的临界点，没有国家可以单独解决人类面临的能源和气候等问题。中日美在这些问题上如果不合作，将会给三国以及世界带来巨大的灾难。二是经济全球化，使各国间的依存关系加强，中日美由于经济规模的庞大以及各自经济模式的特殊性，在经济上和金融上形成了相互支撑的特殊结构，被称为“贸易三角”，在世界经济的重建过程中承担着重要责任。三是能否协调好中日美在东亚共同体问题上的矛盾，关系到东亚与亚太经济一体化的成功与否，关系到东亚乃至亚太国际格局的转变。由于三国都支持亚太区域经济一体化，三国的矛盾有了协调的基础。四是冷战后，国家间关系以及各国所面临的外交任务发生了重要变化，中日美关系出现了向着平衡、合作、开放的方向发展的趋势。但是由于世界秩序处于重要的转变过程之中，三国关系的不稳定性也在发展。2010年以来，中日美关系的不稳定性明显增强。建立安全上的互信，经济上的平衡是中日美面临的重要课题。

（宋　杰）

国际学术交流

GUO JI XUE SHU JIAO LIU

中美关系:挑战与机遇

——市美国学会与美中关系全国委员会举办讲座

3月2日，由上海市美国学会和美国美中关系全国委员会联合举办的第五届鲍大可-奥克森伯格中美关系讲座在上海锦江饭店小礼堂举行。美中关系全国委员会主席、美国前贸易谈判代表卡拉·希尔斯大使作了《中美关系：挑战与机会》的演讲，上海市美国学会副会长、上海社科院副院长黄仁伟，美中关系全国委员会副会长白丽娟先后致欢迎辞，上海学界、政界、商界有关人士，美国大使馆的官员，印度、新加坡、加拿大、瑞士等国驻沪总领事以及中外媒体等300余人齐聚锦江小礼堂——这个38年前签署《中美联合公报》的地方——听取了希尔斯大使的演讲。与会者围绕着演讲内容和中美关系近期出现的问题进行了热烈的讨论。上海市美国学会会长丁幸豪主持了这次讲座。

希尔斯大使在演讲中首先对鲍大可和奥克森伯格对中美关系发展作出的贡献进行了热情的赞扬，认为21世纪的中美关系面临着全球经济混乱、核扩散、传染病、恐怖主义、气候变化等一系列的跨国挑战，这需要中美双方更好的相互理解。尤其是在中国日益崛起的背景下，中美如何合作共同创造未来世界的繁荣与稳定就变得更加重要。

希尔斯的演讲重点放在中美之间的经济问题，一是全球经济的再平衡；二是市场开放。关于全球经济再平衡，希尔斯认为中美双方的经济结构调整需要在共同的时间框架内进行才能减少基于双方国内政治的摩擦，如果每一方都承诺经济结构改革，说出各自在适当时间框架内的将要采取的具体步骤，并相互就国内的改革进展进行沟通，这将极大地培育对全球市场的信心，使得各自国内经济的发展置于可持续发展的轨道上。关于市场开放，希尔斯认为，保持双方市场的开放，并一同努力促进全球市场的开放是两国面临的共同课题。双方已经在国内采取了一系列针对对方商品的行动，各自国内的经济民族主义正面临着上升的压力，这对双方和世界经济的复苏是无益的，双方应合作推动多哈谈判进程。希尔斯还谈道，她在接到演讲邀请的时候本来打算谈谈影响两国关系的经济挑战和机遇，而不是外交政策和安全问题，但是最近两国关系中出现的一些问题已经不可避免地影响到两国如何处理经济问题，不得不谈一些个人意见。希尔斯表示她并不打算为美国售台武器和奥巴马总统会见达赖辩解，但这不应该影响到中美军事交流，中美军事关系已经是中美关系中的薄弱部分，停止计划中的高层军事互访只会不利于双方对防务问题的讨论，不利于消除双方因对台军售而产生的愤怒。她还提议建立战略军事对话解决双方的误解，以防误判，她希望不要因为军售而影响到中美在朝核和伊核问题上的合作。

上海社科院世经所所长张幼文在评论希尔斯的演讲时,对全球经济再平衡、中国经济结构的调整、贸易保护主义、危机的成因、中国在抗击危机中的贡献等问题阐述了自己的看法。张幼文说中美应该就两国之间的分歧进行坦诚的对话,细心听取对方的意见,但可惜的是奥巴马总统没有听取中国方面在事先的一再提醒,使对台军售、会见达赖一类事件接连发生,这些问题都明显涉及中国的国家核心利益。常识告诉我们,外交问题关系到一个国家的整体利益,其在优先顺序上应当超越一国国内某一集团的利益。谈到中美两国对外经济的不平衡问题,张幼文认为中国的巨额贸易顺差,巨额外汇储备,被看作为这场危机的原因之一。这是缺乏理论基础的,是基于过时理论的结论,因为今天是经济全球化的时代。经济全球化的最重要特征是国际资本流动,产业转移从而贸易流向流量的大调整。关于如何看这场危机的成因,张幼文指出,中国的巨额贸易顺差原因之一是因为中国缺乏有效的国内投资机制和能力,于是用外汇积余购买了美国国债。不论中国外汇储备采取美国国债还是国际银行存款形式,如果美国投资者将这些存款有效用于实体经济投资,那么就不会吹大金融泡沫。如果美国金融得到有效监管,金融衍生产品就不会过度发展,那就不会导致这场金融危机。最后,张幼文非常赞同希尔斯大使关于坚持开放市场反对贸易保护主义的观点。特别是大使说的中美两国政府都应当告诉本国民众,市场开放有利增长、增加机会和增强全球稳定;中美两国应当率先承诺和开放市场,绝不能采取贸易保护主义方针。

中美学者进行了热烈的对话与交流。与会者对这次讲座给予高度评价。当天,上海市美国学会还邀请上海学术界和美国在沪商界 20 余人与希尔斯大使就世界经济和中美经贸关系进行了小范围的热烈讨论。

(焦世新)

政府价格工作的公信力来源于透明度和科学性

——市价格学会召开六届六次理事会暨2009年度年会

3月4日，市价格学会假座市社科会堂，召开六届六次理事会暨2009年度年会。学会理事及会员代表150多人参加。副会长林积昌主持会议。市发改委副主任、市物价局局长吴建融就四个方面的问题作了发言。

一、关于价格工作和政府工作之间的关系

当前，一种观点认为价格工作的宏观作用在逐渐下降，通过市场形成的价格占整个价格的比重已经达到95%以上，去年达到97%，所以价格管理部门承担的责任和任务相对轻了。另一种观点认为，价格工作特别是省市一级的价格工作越来越微观。

吴建融认为，现在价格工作虽然已经不是整个国家经济政策中最敏感最核心的部分，但仍然是我国经济社会政策实施过程中非常重要的工具和手段，是实现经济、社会发展目标的重要工具和手段。这种重要性首先是由政策目标本身的重要性决定的，其次是由价格工具在实现这些目标过程中能够发挥的作用来决定的。

二、关于世博会期间加强价格行为的监管

(1) 大力推进明码实价。从总体上来看，随着商业文明的发展，明码实价是一个发展趋势，更有利于维护大多数人的利益。但是在现阶段由于消费传统的影响，由于经济发展水平和所交易商品种类的不同，在价格行为的选择上是多种情况并存，既有明码实价也有明码削价，还有明码议价。利用世博会契机，我们要大力推进明码实价，尤其是对世博会密切相关的重要区域、重要商品、重要领域大力推进明码实价建设。

(2) 认真抓好"两个目标、三个重点"。整个世博期间，价格监管有两个基本目标，第一个是保持价格水平公平合理，大多数人能够承受；第二个是价格行为规范有序。围绕这两个目标有三个监管重点：其一是世博园区，其二是上海主要的商业区域和旅游景点，其三是旅馆住宿、旅游租赁等行业。这三个重点是我们今年价格监管工作的核心。

三、关于提高政府价格工作的公信力

价格工作和老百姓利益密切相关。随着政治文明的发展，人民群众对政府行政行为的要求越来越高，这种要求集中体现在行政行为的公信力上。行政行为的公信力是由透

明度、科学性决定的。能不能形成民主平等的利益表达渠道，形成各种不同利益平衡、妥协的机制，是对政府公信力的重大考验。在提高价格决策的公信力上有几方面可以考虑。

首先，价格决策过程中要加大利益相关者和民意机构的参与力度。价格决策过程中要使各方面的利益相关者都能参与其中，能够有充分的诉求表达；要请一些公信力强的部门参与到定价研究决策过程中来，比如人大、政协。整个价格决策、价格研究的全过程，要创造条件让利益相关者、民意机构的代表深入参与、全过程参与，使整个价格决策、价格研究更加透明，利益相关者利益诉求能够充分表达，从而提高政府价格决策的公信力。

其次，完善政府定价的信息披露机制。目前提供由政府定价的服务和商品的企业，其重要成本信息的披露都是和调整价格联系在一起的，只要价格不调整企业就没有信息披露的义务。这种披露机制对于公众完整、及时地了解政府定价的成本信息有较大的局限性，有必要建立更加公开、更加完整、更加实时的成本信息披露机制，主动接受社会监督。政府定价听证过程中，不少听证代表对企业所提供的材料信任度不高。所以，如何使政府定价（而且定价本身又和大多数人的利益相关）的信息披露机制能够更朝前走一步，这是政府定价工作公信力的重要因素。可以考虑借鉴上市公司信息披露的方法，研究制定企业定期公布成本的方法，为提高价格决策公信力建立一个好的机制。

四、关于“十二五”重大价格课题研究

(1) 要与重点领域发展相结合。今年价格工作的一项重要任务就是对“十二五”的一些重大价格问题进行研究。

(2) 要着重形成重要领域价格的宏观管理依据。现在上海的交通压力比较大，上海的交通价格水平比北京高很多，目前我们在制定交通价格时缺乏有说服力的科学依据。世界上特别是亚洲一些大城市，在发展到和上海经济水平差不多的时候，在一些重要领域如水电煤等与能源和公用事业有关的支出、通讯支出、教育和卫生支出的水平大致如何，要研究有关情况，再结合上海的实际，形成一套宏观管理依据，使这个具体价格的决策更具有说服力。

整个“十二五”期间，对一些重要领域，特别是环境、能源领域的重要价格战略进行研究，和民生相关的一些价格也要形成一个宏观管理的科学依据。

吴建融希望价格学会能够发挥联系各方的优势，在对重大价格问题、重大价格思路包括重大价格问题决策的过程中发挥更大的作用。

会上，会长徐家树作了学会 2009 年工作总结及 2010 年工作安排的报告。副会长张利生宣读了本会关于表彰 2008—2009 年度优秀价格调研成果的决定。

（市价格学会）

《王元化著作集》日文本暨《冈村繁全集》中文本出版

——市古典文学学会等举办座谈

今年是市古籍整理出版规划小组原组长、上海市古典文学学会原顾问、市海峡两岸文化交流促进会原会长王元化先生逝世两周年，5月7日，上海市古典文学学会与华东师范大学王元化研究中心、上海古籍出版社、上海市古籍整理出版规划小组、市海峡两岸文化交流促进会联合举办“《王元化著作集》日文本暨《冈村繁全集》中文本出版座谈会”。徐中玉、钱谷融、王运熙、钱伯夺、林其锬、王鹤鸣、李国章、黄霖、赵昌平等30余人出席。王元化先生的好友、现年88岁的日本汉学家、日本九州大学名誉教授、《王元化著作集》日文本主编冈村繁，与弟子日本福冈大学教授、《王元化著作集》日译者甲斐胜二，日本福冈国际大学教授、《王元化著作集》日译者海村惟一等专程前来出席会议，并带来了由日本汲古书店出版的《王元化著作集》日文本。

冈村繁介绍了《王元化著作集》日文本的编译及出版情况。《王元化著作集》日文本共三卷，即《文心雕龙讲疏》、《思辨录》、《九十年代反思录》。这三部著作是王元化先生的代表作。《文心雕龙创作论》是王元化先生最早出版的学术著作，运用古今结合、中外结合、文史哲结合的方法研究《文心雕龙》，收获不少，后又多次修订增补，并易名《文心雕龙讲疏》，被认为是中国古代文学理论和《文心雕龙》研究的里程碑著作。《思辨录》曾名《思辨短简》、《思辨发微》，是王元化先生论著摘要，集中反映了他的学术思想。《九十年代反思录》收录了王元化先生20世纪90年代的重要论文，这是他一生中思想最成熟的时期，这些论文是他晚年反思的结晶，是他“最好的思想劳作”。

上海市古典文学学会秘书长高克勤介绍了上海古籍出版社编辑出版《冈村繁全集》的经过。冈村繁在中国古代文学研究的诸多领域都有开拓性建树。其文集的中译及出版得到市古籍整理出版基金的资助，由王元化主编。全集共十卷，分别为《周汉文学史考》、《文选之研究》、《汉魏六朝的思想和文学》、《陶渊明李白新论》、《唐代文艺论》、《历代名画记译注》、《日本汉文学论考》、《毛诗正义注疏选笺》、《梅墩诗鈔拾遗(新编)》、《随想篇》。冈村先生50多年前的最初学术成果《文心雕龙索引》，也作为《冈村繁全集·别集》同时出版。王元化先生曾指出，中国文化对日本有着深刻的影响，而日本对中国文化发展的影响在近代也十分显著。冈村先生的治学颇具中国清代乾嘉学者的遗风。这对于年轻一代学人来说，尤具启迪意义。《冈村繁全集》作为外国的中国文化研究者的全集首次在中国出版，是一件有特殊意义的事情。

与会者深情追思王元化先生，并高度评价了《王元化著作集》日文本和《冈村繁全集》中文本出版的意义，认为这是中日文化交流史上空前的盛事，必将促进两国学术的发展。

（高克勤）

应对金融危机:东欧与中国两个视角

——市欧洲学会邀中外专家进行交流研讨

6月12日,匈牙利科学院世界经济研究所所长伊诺泰(Andras Inotai)、保加利亚经济政策研究所所长佩特科娃(Tvanka Petkova)、匈牙利驻沪总领事库蒂(Laszlo Kuti)做客上海欧洲学会,就当前金融危机的状况、相关各方应对措施等问题与学会名誉会长伍贻康、副会长杨逢珉及丁纯、杨烨、曹子衡等专家学者进行了交流研讨。

一、 东欧的视角

学会学者提出,自从2007年全球关注的金融危机爆发以来,如何评价判断世界金融危机成为包括中欧学者在内的世界学者共同关注的问题。中国学者十分关心美国债务危机、冰岛政府破产、希腊政府债务危机等问题。中国学者希望进一步了解该如何判断欧洲债务危机的影响,这些危机会不会影响欧盟的稳定,是否会对经济的发展产生不利影响。

东欧专家指出,目前有两个问题困扰着欧元区:一个是救援存在着法律上的难题,二是经过数十年的融合,欧元区内国家在一些经济指标的差距不是变小了而是变大了。如何拯救希腊是欧盟面临的难题,甚至会危及欧元区的稳定。如果希腊政府希望通过扩大内需来拯救经济,可能得益的反而是德国、法国这些国家,因为它们的国内产品更具有竞争力。欧洲货币统一10多年来,德国成为了最大受益者。与欧元区其他国家相比,德国的外贸一直保持着较为显著的顺差。如果欧元贬值,德国的出口会得到进一步增长。需要指出的是,虽然德国的劳动力成本比较高,而且有着年均0.5%的上升,但原先劳动力成本较低的希腊、意大利、西班牙等国年均劳动力成本上升速度更是达到了2%。这样算来的话,德国因劳动力成本上升速度更慢而实际上已经实现了约800亿欧元的收益。如果欧元升值,德国出口减少、国内需求上升,但受益的不一定是欧元区内的其他国家,比如希腊、波兰等,而可能是世界上的其他国家,比如美国、中国等。

欧盟7 500亿欧元的援助基金应该会有助于欧洲经济的稳定与恢复。但欧盟成员国削减财政支出、增加税收等措施,可能会引起这些国家的社会问题。欧盟在一定时期内难以成为有竞争力的经济体,除非欧盟能像美国、德国那样的联邦建立财政联盟、制定透明的财政政策。

现在很多非欧元区国家不愿意加入欧元区。其原因有二:其一,欧元区缺少一个能被遵照执行的惩罚机制,大国参与制定准则,最终又破坏准则却不受惩罚。其二,许多持观望态度的国家都会审视加入欧盟所得的利益与承受的成本，如果成本大于收益，则不会加入。最近爱沙尼亚加入欧元区成为了其他有待加入欧元区国家加以参考的一个实验。匈牙利也不会成为第二个希腊。

二、 中国的视角

东欧专家提出，他们目前比较关心的问题包括：在国际关系复杂多变的大形势下，中国如何应对全球危机，如何处理与美国、俄罗斯等大国以及与联合国、非洲国家的双边及多边关系；中国与中东欧国家及中东国家的关系；中国在世界经济发展中所扮演的角色等。他们希望能向学会学者请教：中国是否会退出经济刺激方案；中国政府从出口外向型经济转为内需导向型经济的意图是否会奏效；中国会采取哪些措施应对金融危机。

学会学者指出，早在 2007 年 8 月金融危机初现狰狞时，就有学者建议要采取严厉措施应对国际资本任意流动。我们必须看到中国和欧盟一样面临着复杂多变的国际形势。在未来 2 年里，全球的经济形势仍是困难重重，面临着许多严峻的挑战。至于中国的经济形势，中国一直保持 GDP 的高速增长，去年是 9%，从今年至今的形势来看，全年的 GDP 增速也不会低。中国在经济体制改革、产业调整、生产方式转变其他方面的改革虽步履维艰，但稳步前进。今年的出口形势比去年要好，但部分产品生产过剩的问题仍未得到解决。温家宝总理曾表示，中国慎言退出经济刺激政策，中国是世界经济的重要一极，应该承担对亚洲经济全面复苏和世界经济平衡稳定发展的责任。中国 2010 年 5 月份 CPI 显示中国面临着通胀危险，中国的货币、财政政策面临着调整，可能会采取加息手段。

从出口外向型经济转为内需导向型经济是中国政府应对金融危机的举措。2009 年中国政府提出扩大内需以应对出口下滑和贸易摩擦的增加。改革开放 30 年来，中国经济保持了高速增长。但依靠外需为导向的发展道路必然是不可持续的。中国是世界大国，由出口外向型经济转为内需导向型经济是中国的既定方针，这不仅有利于中国的稳定发展，也有利于世界均衡持续发展。中国处在一个复杂多元的时代，转变生产方式，由出口外向型经济转为内需导向型经济是一个复杂的过程，不仅要考虑到中国的经济稳定，而且要顾及世界经济的均衡发展。

此外，中国人民币汇率改革并非是因为承受美国政府压力。美国早在 2003 年就曾对中国政府施压，要求人民币升值。但是一国汇率升值要满足两个基本条件：一是该国的经济实力已经足够强大，二是该国已经积累了相当数量的外汇盈余。中国满足第二个条件，但第一个条件牵涉许多因素，中国尚不具备如此实力。能够积累数量众多的外汇盈余是因为中国抓住了世界产业结构调整的机会，利用中国低劳动力成本优势承接了发达国家淘汰的低附加值加工产业。汇率问题、对外贸易问题及国内经济问题归根结底是一个问题。早在 2003 年 10 月于泰国曼谷举行的 APEC 会议上，中国国家主席胡锦涛就明确表示，人民币汇率制度是基于市场供求的，参考一篮子货币进行调节、有管理的浮动汇率制度。这一制度已经施行了若干年，中国早已不是单一盯住美元。

（毛一卿　杨海峰）

中东欧国家:从转型到融入欧洲一体化

——市俄罗斯东欧中亚学会、市欧洲学会举办研讨会

7月9日,“中东欧国家:从转型到融入欧洲一体化”学术研讨会在同济大学召开。本次研讨会是由市俄罗斯东欧中亚学会、市欧洲学会以及上海外国语大学国际与外交事务研究院联合举办,40多名专家与青年学者参加。

波兰驻上海总领事安杰伊·维萨克先生以《波兰与欧洲一体化:波兰当前政治经济状况》为题着重介绍了刚落下帷幕的波兰总统大选的具体情况以及对大选后波兰政局趋于稳定的诸因素的评析。来自北京的学者,中国社科院俄罗斯东欧中亚研究所东欧研究室主任孔田平及高歌分别作了题为《金融危机背景下对中东欧国家经济转型模式的再评估》、《中东欧国家政治体制转型的进程及结果评析》的学术发言。复旦大学经济学院刘军梅《世界经济全球化与一体化视角下的中东欧银行业危机》、华东师范大学国际关系与地区发展研究院余南平《中东欧转型再评估:以金融危机为视角》以及上海社会科学院欧亚研究所崔宏伟《从希腊债务危机看中东欧国家发展前景》的发言,则针对“中东欧国家的经济转型”作了鞭辟入里的分析。

(杨恺彦 黄俊红)

欧盟一体化及其前景

——上海欧洲学会举行国际座谈

7月19日，前欧盟贸易总司副总司长、马达里亚加欧洲学院基金会执行主任德福安(Pierre Defraigne)就“欧盟一体化及其前景”与上海欧洲学会部分专家学者进行座谈。学会副会长叶江等出席。德福安所谈主要内容综述如下：

一、欧盟一体化和中国的崛起

德福安认为，欧盟是冷战的产物，当时的美国为了减轻苏联对欧洲的压力，同时考虑到欧洲将成为美国的潜在市场，便施行了马歇尔计划。一方面为欧洲复苏提供了资金，另一方面也为欧洲今后的发展限定了方向。由让·莫内等人提出的欧盟一体化，从一开始就是跛腿的，即只关注到经济一体化。但欧盟发展到今天，只有更深入的货币和政治一体化，才能解决欧盟目前所面临的问题。

在过去几十年里，中国逐渐崛起，成为“金砖四国”的一员，全球资源和权力都在向亚洲倾斜，此外，中国还为其他国家提供了与西方不同的发展模式。与此同时，欧洲在经历了几轮扩大之后，一些内在问题逐渐减缓了其一体化进程，主要表现在：(1)英国成为一体化进程的阻碍者。(2)欧盟需要几代人的时间来消化新成员国的融合问题。(3)英、法、德三大国之间存在相互竞争。

二、金融危机下的欧盟

德福安指出，金融危机根源于经济增长的不平衡以及美元独大的错误货币政策。从美国来看，不良房产和外债，以及过度的外国投资导致了以雷曼兄弟公司破产为标志的金融危机。从欧盟来看，引入有毒资产和随之而来的银行业危机使得国家负债过度，危机重重。

此次危机导致欧盟出现了两种不同的结果：一是经济增长放缓。预计今后几十年里，欧盟的GDP增速都只能停留在1%左右。二是欧元区的深入一体化。危机促使27个成员国财政部门重新制定规则，否则欧元区将有失败的可能。

三、欧盟的复杂性及所面临的三大问题

德福安强调，欧盟是一个复杂的个体。这导致外界对欧盟产生了一定误解。欧盟复

杂性的原因在于:(1)欧盟仍处于成长阶段。在经济一体化上,欧盟已经取得了市场、机制和政策等方面的成功。至于政治一体化,相信也会随之而来,不论成员国赞成与否。(2)欧盟存在双速问题。一体化的核心国家已经加入了欧元区、申根区和社会宪章,但英国和新成员国仍处于一体化的外围。同时,我们也应看到,目前欧盟的机制存在一些矛盾但逐渐趋同的倾向,比如,在欧元区的治理等领域内体现了更多的跨政府因素;在其他一些领域里,集体智慧也起到关键作用。

目前,欧盟一体化存在三大问题:一是预算不足,运作经费只占各成员国 GDP 的 1%。二是一致通过原则仍存在于税收、社会政策等方面。三是缺乏有效的防务能力。虽然欧盟在北约内实现了某种程度上的自治,但由于经费问题,话语权始终控制在美国人手中。欧盟只有不断地深入一体化,才能成为真正的全球力量,否则只能沦落为一个区域经济和大西洋防务结合体。

他表示,中欧之间应加强有效沟通,特别是民间交流,使得双方民众能互相理解,形成互信。同时,中欧都应对现有的生活方式进行反思和调整,以适应将来各自在世界上的地位。

(市欧洲学会)

海洋文化与城市发展

——国家海洋局、市海洋局、上海海洋大学、上海市渔业经济研究会等举办研讨会

2009 年 12 月 18 日，国家海洋局、上海市海洋局、上海海洋大学、上海市渔业经济研究会等单位举办了“海洋文化与城市发展”研讨会，来自日本、韩国以及国内部分高校的专家近 70 人参加。

韩国国立木浦大学岛屿文化研究员申正浩以“韩、中海洋文化比较研究至基本视界”为主题，用多幅珍贵的历史地图，介绍岛屿文化的研究以及韩国国立木浦大学。

华东师范大学博导田兆元以“海神妈祖圣迹图像类文献的演进脉络”为主题，介绍了以环东海海岛为中心的文化研究成果。他认为：中国东海的文化大事是海洋妈祖信仰。自诞生以来迅速成为国际性信仰。最初的妈祖文化是由中国出使高丽的过程中遇到险情受到妈祖地民的挽救才得以发现。文献分两类，一类是使者出使琉球、高丽的记录，一类是册封史《使琉球录》。这些文献图片非常丰富，还有官方和民间的不同版本。

日本神奈川大学国际常民文化研究所田岛佳也以“北海道鲣鱼资源产业历史研究”为主题，以多幅 18 世纪江户时代的地图，展示了当时日本北海道渔区唯一的少数民族在那里捕鱼情况。当时北海道的渔民认为，鲣鱼是非常珍贵的鱼，是赖以生存的一种经济鱼类。如今，鲣鱼已是日本国内餐桌上主打鱼类，也是出口的主要海产品，每年贸易额占国民经济总收相当大的比例。

浙江象山渔文化研究会副会长郦伟山以“渔文化研究及产业发展探讨”为题指出，中国渔文化，发轫于旧石器时期，是确立我国文化身份的根本之一。他从文化起源、渔文化的界定内涵和特点功能、渔文化研究的主旨与范畴、渔文化的特点与功能、发展渔文化产业等五个方面作了阐述。

参会学者还就“中国的渔文化和国外的渔文化差别”、“古代鱼文化的研究对于现在的影响”等问题向中外专家进行了提问。

（市渔业经济研究会）

青年学者论坛

QING NIAN XUE ZHE LUN TAN

贯彻全国人才工作会议精神 落实学术社团青年人才培育工作

——市社联举行学术社团青年人才工作研讨会

7月2日，上海市社联举行学术社团青年人才工作研讨会。会议围绕以学术社团为载体培育青年人才的主题，进行了深入探讨。各学术社团代表100多人出席。上海市社联党组书记、副主席沈国明出席会议并作报告，上海市社联党组副书记桑玉成主持会议。

市社联近年来采取多方面措施推动和引导所属社团的青年人才工作。如在上海市社会科学界学术年会中设立青年专场，出版青年学者论文集，扩大青年人才的影响力，培育青年学术骨干队伍，为学术队伍的后继有人和持续发展提供了人才保障；通过专门设立"学会青年学者活动"专项资助，进一步提高各学术社团开展青年人才活动的积极性；还对学术社团的青年人才工作制订了考评措施。

目前，已有50多家学术社团形成了形式多样的青年学者学术活动载体，如青年学者工作部、青年学者论坛、青年学者沙龙、青年学者论文评奖、青年学者奖学金等。社团将青年人才的需求摆在重要位置，动用各种资源，以多种形式对青年人才予以支持，为青年人才提供展示风采的舞台和学术成果发布的途径。这些举措鼓舞了青年人才的积极性，一批青年优秀人才脱颖而出，获得了来自学术社团和社会的肯定，提高了学术社团对于青年人才的凝聚力和向心力；开拓了青年人才的研究视野，提高了青年人才的组织能力和协调能力；加强了学术传承，体现了学术社团整合学术资源，促进学术交流，培育青年人才团队的作用；优化了学术社团的负责人和会员年龄结构，有利于学术社团可持续发展。通过市社联和所属社团几年来的共同努力，青年人才的培育工作已获较大成果，取得了良好的社会反响，为培养高质量的学术人才打下了坚实的基础。

沈国明在讲话中强调，加强对青年人才的培育是党和国家一贯坚持的方针政策，加强对青年社科人才的培育是党在哲学社会科学领域工作的需要，是学术社团自身可持续发展的需要。沈国明要求，各学术社团要认真学习、切实贯彻全国人才工作会议精神，结合本学术社团工作实际，认真组织好本学术社团青年人才培育的各项工作。要把培养造就青年人才作为队伍建设的一项重要战略任务，加大工作力度，完善工作制度，采取及早选苗、重点扶持、跟踪培养等特殊措施，使大批青年人才持续不断涌现出来。在实践中发现人才、培育人才、锻炼人才、使用人才、成就人才。他要求，各学术社团要深化认识，明确任务。把发挥青年人才作用作为学术社团工作的重要任务，促进青年人才的全面发展；各学术社团要创新机制，营造氛围。完善学术社团青年人才工作体制，努力营造尊重知识、尊重人才、尊重劳动、尊重创造的氛围，鼓励创新、探索和超越，倡导独立思考、追求真理，宽容失败。他还要求青年人才要锤炼作风，德才兼备。防范和克服学术研究中的浮躁之风、失范之举，建设一支饱含爱国热情、勇于追求真理、具有务实作风、善于团结协作、积极改革创新、争创一流业绩的高素质青年人才队伍。

会上，与会者就青年人才工作展开了热烈的讨论。上海市国际关系学会会长杨洁勉就“为国际关系学科发展造就一代一代新人”作了发言；上海市哲学学会副秘书长李家珉介绍了该会将培养青年学者作为学术社团可持续发展的战略任务；华东政法大学科研处处长、青年学者罗培新从本人成长的角度介绍了学术社团是培养、团结、凝聚青年人才的重要平台；上海东方青年学社副社长兼秘书长刘世军介绍了该学社精心组织上海年度“社科新人”评选，促进青年理论工作者加快成长的经验。

（徐婷婷）

谈数字时代的语文教师

——市教师学研究会等举办中青年语文教师论坛

4月8日，第六届上海市中青年语文教师论坛在百年老校上海市复旦中学举行。本次论坛由上海市教师学研究会、上海市教委教研室、长宁区教育局联合主办，论坛主题是“谈数字时代的语文教师”。六位语文教师针对数字时代给语文教学带来的变化和挑战，以及如何应对进行了深入的探讨。嘉宾精彩的谈论得到了来自全市的200多位语文教师的好评。

与会者首先探讨了数字时代给语文教学带来的变化，变化意味着适应，适应意味着挑战与机遇并存，动力与阻力同在。数字时代语文教师面对着信息超载、直观感受冲淡甚至代替思维想象、人机互动冲淡甚至代替感情交流、阅读快餐化、娱乐化、学生信息量超越老师、学生价值取向多元等诸方面的挑战，要想应对这些新情况，数字时代语文教师就应该尽可能地拥有宽广的文化视野，具有一定的文化判断力，保持独立的思考，不迷失在纷繁的信息中，不迷茫于生活的快节奏，不迷恋虚拟的网络平台，培养正确育人意识、学科意识和课程意识，坚守语文老师应该坚守的位置，应该坚守的阵地。要正如《拿来主义》结尾所言：“要沉着、勇猛，有辨别，不自私。”

（魏新磊）

增进比较文学的学术交流

——市比较文学研究会举办博士生论坛

4月3日,市比较文学研究会第八届比较文学博士生论坛在上海师范大学文学院举行。来自复旦大学、华东师大和上海师大比较文学专业在读的30余名博士生以及10多位教授、博导齐聚一堂,是沪上高校比较文学专业师生的一次学术交流盛会。

作为本会举办的第八届论坛,此次活动进一步完善了组织模式,更加突出博士生的主体性。首先由博士生做主题发言,并由其他学校的博士生来点评,旁听的师生再加入讨论,发表意见,形成各方面的有效交流。此次论坛有7位博士生提交了论文,其主题发言主要围绕各自博士论文的选题报告和毕业论文的预答辩;由于三校博士生事先已经预先交叉互换了论文提纲和摘要,确保了点评者对论文有一定程度的熟悉和把握,使得博士生之间真正实现学术观点的充分交流。

会上博士生们的主题发言精彩纷呈,论题论文的选题角度和方法运用上体现了多元化的倾向,反映出近年来比较文学研究发展的最新趋势,如复旦许丽青宣的《钱钟书与英国文学》,华东师范大学罗昔明的《消费主义视域下经典的生成与延存——对美国作家爱伦·坡的一种研究方式》,上海师大万俊的《叶芝与爱尔兰戏剧运动》,复旦朱骅的《赛珍珠和何巴特的中美跨国写作:论来华女传教士的"边疆意识"》,华东师大王静的《索福克勒斯两部俄狄浦斯悲剧的命运观比较》,上海师大刘略昌的《梭罗与其作品在中国的传播和接受:1921—2009》,戴可可的《阿·尼·托尔斯泰长篇小说艺术研究》等,都具备了一定学术积累和研究亮点,而各校参与点评和讨论的博士生也针对上述论题和研究中的不足或疑问,提出了不少坦率意见,发言人再对提问和质疑一一进行解释和回应,最后旁听多时的博导、教授们就论文的题材选择、视角切入、原始资料的运用等进行了深入讨论,强调学术论文对基础资料的切实把握、选题架构的创造性与可操作性、理论运用的精确与恰切。

一年一度的上海比较文学博士生论坛为上海比较文学界的新兴力量搭建了一个重要的平台,加强了上海高校之间的学术交流,调动了博士生在科研方面的积极性、主动性和创造性,培养了博士生的创新意识,拓展了学术思维的空间,同时增进了相互间的了解与友谊。

(苏　鑫)

三地青年法律学子交流

——市法学会联系落实港澳与内地青年法律交流周在沪期间活动

8月15日至17日，2010年“爱祖国、学法律、创和谐”港澳与内地青年法律交流周活动在上海举行。此次活动由中国法学会、共青团中央共同主办，司法部、教育部协办，香港、澳门相关部门参与，上海市法学会具体负责联系落实在上海期间的有关活动。

8月15日晚上，中国法学会和上海市法学会联合举行欢迎晚宴，拉开了整个活动的序幕。中国法学会副会长胡忠、上海市法学会会长吴光裕及香港、澳门代表团的领队分别致辞。中国法学会副会长胡忠在致辞中指出，港澳与内地青年法律交流周活动分别于2008年、2009年在北京、香港和澳门成功举办过两次，活动内容丰富多彩、成效显著，受到周永康等中央领导同志的充分肯定。

8月17日，交流团参加了在华东政法大学举办的“法治文化对当代法律人的影响”论坛，与内地大学的青年法律学子同台发言，互相交流。论坛上，香港大学的马安琪发表演讲表示，“法治文化”在中国古已有之，在世界很多国家也已成为人们生活的一部分。“法治文化”赋予当代法律人影响社会的权力，“法治精神”能否形神兼备，公平正义的理想社会能否实现，当代法律人任重道远。澳门科技大学法学院杜兆冰在发言中介绍了澳门的法治文化以及澳门回归前后法治文化的变化对法律人的影响。并表示，法治文化涉及社会政治、经济、文化的各个方面，其发展变化无时无刻不在进行，作为具有正义感和责任感，同时掌握法律知识和技能的当代法律人，应积极完善自我，做好面对各种机遇和挑战的准备。澳门大学的钟志伟在发言中谈到，法治文化的兴起代表着人类思想的进步，人类思想的进步，不但要求相关制度的完善，更对人类自身提出更高要求。法治文化将不断影响着法律人，成为法律人的核心价值与维护法律秩序的手段。整个论坛气氛热烈，始终洋溢着青春与热情，体现着思辨与感悟。通过交流，港澳同学对内地30年法治建设取得的巨大成就有了进一步的了解，内地同学也对港澳的法治文化有了近距离的接触。

在沪期间，交流团还走进上海市人大议事厅，亲身了解了内地人民代表大会制度及其在国家政治体制中的地位和作用；参观了2010年上海世博会，亲眼见证了在祖国举办的又一举世瞩目的盛事。

（骆　珍）

开拓犹太研究新平台

——上海犹太研究中心、市世界史学会联合举办首届犹太研究青年论坛

8月15日至16日，上海犹太研究中心、上海社科院欧亚研究所、市世界史学会联合举办了首届犹太研究青年论坛，来自全国各地的30多位青年学者参加。

关于犹太历史文化，华南师范大学的罗衡林考察了纳粹上台前夕德意志犹太人的职业和经济地位，驳斥了纳粹所谓“犹太人控制了德意志经济”的无稽之谈。中国社科院的钟志清则通过大卫·格罗斯曼这位第二代大屠杀文学的代表性人物，考察了以色列社会对大屠杀记忆的态度与体验存在的群体和代际之间的差异与隔阂，并以此为切入点探讨了大屠杀对以色列人的身份认同的影响。

关于以色列社会文化，中国社科院的冯基华剖析了当代犹太民族的“岛民心态”和“岛民文化”及其对当代以色列社会发展和对外关系中的双重影响，并将之归因于大流散以来的充满悲剧的犹太历史。上海犹太研究中心的虞卫东则运用多种理论论析了以色列社会的分层问题。

上海犹太研究中心的王震考察了中东地区反犹主义的发展历史。他指出，反犹并不是中东地区国家的传统，也并非伊斯兰教与生俱来的伴生物，中东地区的反犹现象也并不像有人所宣称的是一种纯粹的“文明冲突”。它实际上是现实利益所诱发的社会矛盾深化的产物，最终演变并积淀为深刻的宗教仇视和民族仇恨。

本次论坛还对中国犹太研究新趋势、新发展这一问题进行了专题讨论。河南大学犹太研究所和黑龙江社科院犹太研究中心等在介绍各自的研究特色和成果的同时，还提出了许多建设性的看法。

上海犹太研究中心主任潘光提出了几个犹太研究的热点议题：犹太人与新保守主义、关于大屠杀的争论、犹太阴谋论、中国境内沪港哈津之外的犹太定居点等。他表示，上海犹太研究中心还将进一步推动口述史研究项目，对来华犹太人及其后裔进行系列采访，将他们的历史记忆留给后人，为来华犹太人研究构建更加扎实的史料和理论基础。

（汪舒明　曹　寅）

纵论金融法治环境建设

——上海金融法制研究会举办青年沙龙活动

9月28日，上海金融法制研究会举办"纵论上海金融法治环境建设暨《上海市促进国际金融中心建设条例》实施周年回顾"青年沙龙活动。

上海金融法制研究会会长倪维尧、上海市人大财经委员会副主任委员朱匡宇、上海市人大常委会法工委副主任黄钰等领导出席。来自政府机构、高校、科研院所及实务部门的优秀青年人才参加了本次活动。

与会者紧扣活动主题并结合自身工作实际，从不同视角对《上海市促进国际金融中心建设条例》实施周年以来对上海国际金融中心建设的影响进行了分析和解读。上海市公安局经侦总队总队长程一平从公安机关经济犯罪侦查的实践出发，对上海金融法治环境的形势和现状进行了分析，同时针对有关的难点和问题提出了相应的对策和建议。上海市高级人民法院金融庭副庭长王国军、上海市浦东新区人民检察院副检察长肖凯分别从司法审判在金融法治环境建设中的科学定位以及上海推进国际金融中心建设过程中金融检察的监管功能两个方面发表了自己的看法。上海市人大财经委员会刘明明，中国人民银行上海总部法律事务处虞磊珉，上海社科院法学所陈玲也作了发言。与会者还就其他有关问题进行了广泛而深入的探讨。华东政法大学经济法学院院长吴弘对本次活动进行了点评，他肯定了本次活动大家畅所欲言、集思广益的组织形式，认为本次活动主题立意高远，以《上海市促进国际金融中心建设条例》实施周年回顾为背景，对促进青年人才的成长将起到积极的作用。

本次活动是上海金融法制研究会首次举办的"青年沙龙活动"，对于培养青年人才，集聚青年人才智慧、凝聚青年人才力量起到了积极的作用，为学会可持续发展注入了新的源流。

（锦　辉）

上海社会保障制度探索与发展

——市劳动学会青年学者聚会探讨上海社保制度

市劳动和社会保障学会于 10 月 26 日举办“上海社会保障制度探索与发展”研讨会。有关高等院校和实际工作部门学者等近 20 人参加。

上海交通大学张录法、上海东联律师事务所索瑜、华东政法大学李峰和上海企业联合会宋靖作了专题发言。发言的内容，针对我国近十年来社会保障领域研究的热点和难点问题，围绕完善社会保障制度，建立和谐稳定社会这一目标，对综合保险向城镇保险并轨的社会保险制度改革，提出了自己的见解。

一、 社会稳定是现在经济发展社会中必然面临的问题

由于中国目前的个人可支配收入比较低，同时要考虑能承受的实际缴费能力。具体改革可有三种方式：就高靠，综保往城保靠；就低靠，城保往综保靠；中间靠，城保、综保两头靠拢。为此，张录法建议：综保改革，缴费基数可以由最低工资逐步过渡，综保、城保的社会保险并轨并非不可能。

关于城镇保险、综合保险合并后，涉及缴费年限、退休后养老待遇及其养老金的转移等诸多问题，索瑜提出了对策措施：第一，综保改革的可能性问题。据市总工会的调查问卷显示：87%的外来务工人员认同综保改革。对于外来务工人员来说，综保改革只要有实际利益享受，都是能接受的。第二，缴费年限的问题。目前的社保缴费年限满 15 年即可领取养老金，并轨后，参加综保的年限能否考虑折算成城保的缴费年限。第三，综保的年限如何折算成城保的年限问题。应当设定为多种选择方式让外来务工人员选择，如按比例折算或在养老时一次性领取等等。

二、 社会保障与社会建设中的软变量支持

社会的形成，不但需要诸如经济、政治等现代社会结构及其相应的社会福利体系等的硬变量因素的支持，还需要民众共同的社会认同和平等观念软变量因素的形成。李峰从社会保障与国家和社会认同，以及社会保障与现代社会关系的形塑两个方面进行了分析。他认为，健全、公正的社会保障体系可以为我们的国家和社会认同提供基础性的支持。健全的社会保障，通过国家提供有尊严和普遍性的物质保障使得传统家庭的关系可能出现一定程度的变化。健全的社会保障更有助于推进单位人向社会人的有序和健康转变。

三、 从综保并轨看劳动关系政策走向

目前通行的《关于外来从业人员参加本市城镇职工基本养老保险若干问题的通知》是现实适用的。但在综保与城保并轨后劳动关系会有所变化。综保的改革也是一柄双刃剑，对于员工和企业来说都有着正负两面的作用。据统计，当一国的人均 GDP 突破 1 000 美元后，对社会经济发展的转型政策的制定就显得尤为重要。政策的好坏直接导致了国家要么长期稳定发展，要么长时间的动荡。走出廉价的劳动力时代是大的时代背景之下的一个长期过程，如何在“充分就业”和“体面就业”之间寻找一个平衡点将成为一个高度关注的热点话题。

（市劳动和社会保障学会）

正视当下中国艺术的审美世俗化问题

——市美学学会举办上海青年审美文化论坛

10 月 23 日，市美学学会以“艺术与批评：当下中国艺术的审美世俗化问题”为题，举办了一次青年审美文化论坛，就“三俗”现象的界定、应对态度及措施进行了深入探讨。学会副会长杨燕迪致辞并作发言点评。上海文广演艺集团朱光博士主持。40 多位青年学者出席会议。

一、 对“三俗”现象的界定

复旦大学中文系张宝贵认为，“三俗”就是精神方面的失据。拿艺术本身来说，表面上似乎很繁荣、很自由、很多元，甚至进入了国际视野，但这不代表艺术的质量。当一部作品的价值不凭自身，而是靠拍卖槌或某种意识形态来裁决，就必然会出现“三俗”。

复旦大学艺术学院汤筠冰从中国画的日渐式微这个问题上谈论了今天的“三俗”表征。认为中国经济高速发展也带来了整个社会的浮躁心态，低俗文化开始向阳春白雪般的艺术领地侵入，直接的后果就是艺术作品价值观的扭曲，形成了实用主义泛滥，作品本身就是为了获奖、赚钱或是沽名钓誉。这也是为什么物质文明极大提高的三十年来，中国画却无代表性佳品问世的深层次原因之一。

上海戏剧学院沈亮分析了戏剧界“三俗”现象产生的原因。在文化体制改革进程中，戏剧市场向民营资本逐渐开放，大多数国有文艺院团也将成为完全自负盈亏的企业化市场经营主体。戏剧市场中的经营主体为了营利和生存，不仅努力生产成本低廉、轻松愉快，但人文精神不够深刻的艺术产品，而且还竭力把艺术批评纳入市场营销的环节。当现代主义戏剧的精英意识不在，戏剧工作者们认同商业戏剧的逻辑，更发明了迎合观众的观念，他们心中的观众，是只图娱乐放松，不想思考的观众。

上海大学影视学院葛颖从字义层面上来阐释三俗：庸俗，就是粗鄙的意思，比如脏话连篇。低俗，“低”就可引申为下半身，直视欲望的东西，更多的是指性欲。媚俗，“媚”就是迎合，讨好，不真诚的表达。综上所述，在中国这个时代，生活水平提高之后，部分民众特别重视自身的满足，那些难以摆上台面的欲望在上升，艺术通俗化成为不可避免的趋势。

复旦大学文艺学硕士生王昕认为，“三俗”是 20 世纪 90 年代经济大潮袭来之后人文理想缺失之后的一种现实文化状态，人们已潜移默化地被物质主义所控制，反映在当代绘画中就是批判性的削弱和人文精神的迷茫。当代的新生代画家虽然也对现实中人的那种虚空状态表示了怀疑和否定,但是其中批判意识并没有明确的指向,只是否定旧价值,却没有建构起新的价值。

二、对“三俗”现象的态度

针对如何看待“三俗”现象的问题,葛颖认为我们已经进入了一个“三俗”时代。“三俗”问题首先不是中国的特产,电影中的B级片是西方电影生产的重要部分,在西方早已习以为常,这种“三俗”文化在西方早已出现并被默认了。从长期文化演变来看,“三俗”问题不是要消灭、反对,而是要给予正视,它是反不掉的。其根源就在于民众身体欲望的觉醒,反对这个东西不符合整个社会发展潮流。

沈亮提出,要理解“俗”就要理解它的反义词。“俗”的反义词并不是“雅”,世俗化的问题是在西方宗教力量衰落之后出现的,但西方人在接触那些“俗”的东西的同时,仍然有一种精神力量在规约自己。中国有儒家伦理来规范人的审美价值观。我们必须正视“三俗”问题,只有认识“三俗”才能反“三俗”,而不是上来就从心理上一味的排斥和拒绝认识它。

马玉春博士则从艺术鼓舞人生的角度看待世俗化问题。每个时代都有精英和市井艺术之分,但从根本上来讲,并没有世俗不世俗的问题,作为艺术家创作的文本,只要专注,只要有革新,只要有创造,只要能鼓舞人生,激发人们热爱生活,就是好作品,哪怕它是市井的世俗的表达方式。艺术可以俗,但必须要上升到精神层次,只是激发起人的感官或身体的欲望,一定不会流传久远。

三、对“三俗”现象的应对

张宝贵从法规建设和艺术启蒙两个方面发表了自己的意见。他认为放任“三俗”肯定是不妥的,社会需要相应的理性规则。然而,一方面中国应对和引导“三俗”现象的法规还不像西方那么健全,人和法权的关系仍然没有理清,这显然是个长期和艰难的工作;另一方面,当代中国艺术虽向本土传统和西方寻求过理性精神,但都由于错位而失败。因此,今天的中国艺术仍需启蒙,在力所能及的范围内做一些事情,首先要做的,就是认清“三俗”,不被蒙蔽,这也是启蒙的最初目的。

葛颖认为应当改变当前的审美范畴。进入“三俗”时代实质上就是进入了大众文化时代。我们美学界面对这个问题,必须对于以前的美学范式进行更新,如果仍然沿用传统的眼光来看待问题,而不研究丑和荒诞,是无法应对“三俗”时代的。传统的“真善美”在“三俗”时代依然存在,但是它们不再像以前那样是统一的,而必须分开来看待。当代文化应有的追求在于如何将俗的东西做得更为精致一些,换言之,就是如何在这些表现俗的内容中赋予一定的意义,能够获得某些启示,而这个意义也并不一定是符合主流价值的。

朱光认为,中国面临两种类型的转型,一种是中国传统向现代社会的转型,另一种是从西方文化中心论向多元并存、多元对话的转型。中国人文道德理想的建构不能以西方作为标准,而是个创造的过程。

杨燕迪在总结时主张用制度和法制建设对“三俗”现象加以科学引导。他认为，西方的文明史就是一部不断解放人性和承认人性的历史，但他们也并不是放任其发展的，而是在用制度、法制来调节调控那些“三俗”的倾向。

（王　昕）

统一战线与社会主义核心价值

——市统战理论研究会等举办青年学者论坛

由市统战理论研究会、市社会主义学院主办的青年学者论坛于去年 11 月 25 日在上海市社会主义学院举行。论坛主题为“统一战线与社会主义核心价值”。来自全市各高校、社科院的 20 多位青年学者参加。会议由市统战理论研究会副会长兼秘书长、市社院副院长张颖主持。市社院副院长姚俭建，市委统战部研究室主任王庆洲对主题发言作点评。上海社科院晏可佳、华东师范大学徐锋、复旦大学肖存良、上海社科院胡筱秀、上海财经大学董必荣等青年学者作了交流发言。

晏可佳探讨了宗教道德在现代社会伦理体系构建中的地位和作用。他认为，宗教道德是现代社会伦理体系中一个不可或缺的环节，应当纳入以“八荣八耻”为主要内容的社会主义荣辱观的建设工程，使其发挥积极的社会作用。社会主义核心价值体系具有丰富的内容，也是由多种不同层次构成的，其基本内容和宗教所提倡的道德原则有许多相通、契合之处。这些相同和契合之处，是宗教道德之所以能够纳入核心价值观的条件，也是取得广大信教群众认同核心价值体系的基础，信教群众可以根据各自的信仰和教义加以解释并且付诸实践。

姚俭建点评指出，宗教道德与社会主义核心价值相切合，对和谐社会建设具有重要作用。建议可以探讨宗教道德与现代价值观的互动问题。

社会主义核心价值体系与统一战线关系如何？徐锋认为，社会主义核心价值体系与统一战线思想是辩证统一、互相促进的。统战思想与社会主义核心价值体系在文化上是一脉相承的。我们要巩固壮大统一战线，要把成千上万的统战成员团结起来，形成推动经济社会发展的强大合力，需要有一根“红线”，这根红线就是社会主义核心价值体系。统一战线要在服务科学发展和实现自身科学发展中有所作为，要完成好促进政党关系、民族关系、宗教关系、阶层关系和海内外关系这“五大关系”和谐的重大政治任务，就应当牢固树立和忠诚践行社会主义核心价值体系。

王庆洲点评指出，要注意“统一战线”与“统一战线思想”的区别，对统战成员与对政治盟友的要求也是有区别的。核心价值体系有价值谱系，统一战线有政治谱系，可以从这一角度考虑两者的关系。

肖存良在题为“统一战线传播核心价值:路径与方式”的发言中指出，改革开放以来，统一战线传播核心价值的方式重新回到吸引、认同和吸纳的轨道上来，虽然方式也有学习，但是，这是在没有强大政治压力下的以吸引和认同为基础的学习，这种传播不求同一、但求认同，不求依附、但求团结，不求一体、但求联合，在传播中产生强大的社会凝聚力，形成强大的社会思潮和社会力量，这种力量可能没有社会革命时期那么立竿见影，但是必定会对中国的现代化建设形成强大的推动力。

姚俭建建议进一步深入探讨三个时期统一战线在传播核心价值中一些内在不变的规律，进一步丰富和创新传播核心价值观的方法和途径。

胡筱秀作了题为“统一战线:第三种国家机器及其使命”的发言。她把统一战线看作“第三种国家机器”，即有别于西方马克思主义理论家阿尔都塞提出的“意识形态国家机器”，也有别于“强制性国家机器”。统一战线发挥作用的方式不仅包括意识形态方式，同时包括吸纳、分享(照顾同盟者利益等物质的方式和机制)。统一战线及其工作机制在弥补代议制度不足、促进政党制度完善、引领社会成长和整合社会以维护社会稳定方面都具有极大的空间与特殊的优势。在运用社会主义核心价值引导和整合社会这一点上，第三种国家机器与意识形态国家机器之间具有目标一致性。

王庆洲点评指出，题目很好，思考深刻，从理论上更好地支撑了统一战线的地位和作用。

董必荣在题为“社会主义核心价值体系与爱国统一战线凝聚与整合”的发言中认为，共同的价值观念是社会整合的思想要素。社会主义核心价值体系，具有空前强大的整合功能，是我们最大限度包容、吸纳、团结各种社会力量的有力的思想理论武器。我们完全可以利用海内外广泛的统一战线宣传社会主义核心价值体系，重点在于以爱国主义为核心的民族精神和以改革创新为核心的时代精神。

姚俭建点评指出，核心价值体系应是一个开放的体系，如何从思想上进行统合，起到凝聚整合作用，尤其是在对海外进行宣传时，还有个再凝聚、再提炼的过程。对核心价值的多样性和特殊性，还可以深入探讨。

（顾文浩）

大　事　记

DA SHI JI

1月

1月4日 社联党组副书记桑玉成，党组成员、秘书长生键红走访各处室，向社联员工致以新年问候。大家纷纷表示，新一年要更加振奋精神，再接再厉，为上海世博会等大局、大事做好服务，为上海哲学社会科学事业的新发展作出贡献。

1月5日 市金融法制研究会举行2009年学术年会，邀请交通银行首席经济学家连平作"2010年我国宏观经济金融走势展望"学术报告。百余名研究会理事和理事单位代表、金融界人士出席演讲。

1月6日 市社联学会处、科研处一行11人在市社联党组副书记桑玉成的率领下赴市统战理论研究会开展调研活动。会议由市社会主义学院副院长、副会长彭镇秋主持。市社联党组副书记桑玉成在讲话中充分肯定了研究会近年来开展的工作和取得的成绩，并对研究会今后如何开展理论研讨进行了指导。学会处处长郝德良、副处长王克梅也对研究会建设谈了看法。

市台湾研究会举行2009年学术年会。会议由会长俞新天主持，副会长李雷鸣代表研究会作2009年工作总结和2010年工作规划的报告。副会长章念驰和张幼文分别作了"和平发展期的意义"、"两岸产业合作的新形势"的学术报告。70多位与会专家学者就两岸关系的成果与未来可能的障碍等问题进行研讨。

1月7日 市青年运动史研究会与团市委、青年管理干部学院、上海青年研究中心联合召开《2009年上海青年发展报告》首发式暨研究会学术年会。会议由副会长田保传主持，团市委副书记夏科家、市社联学会处处长郝德良分别致词。80余人与会。

1月11日 社联召开党员大会，进行机关党委换届选举，机关、刊业中心在职党员、离退休党员和所属单位党员出席会议。会议由党组成员生键红主持。机关党委副书记张勇代表第三届机关党委向大会报告工作；在各支部酝酿、提名和预选的基础上，大会用差额选举的办法选出新一届机关党委委员会，桑玉成、生键红、张勇、田卫平、陈小兵当选第四届机关党委委员。党组副书记桑玉成就做好机关党委工作、加强社联党的建设作了讲话。市委宣传部副部长、市社联党组书记潘世伟到会讲话。

1月12日 市地名学研究会借青浦新城总体规划优化之机，组织部分专家及市发改委、市民政局、市规土局、市规划院、青浦区规土局等相关单位的专业人士对新城名称进行了专题研讨。

市房产经济学会承办召开全国直辖市和部分城市住房保障工作交流会。会议交流各地2009年在住房保障管理工作和保障性住房建设的成果、经验；分析各地在推进住房保障工作中存在的重点和难点问题，尤其是特大型城市住房保障的特殊问题，并提出相应的对策、思路；研讨2010年和"十二五"规划在住房保障方面的总体思路、工作重点及对策措施。市房产经济学会会长庞元主持会议。上海市人民政府副秘书长尹弘代表市政府在会上致辞。

1月14日 宁波市社科联原主席谢永康等一行6位同志来上海市社联交流座谈，社联党组副书记桑玉成出席并主持交流座谈会，社联有关处室负责同志向宁波社科联同志重点介绍了上海市社会科学界学术年会的组织工作情况。

1月15日 由市委宣传部指导，东方讲坛办公室和东方宣传教育服务中心组织实施的“学习贯彻党的十七届四中全会精神、市委九届九次全会精神主题宣传教育活动”总结座谈会在社联举行。会上表彰了在本次活动中表现突出的优秀组织单位、优秀举办单位和优秀宣讲员。

1月16日 上海金融与法律研究院与《经济观察报》报社、《经济社会体制比较》杂志社联合举办“危机后的选择”学术研讨会，200余人参加会议。会议从中国经济现阶段形势判断和“奇迹”反思，中国经济的机遇及增长动力，社会民生与发展成果分享，国际金融体系与中国金融面临的问题与挑战，政府转型、政府绩效与公共管理五个方面进行了探讨。

市欧洲学会举行2009年年会暨学术研讨会。会议由会长戴炳然主持，副会长兼秘书长曹子衡代表学会作2009年度工作总结和2010年工作打算的报告。学术研讨会以“走向《里斯本条约》的欧盟及其对外关系”为主题展开研讨。90余人与会。

1月17日 为进一步提升社联的学术社团党建和学术社团功能培育水平，进一步促进学会工作发展，学习兄弟省市社联和学会工作的做法与经验，充分发挥社会科学学术社团在构建社会主义和谐社会中的应尽职责，市社联组织20多个学会的负责人赴江苏省社科联开展交流学习考察活动。

上海东方法治文化研究中心举办第十五期“东方大律师公益讲坛”，讲解校园伤害事故处理的法律途径与实务技巧。

1月21日 市社联、市形势政策教育研究会举行社联论坛第三十九次报告会，会议由市形势政策教育研究会会长林炳秋主持，上海国际问题研究院院长杨洁勉作“2010年国际形势展望与我国的对外战略”的报告。400余人出席听讲。

社联机关党委与奉贤南星村开展结对交流活动。机关党委副书记张勇回顾三年来结对帮扶的进展情况，并对加强结对帮扶工作提出从应急转向常态，从关注帮困转向关注发展的设想。南星村支部书记介绍本村经济社会发展情况和面临的困难以及2010年工作任务。机关党委成员、支部书记代表与南星村支委、村委会干部就加强村公共事务管理等问题进行交流。

市统战理论研究会举行2009年年会暨五届三次理事(扩大)会议，并就“加强和改进党的建设与统一战线”主题展开研讨。市委常委、市委统战部部长、会长杨晓渡，市社联党组副书记桑玉成出席会议并讲话。大会由副会长张颖主持。理事会根据工作需要，增补了常务理事和副秘书长。大会向2009年度研究会征文优秀组织奖获奖单位颁奖。

市城市经济学会召开第八届第四次理事会议暨新春茶话会。会长江绵康主持会议，名誉会长夏克强、李春涛、谭企坤、钱达仁等50人出席会议。

市工商行政管理学会举办学术报告会，邀请市生产力学会会长周瑞金主讲。市工商行政管理学会、市生产力学会会员共约130余人与会。

1月22日 社联第四届机关党委召开第一次会议，会议推选桑玉成任书记，生键红、张勇任副书记，并明确了党委的分工，桑玉成负责全面工作；生键红负责宣传工作和工会工作；张勇负责日常工作和组织工作；田卫平负责党员学习工作；陈小兵负责青年工作、群众和精神文明建设工作。

市高等教育学会召开“高等教育普及化与大学责任——上海市第五届大学校长沙龙”学术研讨会。会议由秘书长谢仁业主持，潘迎捷、俞立中、陈立华、黄清云等作专题发言。会长张伟江作会议总结。

市法学会举办2010年“上海法学讲坛”首场讲座。全国人大常委会法工委民法室副主任贾东明就《侵权责任法》作了演讲。学会专职副会长陈金鑫和本市法学研究者、法律工作者400余人出席听讲。

1月25日 市科学社会主义学会举行第七届会员代表大会暨“马克思主义时代化理论”研讨会。与会会员代表审议通过了由吴解生副会长所作的第六届理事会工作报告和财务报告，审议通过了新的章程。大会依据新章程，选举产生了新一届理事会。在随后召开的第七届理事会第一次会议上，选举产生了学会领导班子。夏军任会长(兼法人代表)，吴解生任常务副会长兼秘书长，孙力、袁秉达、杨志英、朱坚强、张明军、王子奇、郭定平任副会长。大会聘请潘世伟、王邦佐、周尚文、刘国华为学会顾问。市社联党组副书记桑玉成出席会议并讲话。在研讨会上，南京政治学院上海分院孙力、同济大学李占才、复旦大学浦兴祖等学者作主题发言。

1月27日 市宋庆龄研究会与市孙宋文管委联合召开《孙中山宋庆龄文献与研究》创刊出版座谈会。会议由副会长秦量主持。市历史学会会长姜义华、上海社科院副院长熊月之、复旦大学历史系教授沈渭滨等在会上发言。70余人与会。《孙中山宋庆龄文献与研究》学术丛刊是国内第一本专门以孙中山、宋庆龄学术研究及其档案文献资料披露为主要宗旨的连续性学术刊物。设有专题研究、相关研究、学术述评、回忆口述、档案选编、海外译文、史料辑存等栏目，每年一辑。

1月28日 市新四军历史研究会召开2010年年会，讨论《2009年工作回顾与2010年工作要点》和有关事宜。100多位理事和顾问参加会议。会上，顾问陈正兴、周克、丁公量、苏荣及名誉会长王维等就进一步加强新四军历史的宣传工作提出意见和建议。

市邮电经济研究会举行七届五次理事会暨工作年会。会长张战国主持，秘书长王海平汇报研究会2009年度工作和2010年工作设想，上海邮政研究院院长周焕德作“邮政业的改革与发展趋势”的主题报告，上海市通信管理局副局长李振坤作“上海电信业的形势与发展趋势”的主题报告。70余人出席。

1月29日 市经济学会召开迎春座谈会，名誉会长张仲礼、张薰华、袁恩桢、巢峰、雍文远，顾问伍柏麟、李功豪、张淑智、贺镐圣应邀出席。会议由轮值副会长陈宪主持，会长周振华致辞，副会长兼秘书长郝德良通报了学会2009年工作总结和2010年工作计划。

1月30日 市国际关系学会与上海图书馆联合举办“世界与上海”系列讲座，以“当前国际恐怖主义发展与影响”为题，邀请上海国际问题研究院研究员赵干城主讲。

1月31日 市老年学学会举行五届五次理事会暨青年学者报告会。会议由会长左学金主持，秘书长孙鹏镖汇报学会2009年工作总结和2010年工作要点。青年学者报告会由副会长陈积芳主持，3名青年学者作了报告，3名专家对报告进行点评。

2月

2月2日　市社联召开干部大会,市委组织部副部长陆凤妹宣布市委任命沈国明同志为社联党组书记的决定,并对社联领导班子建设和社联工作提出要求。市委常委、宣传部长杨振武出席会议并讲话。新任党组书记沈国明和宣传部副部长、原党组书记潘世伟也在会上讲话。会议由宣传部副部长宗明主持。

市监狱学会举行第六届会员代表大会,进行换届改选。大会由第五届理事会会长乔野生主持。第五届理事会副会长兼秘书长张永祥作理事会工作报告,副会长何道敏作理事会财务报告。大会审议并通过了工作报告和财务报告,审议并通过了学会新章程。按照新章程的有关规定,选举产生了由 41 名理事组成的新一届理事会。在随后召开的第六届理事会第一次会议上,选举产生了常务理事会和学会领导成员。

市欧洲学会与法国战略分析研究所主席、国际战略问题研究专家弗朗索瓦·格雷就当前中欧关系、里约进程及其对欧盟一体化影响等进行座谈交流。伍贻康、范军、丁纯、陈志敏、陈玉刚、潘忠岐等参加座谈。

2月4日　社联机关党委和各支部代表前往结对帮扶的奉贤南星村,走访慰问 20 户困难群众,送去慰问补助和过节礼品。

2月5日　由市地名学研究会负责的两项课题通过了市规划国土资源局组织的开题论证会。这两项课题分别是《地名规划融入城市规划制定的机制研究》和《上海历史地名文化的保护与弘扬研究》,来自复旦大学、上海社科院、上海历史博物馆及市和区地名办的专家在听取了两课题组的汇报后,对两课题给予较高的肯定,同时,对课题的名称、研究内容、研究方法等提出意见和建议。

2月6日　上海东方法治文化研究中心和长宁区图书馆联合举办第十六期“东方大律师公益讲坛”,讲座主题为“漫话公民与世博”,该中心副主任陈洁和漫画家邹勤担任主讲嘉宾,通过一幅幅漫画为市民讲解在世博会期间的法律知识。

2月9日　市社联召开 2010 年度上海市社会科学界迎春团拜会,社联党组书记沈国明出席会议并讲话,社联副主席王邦佐、姜义华、彭希哲及社联所属学会代表 100 余人参加会议,团拜会由社联党组副书记桑玉成主持。

市档案学会举行六届三次理事会议。会议传达了中国档案学会第七次会员代表大会概况以及国家档案局局长杨冬权的讲话精神,听取了市档案学会 2009 年工作总结和 2010 年工作计划以及学会 2009 年经费使用情况的报告,并审议通过上述报告。

2月20日　市社联召开工作务虚会,社联党组书记沈国明,副书记桑玉成,党组成员、秘书长生键红以及社联处级以上干部出席会议。会议回顾 2009 年社联工作,总结历年来取得的成功经验、机制、模式,对 2010 年社联工作面临的形势和任务进行分析和研究,着重围绕完善和提升社联工作品牌质量、加强和推进社联机关内部管理以及社联的换届工作进行了交流和讨论。

2月23日　市妇女学学会、上海图书馆联合举办“百年回眸——纪念三八国际劳动妇女节 100 周年专题讲座”。市妇女学学会会长、市妇联主席张丽丽,市妇女学学会理事林华分别作“百年回眸:追寻属于我们的光荣与梦想”和“百年回眸:我们的节日、我们的梦”的报告，全市各级妇联系统女干部和社区居民300余人参加听讲。

2月24日 市宋庆龄研究会召开理事会年会。会议由会长许德馨主持，副会长兼秘书长秦量作研究会2009年工作总结和2010年工作要点的报告，副会长沈渭滨、副秘书长沈海平、黄亚平和宋庆龄故居纪念馆馆长陆柳莺等作交流发言。理事及会员70余人出席。

2月25日 市形势政策教育研究会举办“每月谈讲座”，邀请市世界经济学会副会长朱钟棣作“世界经济形势与中国经济展望”专题报告，近300人出席。下午，举办“信息发布会”，市公安局指挥部副主任、上海世博会安保部副主任陈国法介绍上海社会治安形势与上海世博会安保工作的有关情况，70多人出席。

市钱币学会召开第七届会员大会，进行换届选举。副会长郑沈芳作了第六届理事会四年来的工作报告。市社联学会处处长郝德良到会并讲话。会议选举产生了由张新任会长，于英辉（兼任秘书长）、叶世昌、孙建华、郑沈芳、张健健和周祥任副会长的第七届理事会领导班子。

2月26日 市社联邀请知名学者林华来社联作“机关文化建设”专题讲座，社联党组书记沈国明，副书记桑玉成，党组成员、秘书长生键红以及社联全体干部职工参加了讲座。

市欧洲学会举行学术活动，组织部分专家学者就哥本哈根气候峰会后的国际形势和中国外交环境，特别是中美关系发展变化对中欧关系带来的影响等问题进行座谈讨论，就如何处理中欧间存在的分歧和问题，促进中欧关系健康、稳定发展进行研讨交流。

市人民政协理论研究会召开会长（扩大）会议，20多人出席。会长陈海刚主持会议，副会长兼秘书长徐海鹰对2009年工作情况和2010年工作安排作了介绍。会议着重就做好2010年的研究会工作进行了讨论，就研究会工作与政协工作紧密结合、深入研究政协工作中的重点和难点问题、加强和活跃政协理论宣传工作、转化和应用政协理论研究成果等方面提出了意见和建议。

3月

3月2日 市社联举行2010年度学术团体负责人会议暨党建工作会议。来自社联所属学会及民办社科研究机构200多位负责人参加了会议。市社联党组书记沈国明出席会议并讲话。沈国明通报了2010年市社联的主要工作安排并对本市哲学社会科学学术团体的工作进行了部署。

市社联党组书记沈国明、秘书长生键红和有关处室负责人赴上海国际问题研究院调研。上海国际问题研究院院长杨洁勉介绍了上海国际问题研究院近年来开展国际问题研究的情况，并就进一步深化上海国际问题研究谈了设想。上海国际问题研究院副院长陈东晓、杨剑参加了调研。

市美国学会举行第五届“鲍大可—奥克森伯格中美关系讲座”。会议由会长丁幸豪主持，上海社科院副院长黄仁伟致欢迎辞。美国希尔斯国际咨询公司董事会主席兼首席行政执行官、美中关系全国委员会主席、美国前贸易谈判代表卡拉·希尔斯以“美中关系：挑战与机会”进行主题演讲。来自本市高校、科研机构及海外知名学者100多人与会。

3月3日 市社联机关工会召开2009年度总结和2010年度工作计划会议。会议总结了2009年度的工会工作,并对2010年度的工会工作作了部署。会议由社联机关工会主席生键红主持。

市委宣传部、市妇联主办,市妇女学学会、市婚姻家庭研究会及市家庭教育研究会联合承办举行"平等·发展·和谐"——纪念三八国际劳动妇女节100周年理论研讨会。市委常委、市委宣传部部长杨振武,市妇联主席张丽丽,妇女理论和婚姻家庭研究领域的专家学者、妇女干部及热心妇女事业和妇女工作发展的社会人士等150余人出席会议。

3月4日 市价格学会召开六届六次理事会暨2009年度年会。学会理事及会员代表150多人参加。副会长林积昌主持会议。市发改委副主任、市物价局局长吴建融作专题发言。

3月5日 市社联为迎接社联第六次代表大会的召开,邀请部分学会会长参加"学会会长笔谈"组稿会。会议由市社联党组副书记桑玉成主持,市社会学学会会长邓伟志、市伦理学学会会长朱贻庭、市老年学学会会长左学金、市世界经济学会会长张幼文、市高等教育学会会长张伟江、市国际关系学会会长杨洁勉助理王蕾和新华社上海分社记者赵兰英出席会议。

市社联召开青年工作座谈会,18位青年同志畅所欲言提了很多有见地的想法和建议。市社联党组书记沈国明在会上对青年同志在社联发展中发挥的生力军作用给予了肯定,希望社联青年多加强学习、多注意相互沟通,多了解国情、市情,多在实践中增长才干,并表示要创造更多的条件为青年同志的成长、成才服务。会议由社联机关党委副书记、组织处处长张勇主持。

市总会计师工作研究会召开2009年年会暨新春联谊会,近200人参加。副会长吕勇主持,会长邹华新报告了2009年度工作情况和2010年工作要点,副会长孙铮宣读了2008—2009年度优秀论文评选情况和获奖名单。

3月7日 市世界语协会举行座谈会,与来沪访问的国际世界语记者协会领导成员、《Heroldo》杂志主编、瑞士世界语者Dieter Rooke进行座谈。

3月9日 市固定资产投资建设研究会举行"上海世博交通"讲座,由市城市综合交通规划研究所总工程师、世博交通研究中心主任朱洪主讲,60人出席听讲。

市劳动和社会保障学会召开第六届第七次会员代表大会暨理事会。市人力资源和社会保障局副局长张剑萍到会并讲话。

3月10日 《探索与争鸣》杂志社与上海政法学院联合举办"关于官员财产申报制度"研讨会。市社联党组书记沈国明出席会议并讲话。关保英、何平立、蒋德海、张淑芳、沈瑞英在会上作交流发言。

东方讲坛办公室和上海电视台"东方大讲坛"栏目联合录制电视版讲座《中医谈春季养生》,由上海中医药大学附属龙华医院主任医师唐汉钧主讲。

市企业发展促进研究会召开第三届理事会第四次会议。名誉会长赵定玉、顾问逄树春,副会长方名山、陈兆忠、宋荣宝及理事共40余人出席。会议汇报了2009年工作总结,讨论了2010年工作要点。会议由常务副会长林炳秋主持。

3月12日 市宋庆龄研究会与市政协、市孙宋文管委、市教委联合举办纪念孙中山逝世85周年暨《孙中山》、《宋庆龄》出版首发式。市政协副主席李良园、市政府秘书长姜平、市教委主任薛明扬、会长许德馨、副会长陈兆丰、秦量等150余人出席。

市台湾研究会和上海台湾研究所联合举办“世博盛会中的两岸元素”研讨会。上海世博局有关领导、台湾馆负责人以及参与世博会餐饮服务的台资企业负责人出席。会议由市台湾研究会秘书长倪永杰主持，会长俞新天、市台办研究室主任李雷鸣致开幕词。

3月13日 市创造学会召开“传统文化与现代科学原理”研讨会，29人出席。

市中共党史学会组织学会部分资深专家举行“建设学习型政党”专题讨论会。会长张云主持会议，40余位专家学者出席。

3月16日 市社联、人民日报社上海分社、市公安局、人民网、东方网联合主办的“东方讲坛·平安世博”社区安全防范宣讲系列活动正式启动，市公安局副局长、政治部主任张准民与东方网新闻网站副主任、上海东方网股份有限公司董事长、总裁李智平共同启动了“平安上海平安世博”专题网页。公安干警、社区居民、平安世博志愿者近200人参加活动。

市社联联合市公安局召开“东方讲坛·平安世博你我他”防范宣讲活动动员大会。市社联秘书长生键红、市公安局政治部宣传处处长鞠焰、各区县宣传部副部长、各区县公安分局代表出席会议。会议回顾了2009年“东方讲坛·以案说防范，共建平安城”系列宣讲活动的开展情况，总结了四年来取得的成功经验、机制、模式，对平安世博宣讲活动面临的形势和任务进行分析和研究，着重围绕如何将宣讲活动做到既有针对性又有普适性，既贴近市民群众的需求又贴近平安世博的要求进行了深入交流和讨论。

3月18日 市交通会计学会举行第六届会员代表大会，选举产生新一届理事会，由王大雄任会长，邵瑞庆、邓黄君、彭陆强、张剑兴、高晓丽、黄培莉、王林华、巫珊玲、杨火才等9人任副会长，杨火才兼秘书长。

市社联举行社联论坛第四十次报告会，邀请全国人大代表、上海市人大常委会秘书长姚明宝传达“十一届三次全国人大、全国政协十一届三次会议精神及‘两会’讨论中的热点问题”。会议由市社联党组书记沈国明主持，400余人出席了报告会。

3月19日 市社联邀请市人大财经委主任委员袁以星作“本市经济情况”专题讲座，市社联党组书记沈国明主持讲座，社联机关干部职工参加了讲座。

3月20日 市社联、上海社科院、市委党校和市哲学学会联合举行“艾思奇与马克思主义哲学中国化、时代化和大众化”学术研讨会。会议由上海社科院党委副书记童世骏主持，市社联党组书记沈国明、市委党校副校长王国平、市哲学学会会长陈章亮分别致词。会上10多位专家学者作了专题发言。50余位专家学者出席会议。

市世界史学会举行第六届会员大会暨学术报告会。会议由副会长余伟民主持，大会听取并审议通过副会长余建华代表第五届理事会所作的工作报告及财务报告，听取了副会长孔繁刚作的关于修改章程的说明；审议通过新的章程；选举产生了新一届理事。在随后召开的世界史学会第六届理事会第一次会议上，选举潘光为会长，孔繁刚、李宏图、余伟民、余建华、周春生、郑寅达、顾云深、舒运国为副会长，余建华兼任秘书长。市社联学会处处长郝德良到会并讲话。

上海东方法治文化研究中心举办第七期“东方大律师义务法律咨询活动”，活动邀请了10多位律师为市民提供有关房产、婚姻家庭、刑事等方面的综合法律咨询，500多位市民前来现场咨询。

3月21日 市社联召开主席办公会议。会议总结了第五届社联常委会的主要工作，并对准备提交社联第六次代表大会的相关文件进行了审议。社联主席李储文、市委宣传部副部长潘世伟出席会议并讲话，社联党组书记沈国明作社联第五次代表大会以来的主要工作以及筹备社联第六次代表大会的有关情况的报告。

市经济学会主办、复旦大学和上海由由(集团)股份有限公司承办召开经济学人上海圆桌会议2010年首次会议。市经济学会会长、市人民政府发展研究中心主任周振华出席并讲话。副会长、复旦大学经济学院院长袁志刚主持会议。与会者围绕“复杂局面中的宏观经济政策趋向”主题展开研讨。20余位专家学者出席会议。

3月23日 市民防协会召开第五届理事会第二次常务理事会议和2010年会员大会。会议由常务副会长沈德耀主持，秘书长陈亮汇报协会2009年工作情况和2010年工作安排、协会经费使用情况及理事调整情况。会长刘南山到会并讲话。

市物流学会召开“2010年学术年会”，学会副会长，上海大学教授储雪俭作“世博物流的冷思考”学术报告。

3月24日 市民防协会与市民防监督管理处联合召开2009年度民防优胜工程表彰大会。会上宣读了《关于表彰获得2009年度上海市“民防优质结构杯”工程的通报》和《关于表彰获得2009年度上海市“民防杯”工程的通报》。市民防办副主任、协会副会长孙晓波出席会议并为受表彰单位颁奖。部分获奖单位作了交流发言。

3月25日 市社联举办感谢对社联工作作出重要贡献的资深社科工作者活动。活动由市社联党组副书记桑玉成主持，市社联党组书记沈国明致辞。参加活动的市社联党组书记沈国明、副书记桑玉成和秘书长生键红还向上届社联主席、副主席、离退休专职老领导、部分上届社联委员、部分学会老会长赠送“铭谢盘”。市委宣传部副部长潘世伟出席活动并讲话。

市宏观经济学会和上海社科院联合举办全国“两会”热点问题暨经济形势报告会。150多名学会会员和各界人士参加了报告会。

3月26日 市股份制与证券研究会、市经济学会和海通证券股份有限公司联合举办高层次学术报告会。全国政协副主席、民革中央副主席厉无畏作题为“当前经济形势分析”的报告。会议由市社联党组书记沈国明主持，近200位专家学者和企业界人士出席。

3月27日 市外文学会举行专题研讨会，主题是“在新一轮的教育改革中，如何进一步发挥教授级骨干教师的作用”。学会会长卢思源作“新时期外语教授资源的充分利用”的主题发言，上海师范大学外国语学院院长蔡龙权作“从国家中长期教育发展纲要看外语教师的语言能力发展”的发言。来自本市20余所高校的40多位外语专家出席研讨会。

市卫生经济学会召开郊区组例会。名誉会长邵浩奇，市卫生局规则处副处长、学会副会长兼秘书长金春林及郊区医院财务部门负责人等近30人参加。会议就上海医疗改革及临床诊疗类医疗服务项目和价格政策等问题进行了学习和交流。

市马克思主义研究会与上海市马克思主义研究论坛组委会、中共上海市委党校、上海市中国特色社会主义理论体系研究中心共同举办“上海市马克思主义研究论坛 2010 年第一季度论坛暨上海市马克思主义研究会 2009 年年会”。市委党校常务副校长、市马研会会长吕贵作年度工作报告，上海人民出版社社长、市马研会副会长丁荣生主持开幕式。本次论坛的主题为“当代社会现实问题透视与马克思主义时代化”，来自高校、学校和科研单位的马克思主义研究和教学领域的专家、学者围绕主题进行深入研讨。

3 月 30 日 市社联召开第六次代表大会。中共中央政治局委员、市委书记俞正声出席大会并作重要讲话，市委副书记、市长韩正，市领导刘云耕、冯国勤、殷一璀、沈红光、屠光绍、杨振武、丁薛祥等，以及本市各群众团体的负责人出席会议。市委宣传部副部长潘世伟主持会议，社联第五届委员会主席李储文致开幕词，市妇联主席张丽丽代表本市各人民团体致贺词，社联党组书记沈国明代表社联第五届委员会作工作报告，社联党组副书记桑玉成作社联章程修改说明，全国各兄弟省、自治区、直辖市社科联，以及本市相关单位和群众团体对大会表示祝贺，本市社科界“五路大军”的 800 多名代表参加了会议。下午，上海市社会科学界联合会第六次代表大会选举产生新一届社联委员会，市委常委、宣传部部长杨振武出席会议并作重要讲话。会议表决通过了《关于〈上海市社联第五届委员会工作报告的决议(草案)〉的决议》、《关于〈上海市社会科学界联合会章程(修订草案)〉的决议》两个文件，以无记名投票的方式，选举产生了丁刚等 219 名社会科学界联合会第六届委员会委员。在随后召开的上海市社联第六届委员会第一次全体会议上，选举产生了新一届社联委员会领导班子，主席秦绍德(兼职)，副主席沈国明(专职)，副主席(兼职，按姓氏笔画为序)：冯俊、吕贵、李进、李琪、李友梅、何勤华、张济顺、陈昕、周振华、胡伟、莫负春、谈敏、彭希哲、童世骏、裘新、潘世伟，秘书长生键红，丁刚等 40 位同志当选常委。

3 月 31 日 市金融法制研究会隆重庆祝成立 15 周年，会长倪维尧作“金融法制——研究与实践十五年”的主题讲话。为纪念学会成立 15 周年，学会专门编印了《金融法制——研究与实践十五年》纪念文集和《十五年历程》图片集。

市生态经济学会举办“两会”热点问题及经济形势报告会。学会会长、全国人大代表王荣华向与会者传达了今年两会的重要精神。

3 月 市城市经济学会资助出版王同旦的专著《大上海城市建设中的小故事》。全书共 15 万字，讲述新中国成立 60 年来上海城市规划与建设实际工作中发生的 40 例故事。

4 月

4 月 3 日 市比较文学研究会举行第八届比较文学博士生论坛。30 余名博士生和 10 多位教授、博导出席论坛。

市劳动和社会保障学会举办“事业单位养老保险改革”学术研讨会。与会代表分别围绕事业单位养老保险改革的背景、必要性，待遇水平的高低，出现的问题，改革的具体措施以及教师养老保险制度改革进行发言与讨论。

4 月 6 日 市妇女学学会、上海社科院妇委会联合召开“低碳世博与城市生活”专题论坛。上海社科院副院长谢京辉、市妇女学学会秘书长章黎明、市妇女学学会办公室主任李汉琳、《上海妇女》副主编唐文青以及部分市区妇女干部 30 余人参加论坛。与会者从"低碳世博概念与城市发展"、"多学科视野下的新思考"、"低碳实践与女性社会责任"等 3 个方面展开研讨。

4 月 7 日 市保险学会召开第七届会员大会，进行换届选举。会议选举产生了新一届理事会，在随后召开的第七届理事会第一次会议上，选举张俊才为会长，王荣桃、石京魁、朱守中、肖星、张宏良、杨铮、徐文虎、徐正广、戴国文为副会长，潘涨潮为秘书长。市社联党组副书记桑玉成到会并讲话。

4 月 8 日 市教师学研究会等举行第六届上海市中青年语文教师论坛，主题为"教育的生命力在于教师的成长与发展——论数字时代的语文教师"。200 多人出席会议。

4 月 9 日 市统计学会 2009 年度统计论文、统计分析（调查报告）评比活动结果揭晓。此次评比共收到参评文章 134 篇。经市统计学会组织专家评审，评选出获奖文章 100 篇。其中：论文类一等奖 2 篇，二等奖 2 篇，三等奖 14 篇，优胜奖 7 篇；统计分析（调查报告）类一等奖 6 篇，二等奖 17 篇，三等奖 30 篇，优胜奖 22 篇。同时决定授予 11 个单位优秀组织奖。

4 月 10 日 市创造学会召开"以创新视角看 2010 年"研讨会。20 余人出席。

4 月 11 日 市社区发展研究会、市民政局等联合召开"居委会自治家园与城市社区重塑"研讨会。研究会常务副会长徐中振指出，该项目构建和确立了社会发展、社区建设的公共性领域，突破了传统上公共性、社会性领域之外基本上就是行政性领域的尴尬情况，激活了各类社区组织，并发挥其在类似于公益环保、保护古村落、参与解决社区问题等社会事务、社会管理方面的独特功能。

4 月 13 日 市社联党组召开处级以上干部党风廉政建设专题会议，传达学习宣传系统党风廉政建设干部大会精神，并对市社联 2010 年党风廉政建设和反腐败工作进行了布置。党组书记沈国明主持会议，并就社联贯彻落实党风廉政建设工作提出要求。

东方讲坛办公室和上海电视台"东方大讲坛"栏目联合录制电视版讲座《上海世博会与城市民俗文化保护》，由上海社科院文学所文化室主任蔡丰明主讲。

市工人运动研究会召开"世博后上海劳动关系分析与劳动纠纷预测研究"学术研讨会，市人力资源和社会保障局研究室主任杨子春、市企业联合会雇主工作部主任全觉民、上海社科院法学研究所研究员杨鹏飞、上海大学社会学系主任仇立平、华东师范大学人口研究所原副所长王大犇，围绕如何发挥好世博后续效应，进一步构建和谐稳定的劳动关系等议题进行交流。

4 月 14 日 社联召开换届工作总结会，社联党组书记沈国明作换届大会工作总结，就做好今年工作提出要求。党组副书记桑玉成主持会议并总结秘书、新闻工作，党组成员、秘书长生键红总结会务、组织工作，换届大会各工作组代表作交流发言，社联全体干部参加会议。

市社联召开期刊工作座谈会，党组书记沈国明、秘书长生键红参加会议，对期刊工作进行调研。会上田卫平、秦维宪汇报了两刊近年来的发展情况，总结成绩，分析不足；张勇汇报了报刊业下一步工作计划，对需要社联领导支持和关心的问题作了报告。部分同志在交流发言中对两刊工作提出了意见和建议。

市人民政协理论研究会召开会员大会暨理论研讨会。市政协主席冯国勤出席并讲话。市政协副主席朱晓明、周太彤出席会议。会议由市政协秘书长、研究会会长陈海刚主持。谢遐龄、蒋德海、郝宇青、殷啸虎、齐卫平、周忠菲、曹沛霖、浦兴祖在会上作交流发言。会议还表彰了2009年度优秀应征论文，25篇论文分获一、二、三等奖，其中《关注人民政协在我国政治体制中的定位问题》、《创造协商是人民政协工作基本使命》、《论坚持人民政协独特的组织属性》获一等奖。

4月15日 市社联召开2010年第一次主席会议，社联主席秦绍德，市委宣传部副部长、社联副主席潘世伟，社联党组书记、副主席沈国明，社联副主席吕贵、李琪、李友梅、陈昕、周振华、谈敏、张济顺、胡伟、童世骏，社联党组副书记桑玉成出席会议，社联各处室负责同志列席会议。会议听取了关于社联换届大会会务工作的总结汇报，讨论并通过"市社联第六届委员会全体会议制度"、"市社联第六届委员会主席会议制度"、"市社联第六届常务委员会会议制度"、研究了社联关于开展"十二五"规划大讨论活动的工作方案。

市新四军历史研究会举行"迎世博·城市，让生活更美好"报告会，邀请文教分会副会长孟宪纾作"低碳生活与健康"的报告。会长阮武昌、新四军老战士及各分会的会员100多人出席。

市法治研究会召开会员大会暨"世博后发展与法治化前瞻"学术论坛和课题年会。学术论坛围绕法治与结构调整、公共危机、社会管理等方面内容展开研讨，部分第八届(2009年度)上海市民主法治建设课题研究获奖成果作者也在会上作了交流。

市统战理论研究会、市社会主义学院邀请中央社会主义学院党组书记、第一副院长叶小文作题为"遏制三'独'，内稳边安"的学术报告。100余人出席听讲。

市国资企业思研会召开"创建学习型党组织"理论研讨会。上海机电学院党委书记李健劲、久事公司宣传部长许敏等14位同志发言，分别就学习型党组织的内涵外延、建设学习型党组织的内容途径和评估体系等理论和实践问题，阐释了自己的思考，对国企建设学习型党组织提出了对策建议。

4月17日 市社联科研处和《探索与争鸣》编辑部联合举行"纪念邓小平《党和国家领导制度的改革》发表30周年"座谈会。中国社科院杨海蛟教授、中国政法大学张桂琳教授、清华大学韩冬雪教授、吉林大学周光辉教授、华和勇教授、深圳大学马敬仁教授、南京政治学院上海分院孙力教授，以及社联党组副书记桑玉成教授、王邦佐教授出席座谈会并发言。

市哲学学会与上海师范大学联合举办"世博会：中国、上海发展的机遇与挑战"学术研讨会。市哲学学会会长陈章亮主持。来自本市高校、社科院和市委党校的近50位专家学者参加研讨。

4月18日 市法学会举行主题为"法学教育与司法实践中的学者两栖"的第十九次青年法学沙龙。学会专职副会长陈金鑫、市委政法委研究室主任徐秉治等30余人参加。

市百老讲师团举行成立10周年庆祝活动。百老讲师团团长戚泉木在会上作"迎世博盛会，扬银发风采”的报告。

4月19日 市社联科研处召开“十二五”规划大讨论“社会建设与社会管理”专题策划座谈会，上海大学党委副书记李友梅，复旦大学、市委党校等社会学、政治学研究领域的有关专家出席会议。与会者就贯彻落实市委、市政府组织开展上海十二五大讨论的要求，建议社联围绕市场转轨与社会转型、社会建设与社会体制、“党委领导、政府负责、社会协同、公众参与”的社会管理新格局等组织理论界召开系列研讨会。

市邮电经济研究会召开第八届会员代表大会，会议审议通过了《第七届理事会工作报告》和《财务报告》；审议通过了修改后的《上海邮电经济研究会章程》；选举产生了第八届理事会成员和学会领导班子，张林德任会长，李振坤、顾国卢、俞喆、张承鹤、王忠春、周焕德、张鹏翥任副会长，王海平任秘书长。市通讯管理局领导、市社联学会处负责人出席会议并讲话。

4月20日 市国际关系学会与解放日报国际部合作，结合4月中旬先后召开的“核峰会”与“金砖四国峰会”，就“峰会外交”作专题讨论。与会者有苏长和、张家哲、朱杰进、刘宏松、赵国军、伍福佐、孙溯源等。

4月21日 市会计学会由会长汤云为作“企业风险管理”的学术报告。800余人与会。报告内容围绕什么是风险、为什么要管理风险、什么是风险管理、什么是企业全面风险管理、风险管理解决方案和全球监管趋势与最佳实务等问题展开。

市企业发展促进研究会召开企业家、专家座谈会。会上就企业在产品结构调整、转变经济发展方式方面出现的新情况、新问题和困难进行交流。

4月22日 市工商学会召开“十二五时期上海工商行政管理改革创新研究”理论研讨座谈会。本市19个区(县)工商学会、机场分会秘书长及理论骨干60余人参加。

4月23日 市国际关系学会、市世界史学会和上海国际问题研究中心联合举行报告会，邀请美国伊利诺斯学院历史系教授 Steve Hochstandt 主讲“第二次世界大战期间的上海犹太人与中国人、日本人关系”。报告会由市国际关系学会副会长潘光主持。

市价格学会召开“加强价格监管、服务世博盛会”专题研讨会，来自江浙两省价格学会的40多位代表出席会议。

4月26日 市欧洲学会与上海社科院欧亚所联合举行学术活动，围绕当前吉尔吉斯斯坦政局动荡的根源、近期吉内政外交的发展态势及其与俄、美、中、欧和上海合作组织等国际力量的关系走向等热点问题进行了交流讨论。欧亚所所长余建华、上海合作组织研究中心主任潘光等10余位专家学者出席会议。

市劳动和社会保障学会举办“全国社会保障体制改革发展思路”座谈会。会议由秘书长薄凤仪主持，学会副会长郭士征担任主讲，50余人出席。

市工人运动研究会召开“立足于提高自主创新能力，促进本市职工队伍整体素质提升”学术研讨会，市总工会相关负责人出席。

市生态经济学会、上海社科院生态经济与可持续发展研究中心、上海社科院外事处联合举办“迎世博低碳发展论坛”，学会会长王荣华、名誉会长张仲礼先后致辞。与会代表就上海及长三角地区气候变化以及气候变化对经济社会的影响、低碳城市发展框架、非政府组织助力低碳发展、上海新能源产业发展政策环境与发展前景、碳金融如何服务于新型战略产业发展等议题进行交流。

4月28日 市老年学学会、市老年基金会、上海银行联合举行"上海市'科技助老——百万老人刷卡无障碍计划——世博行动计划"启动仪式。200多位"示范导银志愿者"举行了集体宣誓仪式。

5月

5月6日 市总会计师工作研究会与市财政局会计处联合召开产品成本核算制度建设座谈会，20余人与会。

5月7日 市科学社会主义学会等单位联合举办"国际视野下的中国模式研究"专题研讨会，30多名学者与会。

5月8日 市马克思主义研究会与市委党校联合举行"当代视野下的列宁和列宁主义——纪念列宁诞辰140周年"理论研讨会。中共上海市委党校常务副校长、市社联副主席、市马克思主义研究会会长吕贵致辞。市人大法工委委员、研究会副会长周锦尉主持会议。

5月10日 市国际关系学会和《解放日报》国际部联合就吉尔吉斯斯坦事件召开小型研讨会，与会专家就吉尔吉斯斯坦事件的原因、背景、前景、影响以及俄罗斯在其中扮演的角色等进行讨论。

5月11日 市企业发展促进研究会组织会员赴上海服装集团总部考察，并召开"转方式，调结构"小型研讨会，常务副会长林炳秋、副会长宋荣宝等30余人出席，会长高文魁主持会议。

5月12日 社联办公室召开社联信息化建设研讨会。会上讨论了来自学会处、科普处、科研处的3份信息系统建设需求表，整理了《关于社联部分处室提交的信息系统建设需求表的研究报告》提交社联党组。研讨会还专题探讨了信息汇编、网站编辑、专业网络技术服务支撑等制约社联信息化发展等方面工作，形成了《关于加强社联信息化建设工作的若干建议》并提交社联党组。

社联机关党委举行2010年首期"新视野：新书新论"交流会，学会处徐婷婷、《学术月刊》杂志社王胜强分别对《明朝那些事儿》、《论现代人的自由》作推荐发言。机关党委副书记、组织人事处处长张勇主持会议。

市经济学会与市政协学习委员会联合举办"学习茶座"。市政协副主席朱晓明到会并讲话。会议由市经济学会副会长、市政协学习委员会副主任李锐主持。上海财经大学教授干春晖和复旦大学教授张晖明分别作主题演讲。

5月13日 社联召开"'十二五规划'大讨论"活动"社会建设与社会管理"专题讨论会。市社联党组书记沈国明主持会议并讲话。来自复旦大学、上海社科院、市委党校、上海大学、华东理工大学、华东政法大学等单位的15位专家学者出席会议。研讨会深入探讨了社会建设与社会管理的领域界定、现实目标、面临的挑战以及上海未来几年社会管理的形势、任务等议题。

5 月 14 日 上海市第八届邓小平理论研究和宣传、第十届哲学社会科学优秀成果评奖申报工作会议在市社联举行。来自本市各高校、党校、科研院所、党政机构、有关学会等单位科研部门负责人 100 余人与会。市委宣传部副部长、社联副主席、上海社科院党委书记、第十届哲学社会科学优秀成果评奖委员会副主任潘世伟,市社联党组书记、专职副主席、第十届哲学社会科学优秀成果委员会副主任沈国明出席会议并讲话。

5 月 15 日 市外文学会和上海外语教育出版社主办、复旦大学承办举行首届"外教社杯"全国大学英语教学大赛上海赛区复赛、决赛。经过上海各高校选拔产生的 43 名教师选手分两组参加了复赛和决赛,最后决出特等奖 1 名、一等奖 1 名、二等奖 4 名、三等奖 6 名。

市历史学会举行学术研讨会,主题是"辛亥革命与泛长江三角地区社会转型"。会议由刘其奎主持,3 位学者作主题发言。

5 月 20 日 市社联举行离休干部座谈会,社联党组书记、专职副主席沈国明出席会议并讲话。沈国明向与会离休干部介绍了社联换届及换届以来的工作。与会离休干部对社联党组的关心表示感谢,同时结合实际对社联未来发展提出希望和要求。社联党组成员、秘书长生键红,社联办公室、组织人事处有关同志,社联部分离休干部出席会议。

5 月 21 日 应日本行政学会邀请,市社联党组副书记桑玉成率中国行政学会代表团赴日本东京参加日本行政学会成立 60 周年纪念大会暨学术研讨会。在为期两天的会议中,日本行政学会除了召开总会外,安排了 7 个专题研讨会,在"中国行政改革与公共管理教育"专题会议上,桑玉成作"构建和谐社会进程中政府职能再次转变"主题报告。在这次会议上,还举行了日本行政学会的换届选举,来自东京大学的森田朗教授当选为新一任的日本行政学会理事长,任期两年。

市毛泽东思想研究会与华东政法大学联合举行"《反对本本主义》与马克思主义中国化"研讨会。上海师范大学校长、市社联副主席、会长李进出席会议并讲话。华东政法大学党委副书记张智强致辞。会议由市科教党校常务副校长、市毛泽东思想研究会常务副会长杨元华主持。

5 月 23 日 市国际关系学会与上海国际问题研究院、文汇报国际部联合举行第二届"上海国研杯"征文颁奖仪式。第二届"上海国研杯"征文活动,围绕"中国参与全球性问题解决:新问题、新思维、新战略"主旨,有 75 人提交 71 篇论文,经过严格评估,分"青年研究人员组"、"博士研究生组"、"硕士研究生组",有 27 篇论文分别获得一、二、三等奖,有 1 篇获得"博士研究生组"鼓励奖。颁奖仪式由常务理事陈东晓主持,会长杨洁勉到会并讲话。

5 月 25 日 市社联、市科学社会主义学会、上海立信会计学院、市学生德育发展中心联合举行"东方讲坛·当代青年理想信念与价值观"高端论坛。上海立信会计学院党委书记董金平致开幕词。市社联党组书记、专职副主席沈国明作主题演讲。500 名大学生参加论坛。

市经济学会召开资深学者座谈会。许学武、黄文忠、吴东明、巢峰、李功豪、陶友之、杨宇、袁恩桢、陈伯庚、周鸣磬、童源轼、顾雪生、孙仲彝、刘刚、施镇平等 15 位资深学者出席。会议由轮值常务副会长陈宪主持,上海社会科学院经济所研究员权衡作"上海十二五发展规划的几个重大问题思考”的主题发言。

市教师学研究会举行“上海市郊区校长教师培训者培训班”开班仪式。名誉会长于漪作动员报告，学员代表、金山教师进修学院顾燕文，导师代表、大同中学特级校长杨明华分别发言。

沪苏浙工商行政管理学会第七届论坛年会在沪举行。上海市工商局副局长、市工商学会常务副会长陈学军出席会议并致辞。中国工商行政管理学会秘书长于法昌到会指导并讲话。论坛年会共收到研讨文章 42 篇，浙江玉环县工商学会、江苏连云港工商学会以及上海嘉定工商学会推荐的 16 篇文章在会上作了交流发言或发布了研究信息。

5 月 26 日 市社联办公室召开 2010 年档案工作会议，部署社联机关 2010 年档案工作任务。市社联党组成员、秘书长生键红阐述了档案工作的重要性，对社联档案工作提出更高要求。会上对 2010 年社联档案工作的任务、要求进行了讨论，对社联档案软件的使用进行了演示。机关各处室兼职档案员参加了会议。

5 月 27 日 市社联举行社联论坛第四十一次报告会，邀请市社会学学会会长邓伟志作“加强社会建设与转变经济发展方式”报告。会议由市社联党组副书记桑玉成主持，近 300 人出席报告会。

市社联组织赴河南省社科联交流学习考察活动。20 多个学会负责人及学会处工作人员参加了活动。

市会计学会举行 2010 年学术年会。会议主题是“后金融危机背景下——学术成果展示、课题应用推介”。年会由会长汤云为主持，并宣读潘序伦中青年优秀论文奖项。

5 月 28 日 《探索与争鸣》杂志社、华东政法大学政党理论研究所、《解放日报》社评论部、社会科学报社联合举办“富士康跳楼事件背后的社会、法治问题”研讨会。市社联党组书记、专职副主席沈国明以及邓伟志、蒋德海、孙时进、蒋晓伟、李瑜青、朱林兴、权衡、陈麟辉、周强、段钢等专家学者出席会议。

市统战理论研究会、民盟上海市委、市社会主义学院、民盟市委理论与盟史研究会联合举行“社会主义核心价值体系”研讨会。市委统战部副部长吴捷，市人大常委会副主任、民盟上海市委主委、市统战理论研究会副会长郑惠强出席会议并讲话。

5 月 在近日揭晓的 2009 年度上海市学习型组织先进集体和个人的表彰中，宣传系统 6 个集体和 1 个个人榜上有名。市社联东方讲坛办公室获评上海市学习型组织先进集体。

经各基层单位申报、市委宣传部评选推荐，宣传系统有 7 个项目、5 个集体和 1 位个人获上海市第五次“迎世博贡献奖”。“市社联第八届社会科学普及活动周”项目获“迎世博贡献奖”。

市法治研究会与上海政法学院、市社会心理学会等单位联合举办东方讲坛·学术名家系列讲座，分别由上海大学社会学系教授张文宏、中国行政法研究会副会长杨海坤、虹口区检察院检察官张建、市政府法制办副主任刘平、华东政法大学校长何勤华担任主讲。

6月

6月2日 东方讲坛办公室和上海电视台“东方大讲坛”栏目联合录制电视版讲座《国学中的民本思想》，由市美学学会副会长、上海财经大学国学研究所所长祁志祥主讲。

6月4日 市社联、上海发展研究基金会举办东方讲坛·发展沙龙，邀请中国社会科学院农村经济发展研究所研究员于建嵘作“社会稳定与公共安全问题”的演讲。于建嵘研究员深入分析了群体性事件的起因，认为当前社会总体上是稳定的，但又存在潜在的危险。上海发展研究基金会理事长沙麟，市社联党组书记、专职副主席沈国明，副书记桑玉成，秘书长生键红以及50多位专家学者出席活动。

市新四军历史研究会召开“抗日战争中新四军统战工作”学术研讨会，会长阮武昌，副会长唐培吉、施渊脉、唐莲英等近40人出席，会议由唐莲英主持，吴原元、侯艳新、贾秀堂、曹显文、杨丽萍、刘天同、陈南宜、陈晓光等作交流发言，唐培吉作点评。会长阮武昌作总结讲话。

6月7日 市金融法制研究会、市委党校经济学研究所、市立法研究所联合举行“国际金融中心软环境建设”研讨会。香港特别行政区政府中央政策组高级研究主任、香港法哲学专家、政治学研究员凌友诗作“国际金融中心所必需之维护社会公正之法制基础”的主题演讲。来自香港特别行政区的金融专家、上海市金融界的实务工作者、科研机构的专家学者等约120人出席了研讨会。

6月8日 市市场学会、市商业信息中心和上海商报共同主办的2009年上海商业创新奖评选活动揭晓。徐家汇商圈推出整体营销、百联股份将营销的触角伸长至长三角、新世界城首次在“三八节”连续营业38小时等活动获奖。

市房产经济学会召开2010年学术咨询工作会议。会议由学会学术工作负责人巢福群主持。常务副会长兼秘书长郭世民作学会2009年学术工作总结和2010年学术工作安排报告。近80人出席。

市交通会计学会召开交通财会学术研讨会，中国交通会计学会常务副会长朱耀庭到会并讲话。来自山东、江苏、安徽等交通会计学会秘书长分别介绍了学会一年来的工作情况，14位交通财会论文作者发言。

6月10日 市社联学会处前往市钱币学会调研并复核2009年度学会达标情况。市钱币学会副理事长兼秘书长于英辉、副秘书长顾佩兰介绍2009年该学会开展的各项工作，包括组织学术活动、编纂《中国历代货币大系》系列图书、举办钱币知识讲座、钱币展览，免费为市民鉴定藏品以及学会自身的组织建设等情况。

市新四军历史研究会和《大江南北》杂志社联合举行《大江南北》杂志社创刊25周年座谈会暨第十八次联络站工作会议。来自江苏、浙江、安徽、江西和上海等地的新四军老战士、党史军史研究人员及作者、读者代表300多人出席了座谈会。老将军和有关领导迟浩田、周克玉、万海峰、陈昊苏、储江、王光宇、沈培新、杨堤、萧卡、阮武昌分别为《大江南北》创刊25周年题词。市委宣传部副部长宋超出席会议并讲话。

6月11日 市社联学会处到市欧洲学会调研并复核2009年度学会达标情况。市欧洲学会会长戴炳然、副会长兼秘书长曹子衡介绍该学会2009年度党工组的工作、举办学术会议、专题调研、发布和交流学术成果、青年学者培养和对外学术交流等方面的情况。

6月12日 市欧洲学会邀请匈牙利科学院世界经济研究所所长伊诺泰、保加利亚经济政策研究所所长佩特科娃、匈牙利驻沪总领事库蒂到访学会，与名誉会长伍贻康、副会长杨逢珉等就如何认识和判断并应对当前的金融危机形势问题等进行交流研讨。

市比较文学研究会邀请瑞士著名汉学家胜雅律举行学术座谈会。胜雅律以一个汉学家的独特眼光，用《道德经》分析与阐释了作为欧洲传统中立国的瑞士的社会、文化和政治中种种现象和问题。

6月13日 市社联召开“人才发展战略”、“社联策论”内部专题研讨会。会议围绕上海人才现状与问题，上海形成“人才辈出、人尽其才”的制度与政策，制定上海人才发展规划，兄弟省市、世界重要城市人才战略的借鉴等议题进行了内部讨论。

市法学会举办第三期中国法学青年论坛。中国法学会会长韩杼滨，中共上海市委常委、市委政法委书记吴志明，上海市法学会会长吴光裕、副会长李继斌、专职副会长陈金鑫、秘书长施基雄，上海交通大学常务副校长林忠钦等领导出席。200多人参加论坛。

市宋庆龄研究会与同济大学国际文化交流学院邀请孙中山的日本挚友梅屋庄吉的曾外甥女小坂文乃女士作“孙中山与梅屋庄吉”学术报告。会长许德馨、副会长秦量等近50名专家学者出席。

市监狱学会召开2010年学术年会暨颁奖大会。学会会长桂晓民、副会长麦林华、顾肖荣等100余人参加会议，秘书长于旭光主持会议。会上表彰了上海市监狱学会2009年度优秀论文作者和先进集体。

6月14日 市政治学会与上海财经大学公共经济与管理学院联合举行“城市化进程中的二元社会结构问题”研讨会。研讨会由市社联党组副书记、市政治学会会长桑玉成主持。上海财经大学公共与经济管理学院副院长刘小兵致辞。桑玉成作会议总结。

6月16日 市老年学学会老年社会学专业委员会与英国驻沪总领事馆、上海乐群社工服务社、上海乐耆社工服务社共同举办世博周活动——“城市之间的对话——老年生活与城市之美”论坛。专委会主任委员张钟汝、副主任委员范明林分别作题为“现代化进程中的城市养老模式创新”、“老年社会工作介入”的学术报告，100多人出席。

6月17日 市法治研究会、市法学会和《上海法治报》、东方法治文化研究中心、东方法治网主办，普陀区法宣办承办举行“法治文化与公共传播”主题论坛暨“上海十大法治新闻”参评优胜者颁奖仪式。市依法治市办副主任郜荀、市法学会副会长李继斌、普陀区人大常委会副主任曹玉茂等出席会议并讲话。其间，市政府法制办和市法治研究会向普陀区图书馆赠送了法律图书，普陀区学法基地同时在图书馆揭牌。

6月18日 市中山学社举行第四届会员大会。会议审议并通过第三届理事会的工作报告和财务审计报告；审议并通过学社的修改章程报告和章程(草案)；选举丁凤麟等46名第四届理事会理事。会议期间召开了第四届理事会，选举高小玫为社长，鲍敏中为常务副社长，项斯文、沈祖炜、葛剑雄、戴鞍钢、易惠莉、廖大伟、章义和、殷啸虎、董波为副社长。项斯文为秘书长(兼)。社联党组书记、专职副主席沈国明到会并讲话。

市科学社会主义学会、市建设交通党校联合举行“传统社会主义体制再认识与后30

年中国改革开放发展”研讨会。市科学社会主义学会会长夏军、市建设交通委组织干部处处长袁筱英致辞。市建设交通党校副校长喻晓荣主持会议。市科学社会主义学会副会长兼秘书长吴解生作会议总结。

市中共党史学会、市委党史研究室和中共“一大”会址纪念馆联合举行“中国共产党上海早期组织成立 90 周年”学术研讨会，来自中共中央党史研究室、中国社会科学院、国防大学及山东、湖南、湖北、河北、浙江、广东、上海等地党史研究领域的专家学者 90 余人参加，提交论文 50 余篇。

6 月 19 日 市经济学会与市委党校、浦东新区区委党校联合举行“纪念浦东开发开放 20 周年”理论研讨会。开幕式由市委党校常务副校长吕贵主持，浦东新区区委副书记吴信宝致辞，中共中央党校副校长石泰峰、北京大学副校长刘伟、国家行政学院科研部主任许耀到会并讲话。研讨会由市经济学会副会长、市委党校副校长王国平主持，会长、上海市政府发展研究中心主任周振华作“浦东第二次创业”的主题发言。副会长、上海社科院经济所副所长沈开艳作总结。

市国际战略问题研究会和同济大学政治与国际关系学院联合举办“恐怖主义的威胁与应对措施”国际研讨会。会议由研究会秘书长夏立平主持。德国跨国问题研究所教授 Claus Lange 和复旦大学国际问题研究院常务副院长沈丁立针对恐怖主义、反核恐问题以及国际战略作主题发言。

6 月 20 日 市炎黄文化研究会举办“第十三次汉字书同文”学术研讨会，会议主题是：当前形势下如何进行书同文研究及汉字研究。来自海内外的专家学者 60 多人参加，会议收到论文 28 篇。

6 月 21 日 市人大常委会委员、财经委副主任委员俞国生，市人大常委会委员、财经委副主任委员、预算工委主任任连友，市人大常委会委员顾晓敏等一行到市社联开展 2010 年预算批复、1 至 5 月预算执行情况检查，市社联党组书记、专职副主席沈国明出席会议并作社联预算执行情况报告，党组副书记桑玉成，党组成员、秘书长生键红出席会议并讲话，社联各部门负责同志以及办公室相关同志参加会议。

6 月 23 日 市科学社会主义学会、市社会学学会、华东师范大学联合召开“当前中国社会转型进程中的社会差异及其整合”理论研讨会。市委宣传部副部长、上海社科院党委书记潘世伟，市社联党组书记、专职副主席沈国明，市社联党组副书记桑玉成到会并讲话。市科学社会主义会长夏军主持会议，华东师范大学党委副书记罗国振致辞。市社会学学会会长邓伟志作主题发言。

市集体经济研究会召开第五届会员大会。会议审议通过了《第四届理事会工作报告》；审议通过了修改后的《上海市集体经济研究会章程》；选举产生了第五届理事会成员。在随后举行的五届一次理事会会议上，选举产生了第五届理事会领导班子，严镇博任会长。市社联党组书记、专职副主席沈国明到会并讲话。

6 月 24 日 市土地学会召开纪念第二十个全国土地日座谈会。副会长丁健主持。与会者围绕全国土地日宣传主题“土地与转变发展方式——依法管地、集约用地”进行研讨。

6月25日 《探索与争鸣》编辑部举办"社会转型与青年价值观"青年学子沙龙。来自复旦大学、华东师大、上海大学等高校的5名博士生和博士后参加了沙龙。

市社联机关党委举办机关党务工作培训班，机关党委成员、各支部书记和支委、机关工会委员参加培训。党组书记沈国明到培训班讲话，就发挥支部作用，加强机关建设问题与培训班同志进行交流，提出要求。党组副书记桑玉成作了"中共十七届四中全会对党的建设的新要求及其理论创新"的专题报告。培训班成员还前往奉贤南星村进行参观考察，与南星村签订了新3年的帮扶共建协议。

6月26日 市国际关系学会、上海外国语大学中东研究所和国际关系与外交事务研究院联合举办上海国际问题学术界青年博士"学术定位与发展"座谈会，与会的30余位青年博士来自本市主要高校和科研院所，学科涵盖国际关系、政治学、经济学、社会学、哲学以及新闻传播等领域。

6月27日 市世界语协会举行报告会，邀请法国世界语协会主席 Kadar Alex 作法国世界语运动现状的报告。

6月28日 市社联、上海发展研究基金会举办东方讲坛·发展沙龙，邀请中国人寿资产管理有限公司董事长缪建民作"欧元的使命与出路"的演讲。缪建民深入分析了欧洲主权债务危机的起因，并对解决途径提出见解。上海发展研究基金会理事长沙麟、市社联秘书长生键红以及近50位专家学者出席活动。

6月29日 市百老德育讲师团举办"为精彩世博添光彩"活动。团长戚泉木作"人生价值在奉献，我为精彩世博添光彩"主题报告。全国劳模陶依嘉、抗震救灾英雄朱乐年、新四军沙家浜老英雄徐道明分别作"学雷锋见行动，我为世博作贡献"、"发扬抗震救灾精神，继续为世博作奉献"、"革命精神代代相传"的报告。

市统计学会与海南省统计学会进行学会工作经验交流。会议由上海市统计学会秘书长金慧莲主持，常务副会长李崇新参加会议并讲话。

市教育学会等单位联合举办以"办学生喜欢的学校"为题的黄浦教育论坛。市教育学会会长张民生、市教委副主任尹后庆出席并对发言进行点评。黄浦区教育局局长王伟鸣到会并致辞。论坛上，来自黄浦区教师进修学院、格致中学、大境中学、蓬莱路第二小学的教师交流了课题研究成果。

市农村金融学会召开第八次会员代表大会。会议审议并通过了学会第七届理事会工作报告等重大事项，选举产生了由刘桂平为会长，陈亚初、戴国强、顾海英为副会长，庄湧为秘书长的第八届理事会领导班子。市社联党组书记、专职副主席沈国明到会并讲话。

市监狱学会召开"监狱危机管理"主题研讨会，论文作者和特邀专家近50人参加。

6月30日 市社联举办保密知识讲座。市保密局办公室主任黄晓围绕当前信息化条件下的保密工作新形势以及如何做好保密工作等问题进行了分析讲解。市社联全体干部参加了讲座，并在讲座结束后参加了保密知识测试活动。

《探索与争鸣》杂志社和上海师范大学宣传部、《解放日报》理论部、《文汇报》理论部联合召开"水·和谐·社会"研讨会。葛剑雄、李进、王志平、何云峰、陶友之、钟祥财、赵修义、仇立平、章震宇、沈愈等专家学者共同围绕中国南方重大水患、农田水利和水电站开发、水与历史上王朝的兴旺衰落、水资源的可持续性利用和社会的和谐发展等议题，分别从有中国特色、教育、伦理、经济、哲学、社会学等角度，从上海市水务与气象工作的实际出发，展开深入讨论。市社联党组书记、专职副主席沈国明，秘书长生键红出席研讨会。

7月

7月1日 市法学会承办举行第五届"台湾法政专业青年学生夏令营"活动。来自台湾大学等12所台湾地区高校的92位政法专业及部分其他专业青年参加活动。

7月2日 市社联举行学术社团青年人才工作研讨会。市社联党组书记、专职副主席沈国明出席会议并作工作报告，党组副书记桑玉成主持会议。会议围绕以学术社团为载体培育青年人才的主题，进行了深入探讨。各学术社团代表100多人出席。

市集体经济研究会召开小型咨询座谈会，座谈会由副会长兼秘书长姚康镛主持。市税务局企业所得税处陈华就集体经济融入现代企业制度元素提出见解，并对执行国家税务总局"关于企业政策性搬迁或处置收入有关企业所得税处理问题"中遇到的具体问题进行针对性的咨询解答。

7月6日 市劳动和社会保障学会接待广东省劳动和社会保障学会暨人力资源和社会保障协会考察团一行，双方交流工作经验，并与百联集团及市对外服务公司在劳动合同法实施中的一些问题进行探讨。

7月7日 市民俗文化学会举行第四届会员代表大会暨"民俗与文化创意"研讨会。大会选举了新一届理事会，并在理事会第一次会议选举仲富兰为会长，陈江、忻平、李海生、李学昌、刘士林、李湞、张文建、周武、刘巽达为副会长，陈江为秘书长(兼)。市社联党组副书记桑玉成出席会议并讲话。

7月8日 市经济学会与上海社科院、德国卢森堡基金会联合举办新智库论坛暨上海市经济学会第三季度高层次学术报告会。市社联党组书记、专职副主席沈国明，上海社科院常务副院长左学金，上海社科院信息所研究员张新华，美国三一学院经济系终身教授文贯中作主题演讲。

市新四军历史研究会学术委员会召开"华中抗日根据地执政经验"学术研讨会，唐培吉、施渊脉、唐莲英等40余人出席。

7月9日 市社联、上海发展研究基金会举办"上海发展沙龙"合作协议签约仪式，市社联主席秦绍德，上海发展研究基金会理事长沙麟，市委宣传部副部长潘世伟，市社联党组书记、专职副主席沈国明等领导出席活动。根据协议，市社联、上海发展研究基金会将共同举办全新的"上海发展沙龙"高端系列讲座，努力实现资源共享，优势互补，成果交流，这一举措对于构建学者资源共享平台，提升决策研究水平、推动学术研究成果的普及化具有积极意义。

市社联邀请美国三一学院经济系终身教授文贯中作"土地问题与城市化"专题讲座，全体干部参加讲座。

市欧洲学会、市俄罗斯东欧中亚学会和上海外国语大学国际关系与外交事务研究院联合召开"中东欧国家:从转型到融入欧洲一体化"学术研讨会。来自本市高校、科研单位的40多名专家与青年学者与会。

市档案学会组织部分区县档案局馆负责人、团体会员单位20人赴内蒙古参加华北地区档案学会学术研讨会，围绕“档案法制建设与依法管理”、“档案工作科学发展与创新”、“档案馆服务职能建设”等主题开展交流与研讨。

市台湾研究会召开“ECFA签署后两岸关系展望”座谈会。会议围绕ECFA签署后对两岸关系、台湾推动FTA、五都选举的影响等展开。李雷鸣、俞新天、章念驰、张幼文等专家学者出席。

市经济学会与复旦大学经济学院联合举办“中国宏观经济形势分析会”。会议由副会长、复旦大学经济学院院长袁志刚主持，学者们就宏观经济形势存在的问题，中国经济实现软着陆的可能性等问题展开研讨。

7月11日 市现代企业经营管理研究会与上海交通大学卓越管理中心联合举办《转轨——中国企业如何转危为机》新书首发式。市社联党组书记、专职副主席沈国明出席会议并讲话。

7月12日 市金融学会和上海财经大学现代金融研究中心联合召开“复杂局面下的人民币汇率与上海国际金融中心建设直面问题”研讨会。来自政府部门、高等院校和金融研究机构的40多位专家就人民币汇率机制改革、人民币国际化、上海国际金融中心建设等展开讨论。

7月18日 上海市第八届邓小平理论研究和宣传优秀成果评奖、第十届哲学社会科学优秀成果评奖初审工作在苏州进行。138位江浙沪专家对2 509项成果进行了独立打分的初审工作。市委宣传部理论处处长刘世军、社科规划办主任荣跃明出席会议，市社联党组书记沈国明、副书记桑玉成到会并与三地评审专家一起座谈。

7月19日 市欧洲学会邀请前欧盟贸易总司副总司长、马达里亚加欧洲学院基金会执行主任德福安就“欧盟一体化及其前景”与学会部分专家学者进行座谈。学会副会长叶江等出席。

7月20日 市文联社团建设推进委员会成员、市文联权益处处长张泽纲一行5人来社联交流学习社团管理、建设等相关工作情况和经验。学会处负责人全面介绍了社联所属学术社团的概况、学会处基本职能以及在学术社团服务和管理社团党建等方面的做法和经验。

7月21日 市社联分两批组织40多个学会负责人赴山东威海举办“社科工作者看社会”考察交流活动。

市人民政协理论研究会、市政治学会、市社会学学会与市法学会联合召开“扩大公民有序政治参与”理论研讨会。市政协秘书长、市人民政协理论研究会会长陈海刚，市社会学学会常务副会长卢汉龙、秘书长潘大渭，市法学会秘书长施基雄出席。研讨会由市人民政协理论研究会副会长兼秘书长徐海鹰主持。会上，来自四个学会(研究会)的7位专家围绕扩大公民有序政治参与这一主题，分别就其意义、地位、作用和渠道展开研讨。

7月23日 市社联党组书记、专职副主席沈国明，党组副书记桑玉成，秘书长生键红一行到市文联进行交流，与市文联党组书记杨益萍、副书记迟志刚、秘书长沈文忠等就双方今后加强合作等事宜进行了初步探讨。双方介绍了各自单位的具体情况，商定在文化艺术普及、优秀社团考核、文艺评论等方面进行合作。

市统计学会召开成立三十周年座谈会。会议由常务副会长李崇新主持，市统计局局长王志雄到会并致辞，会长潘建新作题为“弘扬传统优势，发挥独特作用，谱写统计学会发展的新篇章”的讲话。

7 月 28 日　首届“东方讲坛·中总香港高峰论坛”在香港会议展览中心举行，论坛以“环球经济新格局　世界华商新机遇”为主题，全面分析国际经济局势，重点探讨把握当前机遇，推进香港与祖国内地尤其是上海的经济文化交流，拓展环球商机。全国政协副主席董建华、钱运录，中央政府驻港联络办公室主任彭清华，中共上海市委常委、统战部长、上海海外联谊会会长杨晓渡及各界 600 多人出席论坛。

市交通会计学会召开“学习《税收实务操作指南》”学术研讨会，50 多位财务经理和财会人员参加会议。

市思想政治工作研究会举行第十一次会员大会，进行换届改选。市委宣传部副部长、研究会副会长马春雷作工作报告。大会审议通过了研究会章程和财务报告，审议并通过研究会第十一届领导班子建议名单。市委常委、宣传部部长杨振武担任会长，市委宣传部副部长马春雷担任常务副会长。市委常委、宣传部部长杨振武作重要讲话。

7 月 30 日　市社联召开 2010 年第二次主席会议和常委会会议，社联主席秦绍德出席会议并就进一步做好社联工作讲话，社联党组书记、专职副主席沈国明介绍上半年社联工作和下半年工作安排。秦绍德同志结合市委九届十二次全会精神，对进一步做好社联下半年工作提出要求。

市工商行政管理学会召开 2009 年年会。学会常务副会长陈学军代表理事会作工作报告。大会表彰了上海市工商系统 2008—2009 年度“先进学会”和“优秀学会工作者”，选举陈学军为市工商学会会长。市社联党组书记、专职副主席沈国明，市工商局党委书记、局长吴振国出席会议并讲话。

市经济学会与市政府发展研究中心等单位联合举办“同城化时代长三角城市群经济发展的机遇与挑战”研讨会。市经济学会会长周振华出席致辞，副会长孙海鸣主持“专家演讲”，先后有 10 位专家学者演讲，副会长朱金海作总结，近 60 位专家学者出席会议。

7 月 31 日　市领导科学学会等单位联合主办以“精心谋划世博后，提升城市卫生服务理念与领导力”为主题的研讨会。市领导科学学会会长奚洁人出席会议并讲话。中共上海市社会工作党委书记施南昌等 160 余位学者和有关方面人员参加。

8 月

8 月 5 日　市法学会和市建交委、上海交通大学、上海海事大学共同主办召开“上海国际航运中心法制环境建设”航运法治论坛。市府副秘书长尹弘、交通运输部水运局副局长智广路等领导出席并致辞。学会会长吴光裕、副会长李继斌、专职副会长陈金鑫等 200 余人出席。

8 月 6 日　市社联、上海发展研究基金会联合举办东方讲坛·发展沙龙。上海发展研究基金会理事长沙麟、市社联党组书记沈国明到会并致词。沙龙邀请德意志银行首席经济学家马骏就“中国经济与金融市场前景——兼谈增长潜力的下行和慎用刺激政策”作演讲。市社联党组副书记桑玉成、秘书长生键红、上海发展研究基金会秘书长乔依德等50余人出席了沙龙。

8月10日 市劳动和社会保障学会举办“社会建设与社会政策”报告会。报告会由秘书长薄凤仪主持，上海社科院研究员卢汉龙担任主讲，常务副会长阎友民和学会成员40余人与会。

8月15日 市世界史学会、上海犹太研究中心、上海社科院欧亚研究所联合举行首届犹太研究青年论坛。来自本市及全国从事犹太研究的青年学者围绕犹太历史文化、以色列社会发展和对外关系、美国犹太人与美国政治、犹太人在中国和中犹关系、中国犹太学研究的新趋势和新方向等议题进行研讨。

8月16日 市法治研究会与市农委、市司法局联合举行“海宝让众欢喜，法宝护农得利”——“农得利”杯《农资与法制》专项知识竞赛活动揭奖仪式暨“遇到涉农纠纷，我们该怎么办”论坛。15 000多农户参加了竞赛活动。

8月19日 市社联、闵行区委联合举行“党建科学化视野下的民主集中制”学术沙龙。会议由市社联党组副书记桑玉成主持，闵行区区委书记孙潮、市委研究室副主任李琪，市社联秘书长生键红，以及有关专家王邦佐、浦兴祖等参加会议。

8月25日 市终身教育研究会召开第五届会员大会第一次会议，主要议题是换届选举新的领导班子。会议审议通过了第四届理事会的工作报告和财务审计报告；审议通过了研究会新的章程，大会选举产生了第五届理事会理事。期间，理事会召开会议，选举张德明为会长，王民为常务副会长。市社联党组书记、专职副主席沈国明到会并讲话。

市新四军历史研究会召开纪念抗战胜利65周年座谈会。会议由副会长唐培吉主持，陈华锋将军、抗日老战士张优、从事抗日战争历史研究的会员代表朱化萌、陈国富等4位同志作了专题发言。120余人与会。

市交通会计学会举办为期六天的全国港航、海事、船级社系统财会人员业务培训班。来自广州、大连、秦皇岛、连云港、宁波和上海等港航、海事和船级社系统的120多位财会人员参加培训。

8月26日 市社联、市形势政策教育研究会联合举行社联论坛第四十二次报告会。报告会由市形势政策教育研究会副会长邵煜栋主持，市社联党组副书记、市政治学会会长桑玉成作“政治体制改革：问题与前景——纪念邓小平‘8·18’讲话发表30周年”报告。300余人出席报告会。

市宏观经济学会召开第四届第二次会员代表大会。秘书长周兴昌汇报学会一年来工作进展情况，会长蒋应时就学会下一步开展的工作作专题报告。市社联党组书记、专职副主席沈国明出席会议并讲话。

8月27日 市社联科普处到宝山区委宣传部调研，并实地走访了东方讲坛宝山区月浦镇举办点。宝山区委宣传部副部长肖晓晖介绍了宝山区15个东方讲坛举办点的运行现状。月浦镇相关负责人介绍了月浦镇的情况。

市审计学会举办“世博跟踪审计”专题讲座。市审计局副局长范少军作了题为“创新机制、全程跟踪、切实发挥审计保障世博的建设性作用”的报告。

8 月 28 日　上海市第八届邓小平理论研究和宣传优秀成果评奖、第十届哲学社会科学优秀成果评奖复审工作会议在北京举行。65 位评审专家对 700 余项复审参评成果进行了独立打分和评议投票。市委宣传部副部长、市评奖委员会副主任潘世伟，市社联党组书记、市评奖委员会副主任沈国明，中国社会科学院科研局局长助理王子豪出席会议并讲话。

8 月　上海东方法治文化研究中心创建法律网站“东方大律师网”，网站设有“东方大律师”各类活动信息栏、《案件会诊室》、律师访谈视频、《成功案例》、《法治新闻》等栏目，通过更多途径开展法治宣传工作。

9 月

9 月 3 日　市委宣传部、市社联主办，市历史学会、市中共党史学会承办召开“纪念抗日战争胜利 65 周年”理论座谈会。6 位专家作了专题发言。会议由市社联党组书记、专职副主席沈国明主持。市委宣传部副部长潘世伟出席会议并讲话。

市社联和上海大学联合召开上海市马克思主义研究论坛（2010 年秋）暨全国社会主义价值体系高层学术研讨会。全国价值哲学研究会会长李德顺、武汉大学教授梅荣政、陕西省社联主席赵馥洁，以及来自中共中央党校、华南师范大学、天津社科院、中国人民大学等高校的专家学者与本市价值哲学研究领域的知名学者共同与会。市社联党组书记、专职副主席沈国明，教育部高校社科中心副主任张剑、上海大学党委副书记忻平到会并致辞。

《探索与争鸣》编辑部召开“以史为鉴　开创未来——纪念抗日战争胜利 65 周年”圆桌会议。复旦大学教授沈渭滨、华东师范大学终身教授王斯德、上海师范大学教授叶书宗、解放军南京政治学院上海分院教授华强以及东华大学教授廖大伟作交流发言。

9 月 5 日　市教师学研究会举行上海市农村学校教师优秀教学工作“君远奖”和上海唐君远教育基金会第二十三届“优秀教师君远奖”颁奖大会。大会由副会长管彦丰主持，常务副会长王厥轩报告上海市农村学校教师优秀教学工作“君远奖”评选情况并宣读表彰决定，名誉会长于漪、市教委副主任李骏修到会并讲话。

9 月 6 日　市社联邀请中国社科院哲学所常务副所长李德顺作“目前普世价值观热点思辨分析”专题讲座。讲座由市社联党组书记、专职副主席沈国明主持。

9 月 8 日　市新学科学会举行 2010 年年会。会议由学会秘书长胡江主持，来自本市高校和科研机构的专家学者及会员 50 余人围绕世博会与新学科学会发展的意义进行了探讨。

9 月 9 日　市社联邀请上海市国资委副主任刘燮作“关于上海国资国企改革发展的若干思考”的专题讲座。讲座由市社联党组书记、专职副主席沈国明主持。

9 月 10 日　市社联秘书长生键红及科普处工作人员到松江区进行工作调研。松江区委宣传部负责人介绍了松江区东方讲坛 18 个举办点的整体情况。方松街道、岳阳街道、永丰街道、洞泾镇举办点负责人汇报了各自的工作情况。

9月11日 市法学会承办举行第七届“长三角法学论坛”。本届论坛主题为“推进区域经济社会发展的若干法律问题与协调”。中国法学会会长韩杼滨，中共上海市委常委、市委政法委书记吴志明出席论坛开幕式并致辞。来自江浙沪三地的代表200余人与会。

9月13日 市社联召开学会工作例会。会议由市社联学会处长郝德良主持，100多家学会负责人参加会议。会上，学会处副处长王克梅布置了年内学会主要工作。市社联党组书记、专职副主席沈国明到会并讲话。

9月14日 由新疆自治区社科联副主席朱马汉・吾尔尼禾拜率领的访沪团一行21人访问上海市社联，市社联党组书记、专职副主席沈国明，党组成员、秘书长生键红，各处室负责同志等与新疆社科联同志进行了座谈，交流了各自在学会管理、社科普及、刊物管理等方面的基本情况、主要经验和今后工作设想。

市物流学会在上海海事大学高等职业技术学院和上海港湾学校设立“上海市物流学会产学研基地”，并进行揭牌仪式和召开产学研合作研讨会。

9月15日 市社会科学普及研究会举办“低碳经济与人类文明进步”研讨会，40余人与会。与会者认为，随着人类社会的现代化进程，碳排放已经走上全球调控、限额分配之路。而作为占全球碳排放总量75%的城市，节能减排在低碳经济发展中起到关键作用。

杭州市房地产学会、上海市房产经济学会、江苏省房地产经济学会和杭州市房产管理局主办以“城市、家居、品质”为主题的第六届江浙沪房地产经济论坛，来自江浙沪地区的150余名房地产业的领导、专家、学者和企业负责人参加。

9月16日 四川省泸州市委宣传部副部长、社科联主席许可等一行12人到访上海市社联，市社联党组书记、专职副主席沈国明，党组成员、秘书长生键红，市社联各部门主要负责同志与泸州市社科联同志进行座谈，双方就近年来的主要工作、取得的成果和经验进行了交流，并就进一步推进今后合作达成了初步共识。

市社联邀请上海社科院研究员蒯大申作“学习贯彻胡锦涛总书记讲话，进一步深化文化体制改革”的讲座。讲座由市社联党组书记、专职副主席沈国明主持。

市粮食经济研究会与市粮油行业协会、市粮油学会联合举办“国内外粮油市场形势”报告会。邀请国家粮食局信息中心主任尚强民作当前国内外粮油市场形势、价格走势、粮油政策及应对措施的专题讲座。报告会由市粮油协会、市粮食经济研究会会长朱元旦主持，200余人出席。

9月17日 吉林省延边自治州社科联一行12人，在该州社科联党组书记、常务副主席俞昌根率领下到访上海市社联，市社联党组书记、专职副主席沈国明，社联相关处室负责同志与延边州来访同志进行座谈，双方就共同关心的学会管理、社科评奖、科研课题、期刊管理等工作进行了交流和研讨。

市社联举行社团“小金库”专项治理工作紧急会议。会议由市社联“小金库”专项治理工作领导小组办公室副主任王克梅主持，来自社联所属各学会的负责人及财务人员参加了会议。市社联党组书记、专职副主席沈国明部署了下一阶段市社联所属社会团体“小金库”专项治理工作，进一步明确了“自查自纠”阶段专项治理的范围和内容。

9月18日 在“全国科普日上海地区活动暨上海市民节能科普知识网上竞赛”启动仪式上，市社联科普工作处被表彰为“上海市科普工作先进集体”。该奖项首次由市委宣传部、市科委和市科协联合颁发。

市哲学学会举行“马克思主义视角：中国模式和划清四个重大界限”学术座谈会。会议由会长陈章亮主持。40余位专家学者出席会议。

9月20日 上海东方法治文化研究中心承办举行“商界说法”栏目开播仪式暨“法治视角下的上海首份民企百强榜单”主题论坛。上海东方广播有限公司总经理郑丽娟，市企业联合会副会长徐庆镇，市法治研究会副会长包志勤、徐秉治，上海敏诚善律师事务所副主任贾献伟出席栏目开播仪式并致辞。

9月25日 市创造学会召开“创造学研究的形势、任务与方法”研讨会。20余人出席。

市美国学会召开会员大会暨中美关系新情况和新热点讨论会。会议由副会长汪小澍主持，会长丁幸豪作工作报告和财务报告，会议审议并通过工作报告和财务报告；秘书长潘锐对学会章程草案作出说明并宣读新一届理事会候选人建议名单，大会审议并通过新的章程，选举出新一届领导成员，黄仁伟任会长。市社联党组书记、专职副主席沈国明到会并讲话，50余人出席会议。

9月26日 市外文学会召开专题研讨会，会议就我国中长期教育规划纲要与外语教学改革和翻译教学与研究进行探讨。30余人与会。

9月27日 市法学会和两岸经贸交流权益促进会共同主办，市法学会港澳台法律研究会和上海海峡两岸法学研究中心协办举行第十一届“沪台经贸法律理论与实务研讨会”。中国法学会副会长李清林，市委政法委副书记王教生出席会议并致辞。来自海峡两岸法学理论界、法律实务界、企业界和新闻媒体的代表180余人与会。

市国资思想政治工作研究会等单位联合举办“世博党建对国企党建的启示”理论研讨会。100多人出席会议。

市保险学会举办“上海保险业信息技术技能（Office应用）培训讲座”活动。学会各会员单位100多名行政、业务、IT等专业人员参加讲座。

9月28日 市金融学会举行学会成立30周年暨《上海金融》创刊30周年座谈会，回顾学会30年来的主要工作，总结学会在经济金融理论和实践方面的贡献和经验，商讨学会未来的发展方向。市社联秘书长生键红出席会议并致辞。

市金融法制研究会举办“纵论上海金融法治环境建设暨《上海市促进国际金融中心建设条例》实施周年回顾”青年沙龙活动。

10月

10月8日 社联机关党委举办“青年党员马克思主义理论读书班开班仪式暨首期学习交流活动”。20余位学员参加学习研讨。社联党组副书记桑玉成在会上作了专题辅导。

10月9日 贵州省社科联一行在党组成员、秘书长吴黔斌率领下来我会就各自在社科评奖、社科普及等方面的基本情况、主要经验和今后的工作设想以及如何利用后世博效应的课题进行了座谈。市社联党组书记、专职副主席沈国明，党组副书记桑玉成，党组成员、秘书长生键红及有关处室负责人参加了座谈会。

10月11日 市粮食经济研究会与上海粮油行业协会联合召开2010年秋粮收购工作交流研讨会。会议由常务副会长迟家平主持，会长朱元旦到会并讲话。与会者针对2010年秋粮生产形势、预计收购量、收购价格以及做好秋粮收购工作的设想进行分析和交流。

10月12日 全国社科联工作会议在山东济南召开，来自29个省、市、自治区代表参加。本次会议主题为"优化学术环境，促进学术繁荣"。上海市社联党组副书记桑玉成代表上海市社联作交流发言，并受大会委托，担纲作会议总结发言，受到与会代表的充分肯定。

10月13日 安徽省社科联一行5人，在省委宣传部副部长、社科联主席黄传新，副主席洪永平带领下到访我会。市社联党组书记、专职副主席沈国明，党组成员、秘书长生键红以及社联相关部门负责同志与安徽社科联来访同志进行座谈交流。双方围绕如何深入推进社科联工作这一主题，介绍了近年来各自在理论研究和学术交流、社科评奖、社科普及、决策咨询等方面工作中的基本情况、主要经验，并对今后工作进行了展望。

市婚姻家庭研究会、市家庭教育研究会和上海社会科学院家庭研究中心联合举行"家庭教育"专题讲座。市妇联副主席、市家庭教育研究会副会长朱鸣，市婚姻家庭研究会会长孙小琪以及来自本市婚姻家庭、家庭教育专家等60余人参加讲座。美国内布拉斯加州东南社区大学教授罗丝·休格特和道格·莱蒂特科作有关美国"离婚调解"的报告，美国内布拉斯加州立大学医疗中心婚姻家庭执业咨询师马修·比肯作以"指导儿童和青少年的性教育"为题的报告。

10月14日 市金融学会、同济大学、市期货同业公会联合举行"金融创新与区域金融发展"研讨会。近50名来自金融机构和高校的代表结合国际金融中心建设、区域金融发展特点，就股指期货、融资融券、证券创新等相关议题进行探讨、交流。

10月15日 市社联、上海发展研究基金会联合举办东方讲坛·发展沙龙，邀请国际货币基金组织(IMF)第一副总裁John Lipsky作以"全球经济前景和风险及其对金融部门的影响"为题的演讲。上海发展研究基金会理事长沙麟、市社联秘书长生键红及50余人出席了沙龙。

市宋庆龄研究会举办以"从影像档案看孙中山、宋庆龄、蒋介石三人关系"为题的学术讲座，由台北中国国民党文化传播委员会党史馆馆长邵铭煌主讲。讲座由副会长沈渭滨主持，70多名会员出席。

10月16日 《探索与争鸣》杂志社、市政治学会、复旦大学选举与人大制度研究中心联合举行"百年中国议会：历史变迁与现实启迪"学术研讨会。市社联党组副书记、市政治学会会长桑玉成出席研讨会并致辞，学会处处长郝德良、科研处副处长陈小兵作了发言。复旦大学选举与人大制度研究中心副主任何俊志、《探索与争鸣》杂志主编秦维宪分别主持了上下半场的研讨会。

市民俗文化学会、江桥镇政府、华东师大人类学与民俗学研究所联合举行“2010 重阳节敬老与感恩学术研讨会”。

市演讲学研究会、市炎黄文化研究会、市振兴中华读书指导委员会办公室等联合主办 2010“长征杯”上海市中学生金口才大赛决赛，主题为“共享世博，展望未来”，30 名同学从参赛的 80 所中学、160 多个报名选手中脱颖而出，各获得初、高中组的金、银、铜奖。

10 月 17 日 市毛泽东思想研究会邀请著名中共党史专家、北京师范大学张静如作题为“关于毛泽东思想研究的若干问题”的报告，学会副会长朱敏彦主持，学会会长、上海师范大学校长李进致辞。约 70 人出席。

10 月 18 日 2010 年京津沪渝社科联协作会议在上海召开。中共上海市委宣传部副部长潘世伟出席会议并讲话，上海市社联党组书记、专职副主席沈国明，北京市社科联党组书记史秋秋，天津市社科联党组书记李家祥，重庆市社科联党组书记颜克亮分别作了主题发言。会议围绕“在社会主义现代化建设的关键时期、十二五战略布局的关键时刻，社科联如何迎接机遇和挑战，更好地繁荣和发展哲学社会科学”的主题，分别从四地城市社会发展的背景、社科联的角色定位与工作创新、社科联的发展瓶颈与工作展望、四地社科联合作机制的深化等方面，展开深入讨论。

苏、浙、沪三地教育学会联袂美国安生文教交流基金会主办，并由绍兴市教育局承办的“教育战略与教育质量”国际研讨会在绍兴市举行。浙江省教育学会秘书长朱永祥主持，绍兴市副市长丁晓燕到会并致辞。80 余人出席。

10 月 20 日 市社联举行第四届学会学术活动月系列活动开幕式。市社联主席秦绍德出席会议并致开幕词，市社联党组书记、专职副主席沈国明主持开幕式和学术报告会。全市 150 多家社会科学学术团体负责人和专家学者参加会议。

市社科普及研究会联合中共黄浦区委党校举办 2010 年学术年会，市发改委规划发展处张丽作了题为“十二五和上海经济转型”专题报告。

市中山学社与上海中山文化交流协会联合召开“辛亥九九座谈会”，邀请辛亥先烈后裔与中山学社专家学者座谈。座谈会上李烈钧、蒋尊簋、杨庶堪、章太炎、孙武等先烈后裔相继发言，回忆先辈的业绩，廖大伟、易惠莉、戴鞍钢、谢俊美、沈渭滨等专家进行补充和评论。30 余人出席会议。

10 月 21 日 市未来亚洲研究会举行学术座谈会。座谈会围绕“钓鱼岛问题与中日中美关系”展开研讨。50 余人出席座谈会。

市宗教学会、市统战理论研究会、市法制研究会与宝山区顾村镇政府联合召开“依法发挥宗教在和谐社会建设中的作用”专题研讨会。30 余人出席会议。

市城市规划学会等单位共同举行“经济中心城市产业结构调整与空间布局优化研究”专题研讨会。80 余人出席。

10 月 22 日 上海市第十届哲学社会科学优秀成果评奖终审工作会议召开，中共上海市委常委、市委宣传部部长、市哲学社会科学优秀成果评奖委员会主任杨振武主持会议，市委宣传部副部长、市社科评奖委员会副主任潘世伟汇报了本届社科成果评奖申报和评审工作情况。会议讨论并审定了本届社科成果评奖获奖项目和等级，272 项优秀研究成果分获一、二、三等奖，40 项成果获内部探讨优胜成果奖，15 项成果获网络理论宣传优秀成果奖，3 位知名学者荣获本届学术贡献奖。市哲学社会科学评奖委员会 14 位委员出席会议。

上海市邓小平理论研究基金理事会召开上海市第八届邓小平理论研究和宣传优秀成果评奖终审工作会议。市委常委、市委宣传部部长、市邓小平理论研究基金理事会理事长杨振武主持会议，市委宣传部副部长、市邓小平理论研究基金理事会副理事长潘世伟汇报了本届邓小平理论研究和宣传优秀成果评奖申报和评审工作情况。会议讨论并审定了本届评奖的获奖项目和等级，有 58 项优秀研究成果分获一、二、三等奖。市邓小平理论研究基金理事会 13 位理事出席会议。

市生产力学会召开青年学者学术研讨会，研讨会主题为“生产力与创新创业”。上海大学管理学院王晨作题为“提高科技型中小企业抗风险能力的调查与研究”的专题报告；上海海事大学姜超雁的报告主题为“大学生创业的政策支持及其在中国的发展”；上海大学管理学院周瑞波的报告主题为“复杂社会网络研究文献阅读报告”。

10 月 23 日　市美学学会召开“上海市青年审美文化论坛”。主题是“艺术与批评：中国艺术的审美世俗化问题”。会上 5 位青年学者从绘画、戏剧、艺术等方面谈了自己的学术成果。副会长杨燕迪到会并讲话。

10 月 24 日　市逻辑学会与华东师范大学、中国逻辑学会、金岳霖基金会联合举行“纪念金岳霖诞辰 115 周年学术讨论会暨金岳霖学术奖”颁奖大会。

10 月 25 日　大连市社科联(院)党组书记、副主席、副院长田志军，副巡视员孙宝运，学会部、科研部、办公室负责同志以及部分所属学会代表等一行 12 人到访我会，市社联党组副书记桑玉成，党组成员、秘书长生键红以及社联相关部门负责同志、部分所属学会工作者与大连来访同志进行座谈交流。

市档案学会与市档案局联合召开“创新发展与档案法制”学术研讨会。会议由副会长仓大放、朱金铃分别主持。会议收到论文 70 余篇。来自本市从事档案学研究和档案管理的专家学者 40 余人出席会议。

市法学会、市委政法委联合召开法治天地频道和上海政法综治网法学家顾问团成立座谈会。会议由副会长李继斌主持，专职副会长陈金鑫宣读法学家顾问团名单。30 位上海法学界各领域专家教授受聘为顾问团顾问。学会会长吴光裕、市委政法委副书记王教生出席会议并讲话。

市科学社会主义学会与普陀区委党校联合举办“社会主义公平正义的理论与实践”研讨会。40 余名学者参加。

10 月 26 日　市社联、上海发展研究基金会联合举办东方讲坛 · 发展沙龙，邀请方舟子作“科学精神、诚信与现代化社会”的演讲。市社联党组书记、专职副主席沈国明，上海发展研究基金会理事长沙麟，市社联秘书长生键红及 50 余人出席了沙龙。

市审计学会和市审计科学研究所联合举办“审计理论研究”学术报告会。中国审计署审计科研所副所长、中国审计学会副秘书长刘力云作了题为“审计学术论文基本规范”的报告。会上，刘力云还通报了中国审计学会 2010—2014 年规划。来自上海审计理论界和实务界的100多人参加了报告会。

市劳动和社会保障学会召开“上海社会保障制度探索与发展”研讨会。近20人参加。

市总会计师工作研究会举行专题学术报告会。70多人参加。上海公正会计师事务所主任陈德荣作了题为“我国《企业会计准则》的回顾和展望”的报告。

市古典文学学会召开“《红楼梦》与当代大众文化”学术讨论会暨古典文学学会年会。来自本市高校、出版社、社科院及作协的专家学者40余人出席，学会秘书长高克勤主持。

10月27日 市市场学会召开营销创新研讨会。与会专家学者和东方商厦、第一八佰伴、中环购物广场等企业营销部门负责人联系上海商业营销实际，交流营销创新经验，对“价格营销”、“节庆营销”、“会员营销”等常用营销策略进行分析评点，剖析营销误区，传播营销创新技艺，提高营销创新能力。

市集体经济研究会赴上海松江新桥镇，考察该镇组建集体经济联合社，农民变“股民”的情况。市农村法制研究会会长韩红根和松江区地方领导介绍该镇率先探索建立农村集体经济联合社，探索集体资产“确权”，让全镇农民共享改革发展成果的情况。

市世界经济学会、上海社科院世界经济研究所联合召开“金融危机后的世界经济：重大变化与发展趋势”研讨会。来自全国世界经济领域的数十位专家学者参加讨论。

10月28日 市社联举行“纪念中国共产党成立90周年学术项目征集”评审会议。本次征集共收到来自全国的294项申报材料，经评选有10项研讨活动项目选题、26项著作选题、99项论文选题入围。市社联党组副书记桑玉成主持会议。

市欧洲学会举行青年学者论坛，30多人与会。会议由秘书长曹子衡主持。

市退休职工管理研究会举行退休职工思想教育研讨会。研究会秘书长郐时中主持。副会长魏润华出席会议并与与会者进行了座谈研讨。

10月29日 市社联邀请日中经济综合研究所社长方五二作题为“中日关系前瞻”的专题讲座，探讨中日邦交现状，展望中日合作前景，并与我会工作人员开展深入交流。讲座由市社联党组书记、专职副主席沈国明主持。

市经济学会、市伦理学会、上海社科院经济伦理研究中心等单位联合举行“第三届上海经济伦理国际研讨会”，主题为“危机中的资本、信用和责任：未来财富创造需要什么样的概念、制度和伦理”。来自美国、法国、德国、挪威、瑞士等国和香港、北京、湖南、河南、湖北、江苏、上海等地近70位学者与会。

市交通会计学会召开《企业会计准则难点精讲及案例解析》学术年会。与会专家从“存货”、“长期股权投资”等7个方面讲述《企业会计准则》的难点、重点和会计人员在实务操作中应该注意的问题。40余人与会。

10月30日 市哲学学会举行“申城哲人——甲子的记忆”大型座谈会，庆祝学会成立60周年。市社联新老领导沈国明、桑玉成、尹继佐、王邦佐、施岳群、武克全等应邀出席，会长陈章亮主持。市社联党组书记、专职副主席沈国明发表祝贺讲话。

市美国学会与上海政法学院国际事务与公共管理系联合召开“未来十年中国、美国关系学术讨论会”。副会长夏立平、郭隆隆出席讨论会。

10月31日 市世界语协会举办学术年会，会长汪敏豪作“世博会与世界语”主旨发言，国际世界语协会前主席 Maertens 和在沪工作的伊朗世界语者 Saed 也应邀在年会上发言，40 多人与会。

10 月　市城市经济学会受世博局委托，举办“中国城市经济上海世博观摩研修班”。在为期半年的时间里，先后培训学员约 3 200 人次。

11 月

11 月 2 日　市社联《探索与争鸣》杂志社召开“调解：化解社会矛盾的有效途径——以柏万青为例”学术研讨会。与会专家学者围绕“柏万青现象背后的电视调解”，与柏万青现场互动，从“电视调解的定位”、“柏万青现象可否复制”、“电视调解的深化”三个层面，展开深入讨论。

11 月 3 日　市企业发展促进研究会举办“转方式、调结构与科学发展专题报告会”。会议由会长高文魁主持，富大集团董事长、全国劳模、上海市人大代表袁立作了题为“企业的产业结构调整与分配制度”的报告。

11 月 4 日　市社联科普处与上海电视台联合录制科普电视讲座《文明对话：世博与上海文明的未来》，由复旦大学哲学学院教授李天纲主讲。

市固定资产投资建设研究会召开“后世博上海基础设施运营与管理”学术研讨会。此次会议共收到论文 13 篇，其中 5 篇在会上作交流发言。研究会副理事长、上海财经大学教授丁健就交流内容和论文作了点评。会议由研究会常务副理事长兼秘书长柴荣华主持，理事长谭企坤作总结发言。

市中山学社召开《民国外交强人陈友仁》一书上海首发座谈会。该书作者、陈友仁的儿媳陈元珍女士专程来沪参加座谈会。

市妇联、市妇女学学会、德国艾伯特基金会联合举行“社会性别预算：理论、方法与实践”国际研讨会。市妇联副主席黎荣、艾伯特基金会上海办公室主任鲁道夫・特劳普・梅茨以及德国、奥地利、天津、浙江、河南、上海的妇女理论专家学者等 80 余人参加研讨会。

11 月 5 日　市社联、上海发展研究基金会联合举办东方讲坛・发展沙龙，邀请新加坡国立大学东亚研究所所长郑永年作“中国地缘政治新格局及其挑战”的演讲，郑永年深入分析了中美、中日、中韩及中国与东盟的关系，并与与会者进行了探讨与交流。市社联党组书记、专职副主席沈国明，上海发展研究基金会理事长沙麟，市社联秘书长生键红及 50 余人出席了沙龙。

市社联邀请市法学会副秘书长沈洁作题为“上海市经济犯罪查处情况介绍”的专题讲座。讲座由市社联党组书记、专职副主席沈国明主持。

市蔬菜经济研究会召开“大都市蔬菜生产供应”研讨会，会上上海交大农业与生物学院教授王丹枫、市农业科学院园艺所所长朱为民等 7 位论文作者作交流发言。研讨会由会长张四荣主持，市蔬菜办公室主任陈德明出席会议并讲话。

市档案学会与华东师范大学档案馆联合举办“档案馆能力建设的现状与对策”学术研讨会。50 余人出席会议。

市高等教育学会与上海对外贸易学院联合召开第六届高等教育研究所所长沙龙“未

来十年高等教育发展展望——教育规划纲要”专题研讨会。会议由秘书长谢仁业主持。复旦大学、华东师大、上海财经大学、上海对外贸易学院等多所大学的高教所长、规划处长结合自己的研究成果作了专题发言。

市外文学会与安徽省外文学会联合举办华东地区第七届外语教学研讨会。会议就新形势下外语教学及评价体系、外语教师发展、外语专业教材等议题进行了交流探讨。学会领导史志康、叶兴国、杨惠中在会上作了主旨发言。来自华东地区六省一市 93 所高校的 253 名教师参加会议。

市供销合作经济研究会召开深化供销社体制改革专题研讨会。近 40 人出席。

11 月 7 日 市生态经济学会等联合举办“绿色文明与可持续性”学术论坛。会上，市政协副主席、学会会长王荣华，国际贸易和可持续发展中心中国项目战略分析主任成帅华，上海社会科学院生态经济与可持续发展研究中心主任、学会秘书长周冯琦，市政协人资环建委员会专职副主任、学会副会长孙钟炬等分别从绿色发展、生态城市、可持续治理和绿色投资四个视角，探讨中国生态环境的可持续性这一主题，上海社会科学院信息研究所研究员、学会副会长王贻志，联合国环境署研究和伙伴关系部主任盛馥来，美国永续发展战略研究院主席毕意文等对发言内容作点评，上海社科院党委副书记、学会副会长洪民荣主持会议并作总结。

11 月 8 日 市统一战线理论研究会举办为期 5 天的“统战理论政策专题展览及现场咨询”活动。活动采取展板展览、海报张贴、专家现场讲解和分发宣传手册等多种形式，宣传党的统战方针政策，普及统战工作知识。活动期间，先后有近千人次的社区居民和青年学生前来参观咨询。

市炎黄文化研究会召开第八届炎黄论坛，上海社科院文学所蔡丰明主讲“从上海本土非物质文化遗产资源看中华传统文化的魅力”。

11 月 9 日 市集体经济研究会举行科普讲座，分别由副秘书长王凯安进行“中医养生、保健”咨询、副会长姚康镛作“集体资产确权、企业改制”咨询、市税务局所得税处陈华处长作“企业所得税法规对中小企业创新发展的扶持”报告并现场咨询。80 余人参加咨询。

市物流学会等联合召开“后世博·物流业的机遇和挑战”专题论坛。100 多人参加。

11 月 10 日 第九届上海市社会科学普及活动周在东方艺术中心举行开幕式。市委常委、宣传部部长杨振武宣布第九届社科普及活动周开幕并启动按钮，市社联党组书记、专职副主席沈国明致开幕词。市人大教科文卫委员会主任委员孙运时、浦东新区区委副书记吴信宝、市社联党组副书记桑玉成、市社联副主席吕贵、胡伟以及市社联常委、委员和各区县、高校宣传部领导、各学会的领导 1 000 人出席了开幕式。开幕式上，市社联邀请上海戏剧学院演出了大型原创芭蕾舞蹈诗《四季》，在舞台上绚丽灵动地展现了社会科学与艺术互动的感染力。本届社科普及活动周，市社联将围绕“共享世博成果，提升城市文化软实力”的活动周主题，举办开幕式、网上主题论坛、学会特色科普活动、区域科普活动、“科学与艺术的互动”、“走进上海科普博物馆”、东方讲坛讲座特别版、科普周电视版广播版网络版等八大板块 189 项活动。

市社联召开“马克思主义中国化时代化大众化与中国发展道路”理论研讨会。会议由市社联党组副书记桑玉成主持，市社联党组书记、专职副主席沈国明出席会议并讲话。市委宣传部理论处处长刘世军出席会议。会上对社联主题征文活动中组织工作突出的19家学会以及90篇优秀论文的作者进行了表彰，本市应征论文作者和有关学会负责人130余人与会。

市商业会计学会和上海沪港金茂会计师事务所联合举办“会计之反腐功能”专题研讨会，会议由学会副会长、秘书长何礼兴主持，上海商学院特聘教授孙信义作了题为“反对腐败——对会计信息失真的解析”的报告。与会人员对如何发挥会计在反腐败过程中的作用进行探讨和交流。

市工商行政管理学会召开“执法规划公正”理论研讨会。60余人围绕“如何在规范执法中充分彰显公正正义”议题进行了深入探讨。

市金融学会举办“世博金融与上海国际金融中心建设”专题论坛。上海世博局资金财务部副部长吴福生、复旦大学教授干杏娣、上海财经大学教授丁剑平演讲，近百名与会者就世博金融对上海国际金融中心建设的启示等展开讨论。

11月11日 市法治研究会、市社会学学会和上海大学联合举办“世博后社会组织的发展”专题研讨会。会议围绕世博后上海社会组织发展的公共政策，包括社会组织的能力建设、规范化评估、枢纽式管理、孵化基地等专题进行了研讨。市社团局副局长徐乃平出席会议。

市宏观经济学会、市经济学会等联合召开“世博后的上海‘四个中心’战略与路径”学术研讨会暨上海“四个中心”发展报告(白皮书)首发式，市发改委副主任、市发展改革研究院院长肖林首先介绍白皮书基本情况，白皮书总结上海2009年为推进“四个中心”建设所采取的一系列政策措施，通过十大案例，展示出上海努力建设国际经济、金融、贸易、航运中心聚集区域的发展进程。市宏观经济学会会长蒋应时、市经济学会会长周振华作专题报告，与会专家就上海“四个中心”战略与路径作交流发言。

市民防协会会同市民防特种救援中心举行“民众防护知识咨询”活动，邀请民众防护、防震减灾、防空防灾和医疗急救等方面的专家进行答疑咨询和现场演示。活动现场还布置民防知识宣传展板，向市民介绍“家庭应急包”的使用方法，免费发放《市民防灾必读手册》和《现场初级救护手册》等科普小册子。

市总会计师工作研究会举办专题报告会，由副会长、上海财经大学校长孙铮作“会计界的历史教训和面临的挑战”专题学术报告。报告会由会长邹华新主持，90余人出席会议。

市邮电经济研究会和市通信管理局联合召开“三网融合试点工作”专题研讨会。研究会会长张林德主持，70余人参加了研讨。

11月12日 第九届上海市社会科学普及活动周网上主题论坛第一场在东方网直播室举行。市社联党组书记、专职副主席沈国明就“繁荣社会科学与提升文化软实力”这一主题作了演讲。

市社联举行机关文化建设专题学习会，邀请市人大信访办主任郇立群作辅导报告，社联党组书记、专职副主席沈国明主持会议，社联党组副书记桑玉成，党组成员、秘书长生键红以及社联干部职工出席会议。郛立群在“上海涉法涉诉信访工作情况”的专题报告中，介绍了当前人大信访工作的特点和态势，展望了人大信访制度建构的前景，并就我国信访制度的特点、功能与听众进行了互动交流。

社联机关党委举办第二期“青年党员马克思主义理论读书班”，邀请马克思主义研究专家、复旦大学哲学学院教授余源培作辅导报告，并与参加读书班的 24 位青年干部进行了讨论。

市社联、市哲学学会、市委党校哲学教研部和杨浦区委党校联合召开“后世博效应：提升城市文化软实力在于创新”学术研讨会。40 余位专家学者出席。

市中共党史学会举办中国共产党党史党建知识竞赛活动。学会与市青少年活动中心联合建立“中共党史教育研究中心”作为今后面对青少年进行中共党史宣传教育的基地。此次活动作为中心的揭牌仪式和第一次活动。100 多人参加了竞赛活动。

市形势政策教育研究会召开“学习贯彻党的十七届五中全会精神研讨会——‘十二五’规划建议新特点主题论坛”，会长林炳秋出席并讲话，50 多人出席。邵煜栋、殷勤燮、周志勤作专题发言，沈瑞源、钱厚贵、许逸周作自由发言。

市人民政协理论研究会、市政协举行“政协委员与大学生面对面”座谈会。林尚立、孟燕堃、张丽、徐海鹰、谢遐龄等委员与复旦国际关系与公共事务、社会发展与公共政策、管理、新闻等学院的 50 多名大学生、研究生进行了交流座谈。

市金融学会举办首届“青年金融论坛”，从 70 多篇征文中挑选了 10 位优秀论文作者及其推荐人在会上进行交流和点评，并且汇编成论文集。

市世界语协会会长汪敏豪和秘书长周天豪在上海理工大学开展“世界语学习与研究”专题咨询活动，有近 100 名师生参加咨询，现场发放了 400 多份世界语宣传资料。

市外文学会举行“英语学习、教学与研究”专题科普咨询活动。学会领导卢思源、史志康、汪敏豪参加了活动。100 多名师生前来咨询。

市法学会和华东政法大学联合举行“生命法国际比较研讨会暨第四届法中生命法大会”。学会专职副会长陈金鑫、华东政法大学副校长顾功耘、法国驻华大使馆社会事务参赞 Elvire Aronica 等出席会议。来自法国、日本、泰国以及上海、北京、台湾等地的代表近 80 人参加会议。

市工商学会召开主题为“创新监管方式，服务科学发展”的研讨会。与会者从经济学、管理学、社会学、法学等学科视角，分析了当前市场监管和行政执法中遇到的新问题，并就如何解放思想、求真务实、认真履职、为服务上海社会经济发展实现“四个确保”作出新贡献提出了见解或思路。

11 月 13 日　市信息学会举行“健康与信息”高峰论坛，会议由常务副理事长许鹤群主持，理事长黄晖致辞，中科院上海健康科学研究所研究员姚志洪、上海长三角人类生态科技发展中心理事长陶康华等分别作“医疗卫生信息化发展趋势”、“量子信息与健康”等专题学术报告。

市财务学会举办社科普及义务咨询活动，主题是：“当家理财，投资人生”。100 余人前来咨询。

市科学社会主义学会与同济大学马克思主义学院联合举办“当代中国马克思主义大众化面临的挑战”理论研讨会。近40位专家学者与会。

市伦理学会和市社会学学会联合举办“公平正义与社会和谐”研讨会。近60位专家学者参加。

11月14日 市农村经济学会举行上海“十二五”农业农村发展学术研讨会暨上海市农村经济学会成立30周年纪念会。学会理事长王东荣回顾总结了学会30年来的工作成绩和经验，会上对30名学会优秀工作者予以表彰并颁发荣誉证书，市社联党组书记、专职副主席沈国明出席会议并讲话。

11月15日 第九届上海市社会科学普及活动周网上主题论坛之二“从土山湾到世博缘”在土山湾博物馆举行。论坛邀请复旦大学教授李天纲、上海交通大学教授江晓原和徐汇区文化局副局长宋浩杰，围绕“上海城市文化的未来”、“中西科学文化交流”和“区域文化遗产的保护和利用”等话题展开讨论。

11月16日 市社联与中国社会科学院中国社会科学杂志社就各自在办刊经验、办刊思路、今后的工作设想等方面进行座谈。市社联党组书记、专职副主席沈国明，党组副书记桑玉成，《中国社会科学》副总编辑王利民，《学术月刊》、《探索与争鸣》的负责人及编辑人员参加了座谈会。

市创造学会与上海理工大学机械工程学院联合举办“现代创业与情商”大型科普论坛活动。副会长何家华作“现代创业需要智商更需要情商”的报告，袁星荣作“现代创业与情商”的报告。120多人出席听讲。

市宋庆龄研究会和市孙宋文管委、中国福利会联合召开“宋庆龄与辛亥革命精神”学术研讨会。会议由副会长沈渭滨主持，副会长陈兆丰作专题发言，会长许德馨作总结。

11月18日 市财务学会举办“回顾中国证券20年”报告会，由著名股评家应健中主讲。他指出，中国股市经历了20年的发展，已经成为资源重新配置的重要方式，对世界证券市场具有举足轻重的影响。

市房产经济学会、市律师协会举办“房地产调控新政与法律专题研讨会”。研讨会由市房产经济学会常务副会长兼秘书长郭世民主持，市律师协会会长刘正东致辞。市房产经济学会会长庞元作主题报告。

市语言文字工作者协会等联合举办“朗诵艺术与和谐社会建设”研讨会，专家们提议从改进师资队伍建设、改进教材设计等入手，逐步改变语文教学中存在着的“重文轻语”偏向，更多关注青少年的“诵读行动”。

市金融法制研究会与市金融纪律检查工作委员会、市立法研究所等联合举办“新形势下金融违法犯罪应对机制”研讨会。近200人出席会议。

11月19日 市社联邀请市检察院副检察长郑鲁宁作题为“上海反腐检察工作情况”专题讲座。市社联党组书记、专职副主席沈国明，党组成员、秘书长生键红以及社联干部聆听讲座。

市社联、复旦大学、夏征农民族文化教育发展基金会、市新四军历史研究会、华中抗日根据地教育研讨会秘书处联合主办举行夏征农教育思想理论研讨会。

市会计学会和东华大学旭日工商管理学院联合举办"长三角研究生学术论坛——服务经济下的会计和财务发展学术研讨会"。论坛分为会计审计、内控和信息化、财务管理和工商管理四个分场进行。

市历史学会、市世界史学会、华东师大历史系与嘉定区教师进修学院联合举办"名教授与准名师零距离对话活动",50余名上海历史教师名师班学员参加。

市新四军历史研究会与市党史学会联合召开"目前中共党史研究的前沿问题"学术研讨会。会议由党史学会会长张云主持,唐莲英等8位同志作交流发言,市新四军历史研究会副会长唐培吉作总结。50余人出席会议。

市妇女学学会、上海师范大学女性研究中心等单位联合召开"城市发展与性别文化学术论坛"。市妇联主席张丽丽,市社联党组书记、专职副主席沈国明,上海师范大学党委书记周鸿刚,著名社会学家邓伟志到会并致辞。论坛由上海师范大学妇女研究中心常务副主任裔昭印、上海师范大学妇委会主任范莹分别主持,与会代表围绕"世博会和女性发展"、"都市文化与女性发展"两大主题展开讨论。100余人出席论坛。

11月20日 市社联、市哲学学会与中共普陀区委党校联合举办"后改革时期与公平正义"学术研讨会,50余位专家、学者围绕后改革时期的特征、机遇与挑战,公平正义的内涵与地位,对中共十七届五中全会精神的解读等内容展开讨论。

上海市政治学会、浙江省政治学会、江苏省政治学会、复旦大学长三角研究院联合举行"长三角一体化进程中的政府创新和区域治理"研讨会。市社联党组副书记桑玉成出席会议并致辞。20余位专家学者作交流发言。浙江省政治学会会长蓝蔚青作会议总结。

11月21日 市法治研究会、市社区发展研究会和上海东方家园社区事务推展中心联合召开上海"社会创新与公益服务"研讨会。市民政局局长马伊里,理论界专家学者李友梅、徐中振以及沪上公益服务组织代表100余人参加。与会者围绕社区公益项目招投标、社区公益事业创业投资、社会创新孵化与社会公益组织培育等议题展开研讨。

市城市经济学会、市城市科学研究会、市固定资产投资研究会、市政公路工程行业协会联合举办2010上海城市发展创新论坛。250余人出席论坛。

市经济学会举行成立60周年纪念大会暨2010年学术年会。市委宣传部副部长潘世伟宣读中共中央政治局委员、市委书记俞正声的贺信,并代表市委常委、宣传部部长杨振武讲话。市社联党组书记沈国明宣读市委副书记、市长韩正贺信。南京大学党委书记洪银兴、江苏省社会科学院院长刘志彪应邀出席会议并作学术报告。市经济学会会长周振华,名誉会长张薰华、巢峰、袁恩桢等近400人出席会议。

11月22日 市民防协会举办"民众防灾与应急处置"讲座,邀请市民防特种救援中心朱文彬科长,结合一周前发生的11·15特大火灾案例,向广大市民普及高层建筑起火、居家起火、地铁火灾等火灾防护、疏散及逃生知识,并向现场听众分发了民防应急包。

市俄罗斯东欧中亚学会举行2010年年会暨青年论坛,40余人出席论坛。会议由秘书长杨烨主持,会上就"新兴市场国家如何应对全球环境变化"这一主题进行研讨。5名青年学者作专题报告,与会专家对青年学者发言进行点评。

11 月 23 日 市市产经济学会举办“低碳住宅宣传展”。宣传展由市房产经济学会主办、市房科院承办、湖南街道武康居委协办。宣传展吸引了居民、学生前来咨询、了解低碳住宅的建造、使用等情况。

11 月 24 日 市台湾研究会召开“两岸关系回顾与展望”研讨会，副会长李雷鸣和市社联学会处副处长王克梅分别致辞。与会专家围绕“台湾五都选举前景及影响”、“两岸回顾与展望”、“国际局势变动对两岸关系影响”、“两岸世博遗产及后世博沪台交流前景”进行了研讨。40 余位专家学者出席了研讨会。

市钱币学会举办“近代货币与货币文化”学术研讨会。会议由常务理事、秘书长沈鸣镝主持。市社联学会处负责人到会致辞。副理事长兼秘书长于英辉、常务理事袁隆生和理事王允庭分别作了关于第一套人民币、江南银行抗币和上海信成银行纸钞版式等主题的中心发言。

市逻辑学会举行学术报告会，邀请清华大学教授王路作“逻辑与语言”、上海师范大学教授曹予生作“符号图式识别的逻辑方法论”的学术报告。

市炎黄文化研究会召开主题为“世博热与中华文化”的学术年会。庄晓天会长等百余人与会，常务副会长丁锡满主持会议。

11 月 25 日 市保险学会举办 2010 年年会暨学术报告会。会议由副会长徐文虎主持，秘书长潘涨潮作《上海市保险学会 2010 年度工作报告》，会长张俊才和市保监局副局长李峰到会并讲话。100 多人出席会议。

市会计学会与用友软件股份有限公司、坤迪软件信息有限公司联合举办“中国会计：挑战·趋同·发展”学术研讨会暨第三届会计文化节。会长汤云为到会并致辞。副会长、上海财经大学副校长孙铮作了“中国会计：挑战·趋同·发展”学术报告。

市统战理论研究会、市社会主义学院联合举办青年学者论坛，主题为“统一战线与社会主义核心价值”。20 多位青年学者参加。

11 月 26 日 市社联、上海发展研究基金会联合举办东方讲坛·发展沙龙，邀请清华大学社会学系教授孙立平作“走向社会重建之路”的演讲。市社联党组书记、专职副主席沈国明，上海发展研究基金会副理事长王荣华，市社联秘书长生键红及 50 余人出席了沙龙。

市物流学会与市物流协会等单位联合召开“2010 长三角地区现代物流联动发展大会暨中国(上海)长三角物流发展合作论坛”。会议主题为加强区域合作，促进长三角物流联动发展。200 余人出席论坛。

市集体经济研究会召开“上海集体(合作)经济改革与‘十二五’发展研讨会暨 2010 年五届二次理事(扩大)会议”。会议由副会长陈兆忠主持，中华全国手工业合作总社顾问吕坚东作“在全面建设小康社会的整个历史时期，都要重视和支持城镇集体与合作经济的发展”的主题报告，会长严镇博作“如何在未来一个时期积极推动多种形式经济的发展”主题发言。60 余位与会代表就“十二五”期间集体合作经济的发展机遇与挑战、发展思路、国家针对中小企业发展的政策措施等问题展开研讨。

市卫生经济学会举办 2010 年上海卫生经济青年论坛，探讨当下上海医药卫生体制改革中卫生经济政策等方面的一系列问题。会长夏毅到会致辞。

市法学会和市金融服务办公室共同主办、中国银联上海分公司协办召开以“国际金融中心建设与金融消费者保护”为主题的“2010 年金融法治论坛”。中国法学会副会长李清林、上海市副市长屠光绍、学会会长吴光裕等领导出席论坛并致辞。来自本市法学、法律界和金融界的 300 余名专家、学者参加论坛。

市科学社会主义学会与上海海事大学社会科学部联合举办“中国特色社会主义与中华民族复兴”理论研讨会，市科社学会会长夏军主持，海事大学党委宣传部部长彭东恺致辞，30 多位专家出席。

11 月 27 日　上海市社会科学界第八届学术年会 10 个主题专场在复旦大学同时举行。主题专场是学术年会的试点和创新，由学者自主申办，共收到 56 个专场申请，最终评选确定 10 个主题作为 2010 年学术年会重点资助举办。市社联党组副书记桑玉成出席有关专场并致辞。

市欧洲学会举行“里斯本条约后的欧盟发展”研讨会，复旦大学教授丁纯、副教授陈玉刚分别就“金融危机冲击下的欧洲经济”和“里约通过后的欧盟政治发展”发表主题演讲，上海对外贸易学院教授张永安、上海国际问题研究院研究员叶江分别作评论。约 50 人出席会议。

市世界史学会召开 2010 年年会暨学术研讨会。上海师范大学教授苏智良、学会会长潘光到会致辞，秘书长余建华作学会工作报告，特邀嘉宾北京大学教授朱孝远作了关于“宗教改革与德国政治的近代化”的论文报告，近 150 人与会。

市外文学会举行 2010 年学术年会，会议由学会副会长彭云鹗主持，学会常务副会长史志康作了题为“英语的魅力”的学术报告，120 余名会员参加会议。

市房产经济学会承办举行“房地产业与和谐社会”主题专场，主题专场由副会长、华东师范大学商学院院长张永岳主持，中国房地产研究会名誉副会长张元端，上海地产集团总裁皋玉凤，中国房地产研究会副会长、上海市房产经济学会会长庞元等近 50 人出席会议。

市逻辑学会举行第二届上海青年学者逻辑论坛，上海逻辑学界的青年学者与专家 50 余人参加了论坛。

11 月 28 日　上海市社会科学界第八届学术年会马克思主义研究学科专场暨上海市马克思主义研究年度论坛在中共上海市委党校召开。市社联党组书记、专职副主席沈国明和市委党校常务副校长吕贵分别致词。本次会议是由市社联、市委党校和市中国特色社会主义理论体系研究中心共同主办，主题为“马克思主义视野下的公平与正义”。

市社会学学会举行第八届会员代表大会暨 2010 年学术年会。与会代表选举产生了由 95 名理事组成的第八届理事会。在随后召开的新一届理事会第一次全体会议上，选举产生了由 33 名常务理事组成的第八届常务理事会及学会领导班子。市社联副主席、上海大学副校长李友梅任会长，上海社科院社会学所研究员卢汉龙任常务副会长，张钟汝任秘书长。市社联党组书记、专职副主席沈国明出席会议并讲话。

市逻辑学会召开“逻辑与素质教育”学术讨论会，就上海高校逻辑通识教育进行交流讨论。

11月29日 市国际关系学会召开会员大会暨2010年年会。会议由副会长苏长和主持，副会长黄仁伟作学会2010年度会务工作报告，陈健、吴思科作报告，会长杨洁勉到会并讲话。

市人民政协理论研究会与市政治学会、市社会学学会、市法学会联合召开理论研讨会，围绕"扩大公民有序政治参与，推进社会主义民主政治建设"探讨交流。市政协主席冯国勤出席会议并讲话。8位专家作了主题发言。

11月30日 市法治研究会、市社会心理学会和上海政法学院、上海东方法治文化研究中心联合举办"世博后发展与市民和谐心态"学术研讨会。市法治研究会副会长包志勤主持会议，20余人与会。

市企业发展促进研究会举办2010年学术年会暨学术报告会。会议由副会长、上海商学院党委书记、院长方名山主持。150人参加了会议。

市金融学会、北外滩航运服务集聚区建设发展办公室、士研商务咨询有限公司联合举行"第二届航运金融服务国际会议"。虹口区区委副书记、代理区长吴清，中国人民银行上海总部党委委员、外汇管理部主任郑杨出席会议并致辞。与会的200多位境内外代表着重探讨"航运金融衍生出的新型法律问题"、"多变经济环境下航运业的前景展望"、"航运业各细分市场的需求及对应的多元化服务"、"提升航运金融服务软实力"、"航运金融服务新模式的创新与应用"等议题。

市婚姻家庭研究会、市家庭教育研究会和上海社科院家庭研究中心联合召开"家庭环境优化"论坛。原市政协副主席、市家庭教育研究会会长王荣华，市妇联局级巡视员史秋琴，市婚姻家庭研究会会长孙小琪等70余人参加论坛。论坛着重围绕"家庭公共政策、家庭价值思考、学习型家庭和家庭教育生态环境"等展开讨论。

12月

12月1日 市市场学会召开2010年年会暨学术报告会。学会会长、百联集团有限公司总裁贺涛出席会议并作理事会工作报告。陈信康、陆雄文、徐家平分别作"后世博效应构建世界第六大都市圈"、"中国不成熟市场消费者行为研究"和"实施卓越绩效模式，实现向现代百货的新跨越"报告。

12月2日 市劳动和社会保障学会召开"人力资本张力的理论研究和实践思考"研讨会。来自本市高校和实际部门的代表20余人出席研讨。

12月4日 上海市社会科学界第八届学术年会哲学·历史·文学学科专场在上海大学宝山校区举行。市社联党组书记、专职副主席沈国明致开幕词，上海大学党委副书记、常务副校长周哲玮致欢迎词。会议围绕"城市发展：科学精神与人文精神"的主题，共设"主旨讲演"、"哲学单元"、"历史单元"、"文学、艺术、传媒单元"和"文化、教育单元"五个环节进行研讨。

上海市社会科学界第八届学术年会政治·法律·社会专场在华东师范大学新逸夫楼报告厅举行。会议主题为"中国的实践与展望：社会转型与制度建设"。设置"制度建设"与"城市发展与治理"两个专题，邀请来自政治、法律、社会三个不同学科领域的专家学者围绕专题作主题发言。

12 月 5 日 上海市社会科学界第八届学术年会青年学者专场在上海财经大学学术交流中心举行。本届学术年会青年学者专场的主题是“世界舞台的中国角色”。本届学术年会青年学者专场共分为政治·法律·社会、经济·管理、文史哲三个分会场。与会青年学者围绕世界舞台的中国角色这个主题，从文学、历史、哲学、政治、法律、社会、经济、管理等各个学科出发，研究探讨中国在后危机时代如何改善内部治理保持繁荣，在世界舞台上更好地发挥作用。

12 月 8 日 市妇女学学会、上海交通大学妇女研究中心等单位联合召开“和谐·创新·发展”妇女发展论坛。市妇联主席、市妇女学学会会长张丽丽，上海交通大学党委书记马德秀，全国妇联妇女研究所副所长刘伯红，上海市教育妇工委主任夏玲英以及专家学者、妇女干部等 100 余人参加论坛。张丽丽、马德秀、夏玲英分别致开幕词。上海交通大学妇委会专职副主任万晓玲主持论坛，刘伯红作“社会性别，妇女发展热点问题和前沿研究”主题报告，吕晓俊、符颖、戴智华、顾琴轩在会上作交流发言。

12 月 9 日 上海市第八届邓小平理论研究和宣传优秀成果、第十届哲学社会科学优秀成果颁奖典礼在上海影城举行。本次颁奖典礼分为把握时代主题、推进理论创新、服务科学发展、注重学术积累、传承学术精神 5 个篇章，19 位获奖代表上台领奖并发表获奖感言。本届社科评奖委员会、获奖作者、相关高校分管领导等近 400 人出席颁奖典礼。市委常委、宣传部部长杨振武，市社联主席秦绍德，市委宣传部副部长潘世伟，市社联党组书记、专职副主席沈国明等领导出席会议，并为获奖代表颁奖。本届社科评奖共收到申报成果 2 776 项，评出邓小平理论研究和宣传优秀成果奖 58 项，哲学社会科学优秀成果奖 330 项，其中一等奖 36 项，二等奖 93 项，三等奖 143 项，内部探讨优胜者奖 40 项，网络理论宣传优秀成果奖 15 项，裘锡圭、章培恒、袁恩桢 3 位学者获得本届学术贡献奖。

市法学会、市法治研究会和市依法治市领导小组办公室主办，上海财经大学承办，市法官协会、杨浦区法院协办召开第二届上海城市法治论坛。此次论坛的主题是“社会转型与金融法治”——国家创新型试点城区建设中的金融审判与金融司法服务。

12 月 10 日 上海市社会科学界第八届学术年会经济·管理学科专场在上海师范大学会议中心召开。市社联党组副书记桑玉成和上海师范大学校长李进致辞。本次会议由市社联、上海师范大学联合主办。专场特邀北京大学光华管理学院院长张维迎作题为“市场的逻辑与中国的变革”的主题演讲，北京师范大学经济与工商管理学院教授李实作题为“中国收入分配不公问题探讨”的主题报告。本届专场召开以“转型·公平·发展”为主题的大会和四场专题研讨会。近 250 人与会。

市法学会举行第二届“上海市法学优秀成果奖”总结表彰会。会长吴光裕出席并讲话。会议由副会长李继斌主持，专职副会长陈金鑫宣读表彰决定。120 余人与会。

12 月 12 日 市社联举行所属社团党建十周年研讨会。市社联党组书记、专职副主席沈国明，市社联党组成员、秘书长生键红出席，学会处副处长王克梅主持会议。20 多个学会的党工组成员参加了会议，交流社团党建工作的经验，探讨社团党工组的工作机制以及如何发挥党工组的作用等问题，并对社联如何做好党建工作提出了一系列建议。

12月14日 市新四军研究会召开成立30周年庆祝大会。市委常委丁薛祥,原市人大副主任施平,原政协副主席陈正兴,市社联党组书记、专职副主席沈国明,市委老干部局副局长魏挺,市委党史研究室副主任徐建刚,市社团局副局长徐乃平以及研究会名誉会长王维,顾问丁公量、范征夫、江震、苏荣、孟克等300余人出席大会。

12月15日 由市委宣传部主办、市社联东方讲坛办公室、东方社区信息苑、上海东方宣传教育服务中心和各区县宣传部承办的"学习贯彻党的十七届五中全会、市委九届十三次全会精神主题宣传教育活动"启动仪式暨首场讲座,在虹口区曲阳社区文化中心举行。启动仪式上,市委宣传部副部长马春雷,市社联党组书记、专职副主席沈国明,虹口区委书记孙卫国,虹口区委常委、宣传部部长宋妍,市社联秘书长生键红,以及活动主、承办单位领导为主题宣传教育活动特聘基层宣讲员代表颁发聘书,市领导科学学会会长、原浦东干部学院常务副院长奚洁人为特聘宣讲员进行辅导并作首场讲座。

12月17日 市金融学会召开2010年学术年会。常务副会长、中国人民银行上海总部党委委员郑杨作2010年学会工作报告,秘书长李安定宣布市金融学会2010年重点课题获奖名单。年会学术报告会由市金融学会会长、中国人民银行上海总部副主任张新主持。来自本市高校、学术研究机构和金融系统的300多位专家学者参加了学术报告会。

12月18日 市社联、市经济学会与复旦大学经济学院及复旦大学泛海书院联合举行张薰华教授90寿辰庆祝会暨"中国可持续发展与包容性发展道路研究"学术研讨会。

市社联、市老年学学会与上海社科院联合举行"第七届世界华人地区长期照护会议"。本次会议主题:养老服务和长期照护、居家养老和社会服务的机制,以及与医护机构、社会资源整合的探讨。中国老年学学会常务副会长赵宝华到会并作了题为"关于中国老年长期照护理论与实践的几个重要问题"的主题报告。来自港、澳、台和大陆的270多位专家学者和老龄工作者出席会议。

12月19日 上海市社会科学界第八届学术年会大会在上海展览中心隆重举行。市委常委、宣传部部长杨振武出席开幕式并讲话强调,要高举中国特色社会主义伟大旗帜,坚持"二为"方向,贯彻"双百"方针,积极推进哲学社会科学大发展大繁荣。市社联主席秦绍德致开幕词,向广大哲学社会科学工作者表示衷心感谢和崇高敬意。学术年会由年会大会、学科专场、主题专场、学会学术活动组成。本届年会的主题是"上海·中国·世界:新挑战与新发展"。围绕这一主题,年会设立了六个学科专场、十个主题专场,在为期一个多月的学术活动中,专家学者分别就马克思主义视野下的公正与正义、城市发展中的科学精神与人文精神、社会转型与制度建设、世界舞台的中国角色等专题展开了广泛深入的研讨。年会共收到应征论文近1 440篇,评出优秀论文137篇,出版优秀论文集6辑,百余位专家作了主题发言。参与年会的专家和青年学生达3 000余人。部分社联副主席、学术年会学术委员会和组织委员会成员,部分高校和科研院所、党校、部队院校、党政研究部门相关负责人,部分学会负责人,新闻媒体、学术期刊相关负责人和哲学社会科学工作者代表共500余人出席了大会。

12月23日 市钱币学会召开2010年会员大会。副理事长兼秘书长丁英辉作了2010年学会工作报告,副理事长周祥作"黑龙江银元周铸币考"学术讲座。会后举行了藏品内部友谊交流活动。

12 月 24 日 市卫生经济学会召开会员大会，会议由会长夏毅主持。会上，市卫生局政策法规处副处长付晨作了“上海市医改进展情况”的报告；市卫生局规划财务处副处长、学会副会长兼秘书长金春林介绍了“中国卫生经济学会第七次会员代表大会暨第十三次学术年会”的情况；市卫生局规划财务处处长、学会副会长王林初通报了“2010 年学会工作总结和 2011 年工作要点”。

12 月 28 日 市社联邀请新华社驻巴基斯坦首席记者周戎作题为“巴基斯坦最新反恐形势及进展情况”的专题讲座。社联党组书记、专职副主席沈国明，党组成员、秘书长生键红以及社联干部职工出席讲座。

12 月 31 日 市台湾研究会举行换届大会。会议由会长俞新天主持。大会审议通过了副会长李雷鸣所作的第五届理事会工作报告及财务状况说明和秘书长倪永杰所作的章程修改与新一届理事会改选说明。会议选举产生了以俞新天为会长的新一届学会负责人。市社联党组书记、专职副主席沈国明，市台办主任李文辉到会并讲话。

附　　录

FU LU

《学术月刊》2010 年分类总目录

·特别推荐·

·学界视点·

・对话与交锋・

·哲学关注·

·经济学前沿·

·文学艺术论评·

·史学经纬·

・中青年专家访谈录・

・信息综览・

2010 年《探索与争鸣》总目录

（括号内数字为页数）

第　一　期

第　二　期

第 三 期

第 四 期

第　五　期

第 六 期

第　七　期

第　八　期

第　九　期

第　十　期

第十一期

第十二期

上海市社联所属学会一览表

序号	学会名称	成立日期	会长	秘书长	地址	邮政编码	电话
1	哲学学会	1950.3	吴晓明	李家珉	淮海中路622弄7号(乙)	200020	35121060
2	经济学会	1950.8	周振华	郝德良	淮海中路622弄7号(乙)	200020	53069258
3	历史学会	1952.1	熊月之	章　清	淮海中路622弄7号(乙)	200020	53060285
4	法学会	1952	吴光裕	施基雄	昭化路490号	200050	32120700
5	语文学会	1956.9	游汝杰	胡范铸	复旦大学中文系	200433	65642301
6	外文学会	1957.2	卢思源	汪敏豪	淮海中路622弄7号(乙)	200020	53067511
7	教育学会	1957	张民生	许象国	淮海中路622弄7号(乙)	200020	53063517×3208
8	国际关系学会	1957.3	杨洁勉	金应忠	淮海中路622弄7号(乙)	200020	53063517×3206
9	会计学会	1979.7	汤云为	顾宏祥	中山西路2230号1312室	200235	64388936
10	科学社会主义学会	1979.7	夏　军	吴解生	淮海中路622弄7号(乙)	200020	53063517
11	财政学会	1979.8	田春华	孙建龙	肇嘉浜路800号2107室	200030	54679568×21051
12	马克思主义研究会	1979.9	吕　贵	王建国	虹漕南路200号	200233	22880000×80313
13	社会学学会	1979.9	李友梅	张钟汝	上大路99号	200444	66134142
14	逻辑学会	1979.11	马钦荣	曹予生	上海师范大学人文与传播学院	200234	64321844
15	世界经济学会	1979.11	张幼文	徐明棋	淮海中路622弄7号(乙)	200020	53069064
16	高等教育学会	1979.11	张伟江	谢仁业	陕西北路500号3号楼	200041	62565350
17	伦理学研究会	1980.1	朱贻庭	周中之	上海师范大学法商学院	200234	64835515
18	金融学会	1980.6	张　新	李安定	陆家嘴东路181号	200120	68478175
19	统计学会	1980.7	潘建新	吴文杰	四川中路220号806室	200002	63237470
20	物流学会	1980.9	李厚圭	陈　震	北京东路255号502室	200002	63231140
21	农村经济学会	1980.9	王东荣	顾吾浩	仙霞西路779号1号楼附2F	200335	64368202
22	人口学会	1980.12	彭希哲	张戍舟	陕西南路122号7楼	200040	54031532
23	美学学会	1981.1	朱立元	张德兴	复旦大学中文系	200433	65653292
24	城市经济学会	1981.3	江绵康	袁　钢	石门二路483号303室	200041	62176370
25	房产经济学会	1981.5	庞　元	李国华	江西中路170号(福州大楼)3楼	200002	63210193

（续表）

序号	学会名称	成立日期	会　长	秘书长	地　　址	邮政编码	电　　话
26	家庭教育研究会	1981.6	王荣华	陈建军	天平路245号311室	200030	64330001×6316
27	政治学会	1981.10	桑玉成	周敏凯	同济大学法政学院	200092	65984182
28	新四军历史研究会	1981.10	阮武昌	张文清	中山南二路777弄1号1503室	200032	54248683
29	档案学会	1981.11	朱纪华	王晓华	仙霞路326号	200335	62193016
30	中共党史学会	1981.12	张　云	唐莲英	淮海中路622弄7号(乙)	200020	53062936
31	农村金融学会	1981.12	刘桂平	庄　湧	徐家汇路599号1702室	200023	53961520
32	邮电经济研究会	1981.12	张林德	王海平	南崇明路甲1号807室	200085	63629248
33	宗教学会	1982.3	晏可佳	葛　壮	淮海中路622弄7号宗教所	200020	53060606
34	婚姻家庭研究会	1982.5	孙小琪	余伟星	天平路245号	200030	64330001
35	辞书学会	1982.7	彭伟国	徐祖友	陕西北路457号	200040	62472088
36	管理教育学会	1982.7	朱建国	苏宗伟	斜土路2601号嘉汇广场T1—20C	200032	64260977×20
37	商业经济学会	1982.9	方名山	周麟昌	新闸路945号311室	200041	62727200
38	世界语协会	1982.11	汪敏豪	周天豪	淮海中路622弄7号(乙)	200020	53067511
39	成本研究会	1982.11	陈步林	傅永尧	花园路171号B8楼2015室	200083	36339318
40	犯罪学学会	1983.2	何勤华	杨正鸣	万航渡路1575号	200042	67790236
41	人类学学会	1983.5	金　力	卢大儒	邯郸路220号遗传部	200433	65643714
42	卫生经济学会	1983.6	夏　毅	金春林	北京西路1400弄21号	200040	62471420
43	人才研究会	1983.7	肖贵玉	李治中	高安路25号	200031	64311217
44	钱币学会	1983.10	张　新	于英辉	浦东新区陆家嘴东路161号1111室	200120	68866220
45	统一战线理论研究会	1983.12	杨晓渡	张　颖	天等路469号	200237	64253568
46	华侨历史学会	1983.12	左学金	王　鹰	延安西路129号华侨大厦1011室	200040	62497520
47	写作学会	1984.7	赵长天	郑斯雄	华东理工大学出版社梅陇路130号	200237	64252009
48	渔业经济学会	1984.7	黄硕琳	陈文银	军工路334号北大楼204室	200090	65699520
49	建设交通系统思想政治工作研究会	1984.8	许德明	杭财宝	四川中路270号216室	200002	63219326
50	劳动和社会保障学会	1984.9	王世宽	薄凤仪	安远路45号1号楼4楼	200041	62666172

（续表）

序号	学会名称	成立日期	会长	秘书长	地址	邮政编码	电话
51	农垦经济学会	1984.9	王伟	童锐志	华山路263弄7号	200040	62474500×2033
52	保险学会	1984.10	张俊才	潘涨潮	中山南路1228号8楼	200011	63155987
53	社会心理学学会	1984.5	金国华	连淑芳	外青松公路7989号	201701	39225416
54	思想政治工作研究会	1984.12	杨振武	尼冰	高安路17号401室	200031	24022222×2330
55	粮食经济研究会	1984.12	朱元旦	姚明燕	张扬路88号滨江大厦1006室	200122	68871118×1006
56	监狱学会	1984.12	桂晓民	于旭光	长阳路111号4802室	200082	65127042
57	经济法研究会	1985.1	谢天放	王凤萍	人民大道200号1503室	200003	23119767
58	比较文学研究会	1985.3	谢天振	宋炳辉	大连西路550号上外语文所	200083	65311900×2625
59	科技系统思想政治工作和人才管理研究会	1985.4	李宣海	吴德葵	黄陂北路55号1316室	200003	23119517
60	价格学会	1985.5	徐家树	朱振兴	四川中路220号602室	200002	63212182
61	审计学会	1985.5	宋依佳	李子雄	陆家浜路1388号903室	200011	63128009
62	编辑学会	1985.6	贺圣遂	郝明鉴	建国西路384弄11号甲	200031	64311015
63	秘书学会	1985.7	孙荣	水行舫	方浜中路269号4楼	200010	63551080
64	行为科学学会	1985.8	徐飞	田新民	法华镇路535号1号楼112室	200052	52301083
65	群众文化学会	1985.8	杨振龙	李太松	古宜路125号	200233	54244156
66	经济体制改革研究会	1985.10	浦再明	胡雄飞	肇家浜路301号1912室	200032	54236187
67	日本学会	1985.10	吴寄南	陈永明	上海师范大学教育学院	200234	64322852
68	集体经济研究会	1985.11	严镇博	姚康镛	天潼路371弄3号	200085	33010185
69	国际贸易学会	1985.12	王新奎	沈大勇	古北路620号	200336	52067210
70	固定资产投资建设研究会	1985.12	谭企坤	柴荣华	人民路875号1605室	200010	63730598
71	老年学学会	1985.12	左学金	孙鹏镖	巨鹿路892号2楼	200040	62480427
72	服务经济研究会	1985.12	方名山	段福根	福州路107号320室	200002	63215206
73	教师学研究会	1986.4	李骏修	朱耀庭	陕西北路500号4号楼109室	200062	62560016
74	研究生教育学会	1986.4	周哲玮	郭长刚	上大路99号	200444	66133510
75	基建优化研究会	1986.5	陈康民	黄汉江	军工路516号476信箱	200093	65684314
76	投资学会	1986.6	赵欢	张觉敏	陆家嘴环路900号	200120	68491837
77	行政管理学会	1986.6	姜平	薛晓峰	高安路19号	200031	64379707

（续表）

序号	学会名称	成立日期	会　长	秘书长	地　址	邮政编码	电　话
78	语言文字工作者协会	1986.7	薛喜民	张日培	陕西北路500号	200041	62531984
79	妇女学学会	1986.8	张丽丽	章黎明	天平路245号	200030	64330001
80	生态经济学会	1986.10	王荣华	周冯琦	淮海中路622弄7号526室	200020	53066233
81	数量经济学会	1986.10	左学金	朱平芳	淮海中路622弄7号	200020	53060606×2509
82	工商行政管理学会	1986.11	陈学军	程助国	肇嘉浜路301号1712室	200032	54236953
83	青年运动史研究会	1986.12	康　年	闵小益	西江湾路574号	200083	65405700×3037
84	创造学会	1986.12	陈成澍	彭超波	赤峰路65号科技2号楼104室甲	200092	65980612
85	交通会计学会	1986.12	王大雄	杨火才	黄浦路110号609室	200080	63074625
86	古典文学学会	1987.2	黄　霖	高克勤	瑞金二路272号	200020	64371213
87	俄罗斯东欧中亚学会	1987.3		杨　烨	华东师大公共管理学院	200062	62238737
88	医学伦理学会	1987.3	黄　红	王　彤	北京西路1477号	200040	62897000×10053
89	经济史学会	1987.3	沈祖炜	陆兴龙	淮海中路622弄7号503室	200020	53060606×2503
90	世界史学会	1987.3	潘　光	余建华	淮海中路622弄7号欧亚所	200020	53060606
91	远距离高等教育学会	1987.3	祝智庭	闫寒冰	华师大网络学院	200062	62237372
92	工人运动研究会	1987.5	周志军	桂晓燕	中山东一路14号419室	200002	63219516
93	宏观经济学会	1987.7	蒋应时	周兴昌	平武路117号306室	200052	52300772
94	蔬菜经济研究会	1987.5	张四荣	贝和芬	金沙江路954号5楼	200062	52808150
95	总会计师工作研究会	1987.9	邹华新	胡兰芳	陆家浜路1054号14楼	200011	63788111
96	中山学社	1987.10	高小玫	项斯文	陕西北路128号	200041	62678028×1013
97	外经贸会计学会	1987.11	王晓华	杨和生	汉中路158号11楼1124室	200070	62715876
98	工艺美术学会	1988.6	张心一	周　南	汾阳路79号	200031	64746003
99	国际战略问题研究会	1988.9	杨洁勉	杨　剑	巨鹿路845弄1号	200040	54033632
100	土地学会	1988.9	史家明	吕华青	海伦路306弄8号	200086	65877739
101	毛泽东思想研究会	1988.12	李　进	单冠初	桂林路100号	200234	64328931
102	民俗文化学会	1988.12	仲富兰	陈　江	华东师大传播学系	200062	62232935
103	股份制与证券研究会	1988.12	厉无畏	韩华林	南京东路61号新黄浦金融大厦1101室	200002	53821458

（续表）

序号	学会名称	成立日期	会　长	秘书长	地　　址	邮政编码	电　　话
104	社会科学普及研究会	1989.1	武克全	宋　杰	淮海中路 622 弄 7 号(乙)	200020	53060285
105	海峡两岸学术文化交流促进会	1989.2		王世伟	淮海中路 1555 号上海图书馆内	200031	64455555×8355 64455501
106	企业发展促进研究会	1989.4	高文魁	刘雯华	淮海中路 622 弄 7 号(乙)	200020	53063517×3307
107	新学科学会	1989.12	陈燮君	胡　江	人民大道 201 号	200003	63580546
108	形势政策教育研究会	1989.12	林炳秋	金西智	淮海中路 622 弄 7 号(乙)	200020	53063517×3307
109	民防协会	1990.3	刘南山	陈　亮	复兴中路 593 号民防大厦 2101 室	200020	24028833
110	宋庆龄研究会	1991.5	许德馨	秦　量	医学院路 69 号	200032	64432159
111	预算会计学会	1991.6	袁白薇	徐幼松	陆家浜路 1054 号 904 室	200011	63188009
112	城市金融学会	1991.6	沈立强	成善栋	浦东大道 9 号	200120	58885888×2419
113	台湾研究会	1991.12	俞新天	倪永杰	永福路 251 号	200031	64372884
114	市场学会	1991.12	贺　涛	应介一	福州路 355 号 707 室	200001	63283339
115	刑事侦察学学会	1992.2	郭建新	袁友根	中山北一路 803 号	200083	22028059
116	供销合作经济研究会	1992.4	唐兆其	王伟星	大木桥路 247 弄 2 号 2 楼	200032	64813952
117	欧洲学会	1992.5	戴炳然	曹子衡	威海路 233 号 803 室	200041	63276919
118	商业会计学会	1992.8	任连友	何礼兴	石门一路 251 弄 4 号新楼 203 室	200041	62712152
119	地方史志学会	1992	邹逸麟	梅　森	斜土路 2567 号 A2 楼 5 楼	200030	54891110
120	监察学会	1992.11	顾国林	王　玉	建国西路 506 弄 34 号	200031	64741095
121	财务学会	1992.12	朱平芳	顾　抗	中山北一路 369 号	200083	65361954
122	终身教育研究会	1992.12	张德明	杨　平	大连路 1541 号 1105 室	200085	25653963
123	庭院经济与文化研究会	1993.1	张　燕	黄长江	大木桥路 600 弄江南一村 26 号 102 室	200032	64036495
124	国际商务法律研究会	1993.8	顾肖荣	成　涛	陆家浜路 1141 号 707 室	200011	63453103
125	地名学研究会	1993.9	满志敏	周玉春	南丹东路 25 号 311 室	200030	63193188
126	中西哲学与文化比较研究会	1993.11	杨国荣	郁振华	华东师大哲学系	200062	62232796
127	太平洋区域经济发展研究会	1993.12	郑成良	庄建中	上海交通大学国际与公共事务学院	200030	62821607
128	文物博物馆学会	1993.12	陈燮君	陈克伦	武胜路 188 号	200003	63723500×260

（续表）

序号	学会名称	成立日期	会　长	秘书长	地　址	邮政编码	电　话
129	现代企业经营管理研究会	1994.2	徐志毅	金国志	江宁路838号富容大厦6楼C座	200041	62273194
130	炎黄文化研究会	1994.4	庄晓天	徐友才	漕溪北路28号17楼C座	200030	54240782
131	退休职工管理研究会	1994.5	王京平	邬时中	北京西路1068号9楼	200041	62534615
132	邓小平理论研究会	1994.6	殷一璀	朱敏彦	淮海中路622弄7号(乙)	200020	53063517
133	演讲学研究会	1994.12	王　群	林伟民	华师大传播学院	200062	62232935
134	当代人物研究会	1995.1		郑胜国	海潮路3号612室	200011	63162559
135	民营经济研究会	1995.2	唐　豪	李国荣	延安东路55号1808室	200002	63374377
136	金融法制研究会	1995.3	倪维尧	夏　青	罗阳路388号	201100	64760967
137	海外华人经济研究会	1995.9	林同华	罗元德	莘庄康城67号202室	201100	64397152
138	食文化研究会	1996.2	杨卫武	张文虎	福州路107号320室	200002	63219676
139	社区发展研究会	1996.11	林炳秋	徐中振	淮海中路622弄7号(乙)	200020	53063517
140	生产力学会	1997.3	周瑞金	真　虹	浦东华开路50号213室	200135	58215399
141	未来亚洲研究会	1998.1	朱马杰	刘　斌	胶州路699号1601A室	200040	52281797
142	劳动教养学会	1998.12	章荣喜	赵文志	吴淞路33号1009室	200080	26036741
143	美国学会	2000.1	黄仁伟	潘　锐	淮海中路622弄7号(乙)	200020	53063517×414
144	年鉴学会	2002.6	朱敏彦	田　骅	斜土路2567号A2楼5楼	200030	54891056
145	法治研究会	2002.8	金国华	包志勤	吴兴路225号	200030	64749051
146	国资企业思想政治工作研究会	2004.3	吕永杰	王耕地	万航渡路767弄20号	200042	62319565
147	领导科学学会	2004.3	奚洁人	罗　欣	浦东前程路99号6601室	201204	64108279
148	信息学会	2004.4	黄　晖	郑经纬	淮海中路622弄7号339室	200020	50817498
149	信访学会	2006.5	杨全心	周国邦	人民大道200号综合楼	200003	23119239
150	延安精神研究会	2007.1	叶　骏	黄晞建	军工路334号	200090	61900275
151	人民政协理论研究会	2007.11	陈海刚	徐海鹰	北京西路860号	200041	23188348
152	城市规划学会	2008.11	毛佳梁	严　涧	铜仁路331号704室	200040	63369020
153	东方青年学社	2008.12	潘世伟	刘世军	康平路66号108室	200031	54655282
154	廉政研究会	2009.10	董君舒	刘纪舟	宛平路7号	200030	64314046
155	知识青年历史文化研究会	2011.3	周鸿刚	黄洪基	桂林路100号香樟苑302室	200034	56960606
156	经济和信息化企业文化研究会	2011.4	潘志纯	傅　敏	北京东路356号801室	200001	61122806

上海市社联主管的民办社科机构一览表

序号	机构名称	批准登记日期	法人代表	负责人	联系人	地　　址	邮政编码	电　　话
1	上海环太国际战略研究中心	2000.7.15	陈启懋	郭隆隆	金应忠	江宁路1415弄20号303室	200060	62768910
2	上海华夏社会发展研究院	2002.3.15	鲍宗豪	鲍宗豪	葛玉兰	浦建路1288弄10号102室	201204	50454702
3	上海东方研究院	2002.7.1	刘　吉	严家栋	卞学范	衡山路696弄2号301室	200030	64455941
4	上海金融与法律研究院	2002.10.29	柳志伟	傅蔚刚	聂日明	民生路1199弄证大五道口广场1902室	200134	68545701
5	上海世界观察研究院	2003.4.1	刘　波	刘　波	邹梅玲	柳营路305号15楼	200072	66288697
6	上海社会经济文化发展研究中心	2004.7.2	尹继佐	尹继佐		淮海中路622弄7号308室	200020	63852214
7	上海管理科学研究院	2004.7.9	章建文	章建文	张孝平	中山西路1610号2楼	200235	64866244
8	上海易居房地产研究院	2005.9.1	张永岳	张永岳	陈小平	广延路140号	200072	56386871
9	上海知识产权研究所	2006.4.3	游闽健	袁真富	杨晓岚	陆家嘴路958号华能大厦31楼	200120	68865170×8014
10	上海东亚研究所	1995.7.1	章念驰	张继波	沈铭远	汉中路158号701室	200070	63531746
11	上海国防战略研究所	2000.11.6	胡杰生	方　敏	金士樵	江苏路488号	200050	62521101
12	上海实业综合研究院	2006	钱启东	钱启东	陈　薏	淮海中路98号金钟广场21楼	200031	53828866×2266
13	上海国际金融研究中心	2005.2.1	李　俭	李　俭	何思阳	新华路543号1号楼	200052	64730940
14	上海党建文化研究中心	2007.9	张克文	张克文	张克文	斜土路2570号	200030	.64641901
15	上海东方法治文化研究中心	2009.5.20	周叶军	金国华	秦丹凤	华开路50号208室	200135	58218560
16	上海世纪后世博成果与发展研究中心	2010.12.18	漆启泰	漆启泰	漆启泰	华山路630号	200040	62487731

后记

2010年是上海世博会举办之年，是上海社联换届之年。

回首过去的一年，新一届社联在市委、市委宣传部的领导下，坚持以邓小平理论、“三个代表”重要思想为指导，深入贯彻落实科学发展观，继承和发扬社联的优良传统和作风，团结和凝聚上海社会科学研究的“五路大军”，利用已有的旨在加强学术研究和交流、学术社团建设、决策咨询服务、社科知识普及以及自身建设等作用的五个平台，力求开创新局面。一年来，社联为促进哲学社会科学的全面繁荣，为上海实现“四个率先”、建设“四个中心”特别是为上海世博会的成功举办付出了卓有成效的劳动。本年鉴力求客观、全面地反映社联在2010年的主要工作。

2010年，举世瞩目的世博会在上海召开。世博盛会集中展示了我国城市文明建设的成果，有力推动了上海经济、文化的发展。世博会举办前后，为实现办一届成功、精彩、难忘的世博会的目标，为将世博期间城市管理的临时措施变为长效机制，社联和所属学会开展了一系列学术活动，为世博会的成功举办、为世博效应的放大和上海转型发展贡献了学界力量。本书特开设专栏，对有关情况进行专题论述。

2010年是“十一五”收官之年，也是“十二五”规划的编制年。市社联紧紧围绕市委、市政府关于编制“上海市国民经济和社会发展第十二个五年规划”的要求，组织本市社科界专家学者开展研讨活动，集众思、广群益，收获了丰硕的研究成果。相关情况，在本书的专栏中有所介绍。

2010年，社联举办了一系列有社会影响的活动。上海市社会科学界第八届学术年会，上海市第八届邓小平理论研究和宣传优秀成果、第十届哲学社会科学优秀成果评奖活动等，备受学术界关注。东方讲坛这个公共文化服务平台建设进一步推进，所属学会的青年学者论坛更趋活跃并推出一批学术新人，国内外学术交流的规模与层次也有所发展。本书的相关专栏对此都有所反映。

《上海社联年鉴2011》由吴伟余统编，沈国明、桑玉成、生键红审定。参加编辑的有王龙、胡晨寰、陈放明等。本书在组稿、编辑过程中，得到了市社联所属各学术社团、社联各部门以及全市社科工作者的大力支持，在此表示衷心的感谢。这里也一并向为本书编辑出版倾注了辛勤汗水的上海人民出版社编辑曹怡波同志表示衷心的感谢。本书如有疏漏、不当之处，还望广大读者指正。

图书在版编目（CIP）数据

上海社联年鉴.2011/上海市社会科学界联合会编.
上海：上海人民出版社，2011
ISBN 978-7-208-10425-9

Ⅰ.①上… Ⅱ.①上… Ⅲ.①社会科学-科学研究组织机构-上海市-2010-年鉴 Ⅳ.①G322.235.1-54

中国版本图书馆CIP数据核字(2011)第242186号

责任编辑 曹怡波
封面设计 纪 人
美术编辑 王小阳

上海社联年鉴 2011
上海市社会科学界联合会 编
世 纪 出 版 集 团
上海人民出版社出版
（200001 上海福建中路193号 www.ewen.cc）
世纪出版集团发行中心发行
浙江新华数码印务有限公司印刷
开本 787×1092 1/16 印张 23 插页 18 字数 500,000
2011年12月第1版 2011年12月第1次印刷
ISBN 978-7-208-10425-9/C·407
定价 98.00元